历代名家尺牍精粹

廖可斌 主编

郎中袁尺牍

〔明〕袁宏道 著

车祎 编选

U0125336

浙江古籍出版社

图书在版编目（CIP）数据

袁中郎尺牍 /（明）袁宏道著；车祎编选 . -- 杭州：
浙江古籍出版社，2023.8
（历代名家尺牍精粹 / 廖可斌主编）
ISBN 978-7-5540-2646-5

Ⅰ . ①袁… Ⅱ . ①袁… ②车… Ⅲ . ①袁宏道(1568-
1610) —书信集 Ⅳ . ① K825.6

中国版本图书馆 CIP 数据核字（2023）第 119627 号

本书为国家古籍整理出版专项经费资助项目

袁中郎尺牍

廖可斌　主编

〔明〕袁宏道　著　车　祎　编选

出版发行　浙江古籍出版社
　　　　　　（杭州体育场路 347 号　电话：0571-85068292）
网　　址　https://zjgj.zjcbcm.com
责任编辑　黄玉洁
文字编辑　张紫柔
责任校对　吴颖胤
封面设计　吴思璐
责任印务　楼浩凯
照　　排　杭州立飞图文制作有限公司
印　　刷　浙江海虹彩色印务有限公司
开　　本　880mm×1230mm　1/32
印　　张　12
彩　　插　2
字　　数　230 千字
版　　次　2023 年 8 月第 1 版
印　　次　2023 年 8 月第 1 次印刷
书　　号　ISBN 978-7-5540-2646-5
定　　价　65.00 元

袁中郎集序

雷思霈曰六經之外別有

世界者蒙莊似易荀卿似

書與禮左丘明似春秋屈

原離騷似風雅皆楚人也

崇禎二年武林佩兰居刊本《袁中郎全集》序

公安　袁宏道　著

景陵　鍾惺　定

武林　鄭宗周　閱

尺牘

寄同社

弟已令央中矣吳中得若令也五湖有長洞庭有君
酒有主人茶有知巴生公說法石有長老巴恐五百
里糧長來唐突人耳吏道縛人未知向後景狀如何
先此報知

崇禎二年武林佩兰居刊本《袁中郎全集》卷二十

总 序

生活在今天的人们，特别是年纪较轻的人，已经

象写信对古代人的生活有多么重要。爱因斯坦

现代人与古人相比，只是在交通和通讯技术

步，在道德、情感、智慧等方面并没有优势。

和通讯这两个方面的进步，极大地改变

交流方式。现代人相距万里可以朝发

电话、电子邮件、短信、微信等传

海角只在一瞬间。而古人如果居处

望路兴叹；旅行只能靠双脚和车

累月，传递信息的唯一渠道就

还是家书友札，都决定着

忧愁，牵动着欢乐和痛苦，

锦回文""家书抵万金"

的古人书信，不啻展开

卷，奏响起一支支幽

书信古称"书"，起源应该很早。早在上古时期，当人们需要将有关信息告知远在他方的人，而又具备了书写工具（包括文字、刀笔、写字的板片材料等），的时候，最初的书信应该就诞生了。清代学者姚鼐认为最早的书信，是《尚书·君奭》中记录的周公旦告□公奭的一段话。①其实这还只是就现存文献而言，原□形态的书信出现应该更早。

但当时人们交往有限，书写条件也有限，交流□通过直接见面交谈进行，书信还不普及。因此著名□理论家刘勰认为，书信这种文体真正发达，是在□国时期，"三代（夏商周）政暇，文翰颇疏。春□书介弥盛"，"及七国献书，诡丽辐辏"。这一□□论是诸侯国之间，还是贵族士大夫个人之间，□频繁，书信遂被大量使用。刘勰列举《左传》□秋年间秦国绕朝赠晋国士会以策、郑国子家□宣子、楚国巫臣奔晋后致书楚国重臣子重□

① 姚鼐："书说类者，昔周公之告召公，有《君□□鼐纂《古文辞类纂》，岳麓书社 1988 年版，"序"□

总　序

　　生活在今天的人们，特别是年纪较轻的人，已经很难想象写信对古代人的生活有多么重要。爱因斯坦曾说过，现代人与古人相比，只是在交通和通讯技术方面有所进步，在道德、情感、智慧等方面并没有优势。而恰恰是交通和通讯这两个方面的进步，极大地改变了人类的生活和交流方式。现代人相距万里可以朝发夕至，通过电报、电话、电子邮件、短信、微信等传递信息，更是天涯海角只在一瞬间。而古人如果居处相距遥远，往往只能望路兴叹；旅行只能靠双脚和车船骡马，相别动辄经年累月，传递信息的唯一渠道就是写信。无论是军政公文，还是家书友札，都决定着人们的命运，寄托着希望和忧愁，牵动着欢乐和痛苦，因此留下了"鱼雁传书""织锦回文""家书抵万金"等种种典故。打开一封封尘封的古人书信，不啻展开了一幅幅色彩斑斓的古代生活画卷，奏响起一支支幽咽婉转的动人心曲。

书信古称"书"，起源应该很早。早在上古时期，当人们需要将有关信息告知远在他方的人，而又具备了书写工具（包括文字、刀笔、写字的板片材料等）的时候，最初的书信应该就诞生了。清代学者姚鼐认为，最早的书信，是《尚书·君奭》中记录的周公旦告召公奭的一段话。①其实这还只是就现存文献而言，原始形态的书信出现应该更早。

但当时人们交往有限，书写条件也有限，交流往往通过直接见面交谈进行，书信还不普及。因此著名文学理论家刘勰认为，书信这种文体真正发达，是在春秋战国时期，"三代（夏商周）政暇，文翰颇疏。春秋聘繁，书介弥盛"，"及七国献书，诡丽辐辏"。这一时期，无论是诸侯国之间，还是贵族士大夫个人之间，交往更加频繁，书信遂被大量使用。刘勰列举《左传》中所载春秋年间秦国绕朝赠晋国士会以策、郑国子家致书晋国赵宣子、楚国巫臣奔晋后致书楚国重臣子重和子反、郑国

① 姚鼐："书说类者，昔周公之告召公，有《君奭》之篇。"见姚鼐纂《古文辞类纂》，岳麓书社1988年版，"序"第2页。

子产致书晋国执政范宣子等，认为"详观四书，辞若对面"①，可视为书信的典范。而姚鼐《古文辞类纂》所录战国年间的《苏代遗燕昭王书》《鲁仲连遗燕将书》等，更是洋洋洒洒，辞气畅达。

至秦汉之际，书信更加普及，刘勰形容为"汉来笔札，辞气纷纭"②。李斯《谏逐客书》、邹阳《谏吴王书》、邹阳《狱中上梁王书》、枚乘《说吴王书》、司马迁《报任安书》、杨恽《报孙会宗书》、刘歆《移让太常博士书》等，就是其中出类拔萃的名篇。《后汉书》的《班固传》《蔡邕传》《孔融传》等，在记录传主身后留存于世的各种体裁的作品时，都列了"书"这一类，可见当时人已将书信视为一种重要文体。

但在秦汉之际，"书"这种文体的特征还比较模糊，内涵还比较笼统。人们几乎把所有由一个人写给另外的人的文章都称为"书"，并将"记"与"书"连称为"书记"。所谓"书记"文体的内涵就更庞杂了。刘勰说："夫

①《文心雕龙·书记第二十五》，刘勰著、周振甫注《文心雕龙注释》，人民文学出版社1981年版，第277页。

书记广大，衣被事体，笔札杂名，古今多品。"① 他把"谱籍簿录、方术占式、律令法制、符契券疏、关刺解牒、状列辞谚"等，也都归入"书记"一类，认为是"书记所总"，说它们"或事本相通，而文意各异，或全任质素，或杂用文绮，随事立体，贵乎精要"②。

从两汉到魏晋南北朝，随着文学的发展，各种文体进一步分化独立，"书"体文也经历了两次重要的分化。一是士大夫与帝王之间的往来文章，和官府之间的往来书札，原来也都称为"书"。秦汉以后，为了加强君王的权威，立起了规矩，帝王写给臣民的文章，被称为"命、谕告、玺书、批答、诏、敕、册、制诰"等；士大夫写给皇帝的文章被称为"表奏"，它们就都从"书"中分化出去了。到了东汉时期，官府之间的往来书札，也有了单独的名称，被称为"奏记""奉笺"，也从"书"中分化出去了。刘勰云："战国以前，君臣同书，秦汉立仪，始有表奏；王公国内，亦称奏书"；

---

① 《文心雕龙·书记第二十五》，见刘勰著、周振甫注《文心雕龙注释》，人民文学出版社1981年版，第278页。

② 《文心雕龙·书记第二十五》，见刘勰著、周振甫注《文心雕龙注释》，人民文学出版社1981年版，第281页。

"迄至后汉，稍有名品，公府奏记，而郡将奉笺"。[①] 梁萧统编《文选》，就已将"诏、册"（卷三十五）、"令、教、策"（卷三十六）、"表"（卷三十七、三十八）、"上书"（卷三十九）、"弹事、笺、奏记"（卷四十）与"书"（卷四十一、四十二、四十三）分开了。总体而言，经过这一分化，属于公文的"书"，即所谓"公牍"，就基本上从"书"中独立出去了，"书"主要用来指相对个人化的书信。

但剩下来的"书"体文内容仍然非常复杂，可以论政，可以论学，也可以用于应酬，用于亲人、朋友之间相互问候，彼此之间差异仍然较大。两汉以后，随着纸张的发明使用，书写更为便利，亲人、朋友之间的日常联系越来越多地运用书信。这类书信一般篇幅短小，内容日常生活化，语言活泼轻松，与此前的公牍性书信，以及比较郑重、正式的论政、论学书信不同，成为书信的一个很重要的门类，后人称之为帖、

---

① 《文心雕龙·书记第二十五》，见刘勰著、周振甫注《文心雕龙注释》，人民文学出版社 1981 年版，第 278 页。明代吴讷《文章辨体序说》亦称："昔臣僚敷奏，朋旧往复，皆总曰书。近世臣僚上言，名为表奏；惟朋旧之间，则曰书而已。"见吴讷、徐师曾《文章辨体序说　文体明辨序说》，人民文学出版社 1998 年版，第 41 页。

短笺等，有些近似于现在的便条、字条。① 著名书法家王羲之等就留下了大量这类帖、短笺。至此，在相对个人化的书信内部，比较郑重、正式的论政、论学类书信，与比较日常生活化的书信也相对区分开来了，后者就是后来人们所称的狭义的"尺牍"的前身。

"尺牍"之称，起于汉朝。当时朝廷的诏书都写在一尺一寸长的竹木板上，所以称"尺牍"或"尺一牍"，是包括朝廷诏书在内的所有书信的通称。当公文性的"书"被改称为"诏""敕""制"和"奏""疏""表"等而独立出去，个人化的"书"内部又发生分化之后，"尺牍"遂被专门用来指比较日常生活化的书信。它就由所有书信的通称变成比较日常生活化书信的专称。人们用丝帛、纸张写信，也比照"尺牍"的说法，称"尺素""尺缣""尺锦""尺纸"等。既然各种载体的书信都以"尺"称，所以书信又被称为"尺书""尺翰"。

从魏晋南北朝到唐宋，人们越来越多地写这种帖、短笺，即"尺牍"，但它们还不受重视。人们重视的还是那种比较郑重、正式的论政、论学"书"，认为这种"书"才比较有价值。王羲之的众多帖、短笺之所以

---

① 见钱锺书《管锥编》，中华书局 1979 年版，第三册，第 1108 页。

能流传下来，是因为他的书法为世人所重，这些书信是因书法而传。当时其他人应该也写了不少类似的东西，它们就没有这样幸运了。刘勰《文心雕龙·书记卷二十五》已两次提到"尺牍"（"祢衡代书，亲疏得宜：斯又尺牍之偏才也"[①]；"然才冠鸿笔，多疏尺牍"[②]），语气中显然对"尺牍"颇为轻视。唐宋间文人自编文集，或他人代编文集，如白居易《白氏文集》、欧阳修《居士集》、苏轼《东坡集》《东坡后集》等，都列有"书"类，但只收比较郑重、正式的"书"。

直到南宋年间，人们的观念才开始发生变化。据信编纂于南宋的《东坡外集》中，除有"书"二卷外，还有"小简"（即"尺牍"）十九卷。周必大等人所编《欧阳文忠公集》收"书简"十卷。这种将"书"与"尺牍"分开收录的编纂方式，此后被继承下来。如明代所编《东坡续集》十二卷中，除"书"一卷外，还有"书简"四卷。同样编于明代的《三苏全集·东坡集》八十四卷中，

---

① 刘勰著、周振甫注《文心雕龙注释》，人民文学出版社1981年版，第277页。

② 刘勰著、周振甫注《文心雕龙注释》，人民文学出版社1981年版，第281页。

除"书"二卷外，还有"尺牍"十二卷。这些"尺牍"都是原来被遗落的，这时才被搜集汇录在一起。这固然是因为欧阳修、苏轼人品高尚、文采出众，尺缣片楮，后世人皆乐于收集而宝藏之，亦因"尺牍"这种文体的价值终于得到认可。人们对"尺牍"的文体特征有了比较清晰的认识，因而将它与比较郑重、正式的论政、论学书信分别开来。狭义的"尺牍"作为一种文体，遂正式登上文坛。[①]自此以后，比较郑重、正式的论政、论学"书"，一般被视为"古文"之一体；而比较日常生活化、篇幅短小、文风活泼的"尺牍"，则被归于"小品文"的范畴，两者并行不悖。

当然，无论是公文性书信与个人化书信之间，还是个人化书信中比较郑重、正式的论政、论学书信与比较日常生活化的"尺牍"之间，界限都不是绝对的。两汉以后，臣僚给皇帝的奏疏，也还有叫"书"的，如王安石著名的《上仁宗皇帝言事书》。有些比较日常生活化的书信，如曹植《与杨德祖书》、陶渊明《与子俨等疏》，内容也未尝不重要。但总体上说，这几类书

---

① 见（日）浅见洋二《文本的"公"与"私"——苏轼尺牍与文集编纂》，《文学遗产》2019年第5期。

信之间的分野是清楚的。

及至明清时期，随着社会生活和人们思想观念的变化，人们的文学观念总体上越来越世俗化，即越来越注重反映普通人日常生活的文体，尺牍遂越来越受青睐。人们在编选文集时，往往将"尺牍"与"书"等量齐观，将之统一编入"书"中，甚至将"尺牍"单行。如明代文学家陆深的文集中，"书"类就兼收比较郑重、正式的论政、论学"书"，和包括家书在内的"尺牍"。后来因为他的"尺牍"很受欢迎，人们又将他的"尺牍"另编为《俨山尺牍》行世。冯梦祯《快雪堂集》六十四卷本收录"尺牍"十三卷，他又将尺牍部分单独刊刻为《快雪堂尺牍》。晚明其他著名文人如屠隆、汤显祖、王思任等，均有尺牍单独刊行。晚明至清初，更出现了选编出版历代名人尺牍总集的风潮，现在可以考知的不下两百种，其中影响较大的有杨慎《赤牍清裁》、王世贞《尺牍清裁》、屠隆《国朝七名公尺牍》、顾起元《盛明七子尺牍》、凌迪知《国朝名公翰藻》、李渔《尺牍初征》、周亮工《尺牍新钞》、汪淇等《尺牍新语》、陈枚《写心集》《写心二集》等。

二

尺牍历来是比较受欢迎的读物，堪称读者的宠儿，用鲁迅先生的话来说："日记或书信，是向来有些读者的。"[①] 人们为什么对尺牍感兴趣？古代尺牍对当代人还有何价值？我想它至少具有如下四个方面的意义：

一是可以帮助我们更准确深入地认识历史的真相。中国素来有重视历史的传统，记载古代历史的文献可谓汗牛充栋。但大部分正经正史记录的都是重大历史事件，描写的都是风云人物在朝堂、疆场上的壮举，属于宏大叙事，固然气势恢宏，但较少触及这些人物的日常生活图景，包括他们与家人、亲友、同僚等之间盘根错节的微妙关系，以及他们复杂幽微的内心活动。而他们所写的书信，则与各种笔记、野史等一起，展现了历史的另外一面。如果说正经正史反映的是这些人物带着面具的表演，那么书信等则在一定程度上反映了他们摘下面具后的真相。如果说前者展现的是台前的景象，那么后者则揭示了幕后的种种细节。看

[①] 鲁迅《孔另境编〈当代文人尺牍钞〉序》，见《鲁迅全集》（六）《且介亭杂文二集》，人民文学出版社1961年版，第330页。

历史，既要把握大局，也要深入细节；既要看到正面，也要看到反面。只有将这些不同的面相拼接在一起，才庶几接近历史的真面目。如我们可以称明代著名文学家汤显祖秉性刚正，不畏权贵，从遂昌知县任上自行辞职归家。但看到他当时与好友刘应秋等人的往来信函，就知道当时朝中人际关系多么复杂，汤显祖为争取出路曾做了多么不懈的努力。又如看到明代文学家王樵给子侄的书信，说到其子王肯堂中进士时，亲友们如何不屑一顾，当得知王肯堂中选翰林院庶吉士后，他们如何马上换了一副嘴脸，由此我们就可以知道当时人对进士、翰林院庶吉士的真实看法，以及当时社会所谓亲友之间关系的真相。从曾国藩写给其弟曾国荃等人的书信中，我们可以得知湘军内部、湘军与淮军之间、湘军淮军与清廷之间，是如何的矛盾重重。而从太平天国忠王李秀成写给英国传教士艾约瑟、杨笃信的书信中，我们又可以看到打着基督教旗号的太平天国与清朝、西方势力三者之间的微妙关系。从书信中获取的这些零碎而生动的细节，可以大大丰富我们对历史真相的认知，让我们对历史的印象由粗线条的轮廓变为鲜活的图景。

二是可以让我们感受古人的心灵世界，让我们加深对人性、人生、人世的理解。历史的车轮不停转动，社会生活嬗变不息，人们的思想观念也在不断变化，但人总还是具有灵性的血肉之躯，总还是要经历生老病死，难免种种喜怒哀乐、爱恨情仇。人类心灵深处的这些东西，千百年来变化其实非常有限。我们阅读古代优秀的文学作品，可以感受到古人的忧乐，与他们展开心灵的对话。在这个过程中，他们的面容神情清晰真切地浮现在我们眼前，让我们真觉得古今人相去不远。相对来说，在各种文体里，书信和日记是较能真实反映人们的内心世界的。周作人曾指出：

日记与尺牍是文学中特别有趣味的东西，因为比别的文章更鲜明的表出作者的个性。诗文小说戏曲都是做给第三者看的，所以艺术虽然更加精炼，也就多有一点做作的痕迹。信札只是写给第二个人，日记则给自己看的（写了日记预备将来石印出书的算作例外），自然是更真实更天然的了。我自己作文觉得都有点做作，因此反动地喜看别人的日记尺牍，感到很多愉快。我不能写日记，更不善写信，自己的真相仿佛在心中隐约觉到，但要写他下来，即使想定是私密的文字，总不免还有做作——这并非故意如此，实在是修养不足的缘故，然而因此也愈觉得别人的日记尺牍之佳妙，可喜亦可贵了。[①]

有趣的是，鲁迅先生也讨论了书信与其他文体之不同：

作者本来也掩不住自己，无论写的是什么，这个人总还是这个人，不过加了些藻饰，有了些排场，仿佛穿上了制服。写信固然比较的随便，然而做作惯了的，仍不免带些惯性，别人以为他这回是赤条条的上场了罢，他其实还是穿着肉色紧身小衫裤，甚至于用了平常决不应用的奶罩。话虽如此，比起峨冠博带的时候来，这一回可究竟较近于真实。所以从作家的日记或尺牍上，往往能得到比看他的作品更其明晰的意见，也就是他自己的简洁的注释。不过也不能十分当真。有些作者，是连账簿也用心机的，叔本华记账就用梵文，不愿意别人明白。[②]

①《日记与尺牍》，见周作人《雨天的书》，岳麓书社1987年版，第11页。

② 鲁迅《孔另境编〈当代文人尺牍钞〉序》，见《鲁迅全集》（六）《且介亭杂文二集》，人民文学出版社1961年版，第330—331页。

相比较而言，鲁迅先生更冷静清醒。在短短的一段话中，开头和结尾处两次强调，即使是写书信这类东西，作者也往往免不了"做作"和"用心机"，因此读者"也不能十分当真"。我们应该对此抱有充分的警觉。古代有些人写信给某人谈某事，本来就是准备公之于世的，相当于写公开信，这种文章就和一般文章没有多少差别，只是运用了书信这样一种文体形式而已。有些比较有名的人物，即使是写给朋友和家人的书信，或为名，或为利，或为了名利双收，也是早就打算日后要结集出版的，写的时候不免就有诸多顾忌和矫饰。有些信件收入文集或尺牍集时，还会做许多加工，加上一些漂亮话，尤其是删掉某些敏感内容，这些书信的真实性就要大打折扣了。

但鲁迅先生毕竟也肯定，书信的内容"究竟较近于真实"；通过书信，可以"从不注意处，看出这人——社会的一分子的真实"。①凡是书信，都是写给特定的人看的，如果太不真实，完全是套话假话，那就相当于当面撒谎，不会有任何好效果。何况大部分书信，

---

① 鲁迅《孔另境编〈当代文人尺牍钞〉序》，见《鲁迅全集》（六）《且介亭杂文二集》，人民文学出版社1961年版，第330页。

特别是尺牍，一般都是写给亲人，或比较熟悉的朋友，作者的心态往往比较放松。有些在公开场合不能说的真实感受和想法，可以向亲人和朋友一吐为快。说过之后，写信人往往还不忘记嘱咐收信人，所言不足为外人道，甚或要求看后即销毁。如苏轼《答李端叔（之仪）书》云："自得罪后，不敢作文字。此书虽非文，然信笔书意，不觉累幅，亦不须示人，必喻此意。"[1] 看看苏轼给亲友的诸多书信，我们就知道，在旷达洒脱的外表下面，一代天才心中又有多少悲苦与无奈。著名书画家赵孟頫的妻子管道昇，回娘家后给丈夫写信，叮嘱种种家务事，让他赶快寄柿子，说是丈人要吃，不仅书法清丽潇洒，而且语气亲切有趣，传递出这一对艺术家夫妇相知相惜的温情。至于明末清初抗清志士夏完淳的《狱中上母书》、辛亥革命先烈林觉民的《与妻书》，写信人临难之际，对至亲至爱的人敞开自己的心扉，真可谓饱含血泪，至情至性，感人至深。阅读这些尺牍中的精品绝品，我们会对人性的光辉、人生的悲欢和人世的苍茫有更深的感悟。

---

[1] 张志烈、马德富、周裕锴主编《苏轼全集校注》之《文集》卷四九，河北人民出版社2010年版，第16册，第5345页。

三是可以欣赏古人的文笔之美。书信本是一种应用性很强的文体，把要说的事情说完也就可以了。但我们现在所能看到的中国古代的书信，基本上都是士大夫们写的。中国古代一直存在一个士大夫阶层，这是中国古代长期实行大一统君权专制制度的产物，是中国古代社会结构的一个重要特点。士大夫们都接受过良好的教育，有较好的文学艺术修养，善于将生活艺术化。茶有茶道，花有花道，至于琴棋书画，那就更精妙无穷了。写信也是一件很雅的事情，不仅笔墨砚纸马虎不得，行款格式也有讲究。书信本身则力求写得生动活泼，于尺幅中见巧思。或如语家常，娓娓道来；或夸张调侃，风趣幽默。表关切则务求语气平和，有请托则力戒卑躬屈膝，要尽可能恰如其分，彼此两宜。结构则似信笔所之，而姿态横生。有些精巧鲜活的表达方式，在其他文体中是不可能出现的。所以鲁迅先生说，过去人看尺牍，就是为了看其中的"朝章国故，丽句清词，如何抑扬，怎样请托"①。诗词文赋文雅精致，内涵丰富，但要读懂并不容易；小说戏曲比较易懂，

① 鲁迅《孔另境编〈当代文人尺牍钞〉序》，见《鲁迅全集》（六）《且介亭杂文二集》，人民文学出版社1961年版，第330页。

但篇幅大多偏长。至于众多一本正经的高文典册，内容或许渊深，但除了专门研究者，一般人读起来无不觉得头昏脑胀。相形之下，小巧活泼、饶有情趣的尺牍，就成了阅读起来最轻松、可读性最强的文体。

四是可供当代人借鉴人际交往之道，尤其是语言交流的必要礼仪和技巧，因而具有实用价值。现代人已很少写信，但人际交往特别是语言交流仍然是必不可少的。古人既然写信，纸短情长，就要注意锤炼字句，力求表达清晰优美。对不同的对象，也要用不同的称谓和表达方式，以表示礼貌，务使"尊卑有序，亲疏得宜"[①]。现在人们发短信、微信，往往脱口而出，随手而发，态度随便，久而久之，语言就越来越单调，甚至粗鄙。长此以往，整个民族的语言水平和礼仪修养都可能下降，这是一件令人担心的事情。有些人不具备古文功底，又要显摆自己的古文，就更糟糕了。例如古代书信用语中的"启"本来是陈述的意思，因此书信可以用"敬启者"开头。现在人们一般用它表示打开信封的意思，有人却在信封上写某某人"敬启"，

[①] 徐师曾《文体明辨序说》，见吴讷、徐师曾《文章辨体序说 文体明辨序说》，人民文学出版社1998年版，第129页。

就是要求别人（包括尊长）恭恭敬敬打开这封信。"聆听"是恭敬听取的意思，所以只能说自己"聆听"。请别人听或读，只能说"垂听""垂察""垂览""垂鉴""赐览""赐鉴"等。现在人汇报完了却常说"谢谢聆听"。试问收信或听汇报的长者看到或听到这样的表达，心中会作何感想？又如"家父""家兄"本用于称自己的家人，有人写信却说对方的"家父""家兄"如何如何；"令郎""令爱"是称对方的儿女，有人却说自己的"令郎""令爱"如何如何；"先严""先慈"是指自己已过世的父母，有人却用来指还活着的父母。凡此种种，让人哭笑不得。再如年长者对晚辈，为表客气，也可称"兄""世兄""仁兄"等，而自称"弟"。有些人不懂这一点，拿着某位名人称其为"兄"而自称"弟"的信函，到处炫耀，洋洋得意，令人齿冷。现代人主要通过电子邮件、短信、微信等联系，这是大势所趋。写这类东西也不必生搬硬套古人尺牍的模式，但读一点古人的尺牍还是有好处的。浸润既久，我们可以多少懂得一些必要的知识，少闹笑话；也可以感受到一些古人相交相处之道，提高自己的修养，言辞之间学会以礼相待，从而构建一种和谐的人际关系。

基于上述认识，我们编选了这套"历代名家尺牍精粹"丛书，分辑出版，首辑拟推出明清尺牍十一家。

　　丛书的总体定位是一套具有一定学术水准、面向社会大众读者的普及型文学读本。主要收录狭义的尺牍，即比较日常生活化的书信，兼收部分比较有文采、有情趣的论政、论学类书信。选择标准主要着眼于尺牍的文学价值。注释和赏析力图在全面深入了解作者的经历、个性，对相关事件的来龙去脉了然于心的基础上，准确把握每篇尺牍的真实含义，揭示其压在纸背的心情，及其写作上的精巧微妙之处。

　　丛书旨在提供一套涵盖面广、典型性强、审美价值高的历代尺牍文学选本，有助于广大读者欣赏美文，获得轻松愉悦的审美享受；发抒性灵，陶冶情操；回望祖国传统文化，回味前人的生活方式，增进对中国古代社会和士人精神世界的理解；感受汉字和汉语的深邃魅力，提高书面和口头表达能力。

　　本丛书的编选撰写和出版肯定存在诸多不足之处，敬希读者批评指正。

前　言

　　袁宏道（1568—1610），字中郎，一字孺修，号石公，又号六休。湖广荆州府公安（今属湖北）人。在文学史上，袁宏道与兄宗道、弟中道并称"公安三袁"，其所开创的文学流派被称为"公安派"。

　　据清代丁炜的《袁氏族谱序》载，"三袁"本姓"元"，祖出江西丰城。袁氏之易姓，始于"三袁"之长兄宗道。《（康熙）公安县志》卷十一《袁宗道传》提及，宗道本姓"元"，隆庆五年（1571）应童子试时，督学认为他是奇才，但因其姓与前代之"元"字音皆同，不利首榜，故易为"袁"，后来宏道、中道继之，公安"元"姓就改为"袁"了。"三袁"兄弟的祖辈出身武胄，曾祖袁暎是闻名乡里的侠义之士，从祖父袁大化开始偃武修文，一代文学世家从此肇端。父亲袁士瑜虽矢志功名，却蹭蹬科场，终身未获一第，仕进的希望自然就落在了兄弟三人身上。

　　袁宏道出生于隆庆二年（1568）十二月初六，嫡母龚氏在他八岁时去世，庶母刘氏待三兄弟不善，以至于袁中道晚年仍对"备尝茶苦"的童年耿耿于怀而"不忍言之"（《游居柿录》卷六）。在家族中，袁宏道最感亲近的是外祖父龚大器和诸舅，袁宏道的文学启蒙和对世俗生活的兴趣都来自他们的熏陶。万历十二年（1584），十七岁的袁宏道应荆州府试成为诸生。万历十六年（1588），二十一岁的袁宏道乡试中举，结识主考官冯琦。万历十七年（1589），袁宏道赴京会试，与焦竑、瞿汝稷、陶望龄、黄辉等相识，虽春闱失意，却眼界大开。归乡后，长兄宗道以性命之学相启发，深信之。万历十九年（1591）春，二十四岁的袁宏道只身前往麻城龙湖，问学于李贽，驻足三月余，与李贽结为忘年交。李贽的佛禅思想和"童心说"对袁宏道的文学观念与人生选择产生了关键性影响。

万历二十年（1592），袁宏道在主考官焦竑的荐拔下得捷南宫，在北京等了五个月，未能选庶吉士进翰林院读书，于是随宗道请假同回公安。居家期间，他与兄弟及外祖父龚大器、舅父龚仲敏、龚仲庆等结社酬唱。次年夏四月，昆仲三人同往麻城拜访李贽，聚谈十余日。李贽曾评曰"伯也稳实，仲也英特，皆天下名士"（袁中道《中郎先生行状》），对袁宏道赞赏有加。

万历二十二年（1594）冬，袁宏道赴京谒选，得吴县令，次年春上任。因觉吏事繁剧、吏道苦烦，又与当道不合，不到两年就告病辞官，漫游名山大川去了。在任吴县令期间，宏道在诗文方面锐意革新，高倡"性灵"，反对"摹古"，其一生最重要的文学思想几乎都在这一时期崭露锋芒。

万历二十六年（1598），袁宏道迫于父命，经兄宗道帮助补顺天府学教授。宦居北京期间，与袁宗道及陶望龄、潘士藻、李腾芳等人结蒲桃社于京西崇国寺。万历二十八年（1600）升礼部主事，七月赴河南周藩瑞王府掌行丧礼，告假便道回公安。同年冬，长兄宗道猝死于任上。手足的离世，时局的不利，令袁宏道宦意灰冷，于是他在公安柳浪湖构筑馆舍，度过了六年的闲居生活。万历三十四年（1606）秋，宏道宦情复起，再次入京，补礼部主事。万历三十七年（1609）升吏部考功司员外郎，奉命主陕西乡试。万历三十八年（1610），告假归乡，会公安大水，移居沙市。八月突发疾病，九月初六病逝，年仅四十三岁。生平事迹详见袁中道《中郎先生行状》。

　　袁宏道论诗，主张通变，求真重趣，反对摹古，他把"独抒性灵，不拘格套"（《叙小修诗》）、"信心而出，信口而谈"（《张幼于》）、"各任其性""率性而行"（《识张幼于箴铭后》）等作为评判诗歌的艺术标准，他自己的诗歌创作也显示出清新轻俊的风格。这一创作倾向在当时的文坛产生了很大影响，拥趸者甚众，风气为之一变，被后人称作"公安派"。所谓"公安派"的核心成员是袁氏三兄弟，其中以宏道声誉最高、成就最大。江盈科、黄辉、陶望龄、陶奭龄等往往被视为"公安派"的中坚力量。但"公安派"究竟规模几何，有多少成员，至今很难说清。若把与"三袁"要好和结社的文人都算作"公安派"，并不准确；或把与"三袁"同调、受到他们影响的文人都归入"公安派"，也不尽然；就连袁氏兄弟三人之间，观点也并不完全统一；甚至袁宏道自己，少年、中年和晚年的思想也都有所变化。因此，与其说"公安派"是一个明确的流派，不如说它是晚明重真情、重自我、重创新的文学思潮的一个发展阶段。袁宏道求真崇变、重趣尚奇的主张与晚明时期的精神气质如响应声，和李贽的"童心说"一脉相承，也受到前辈徐渭独特个性的深刻启发。钱谦益《列朝诗集》

收录袁宏道诗八十七首，并说"中郎之论出，王（王世贞）、李（李攀龙）之云雾一扫"。他的理论从根本上冲击了明代弘治以来"前后七子"的复古论调，是明代中期重情思潮的进一步发展。但可惜的是，这种理论还未在实践中走向成熟，就流于新的摹拟蹈袭和浅陋俚俗之弊。随着袁宏道的去世，"公安派"迅速衰歇，后继无人，在明代文学史上犹如昙花一现，虽夺目，却短暂。有学者将这一现象归因于袁宏道思想中的"边缘人心态"，应该说是比较准确的，他的孤傲性格，他的隐遁倾向，他的随性，他的短命……种种因素的综合作用，使以他为代表的公安派没能成为引领晚明文学思潮的主流。不过这些都是后话了。

　　袁宏道的文学成就还集中体现在杂著小品尤其是尺牍、游记等散文创作上，他的这些作品不仅为当时人所激赏，而且在后世不断被经典化。他的尺牍在明代文人中保存最为完整，艺术价值也最为突出。江盈科曾这样评价中郎尺牍："总之自真情实境流出，与秫、李下笔，异世同符。就中间有往复交驳之牍，机锋迅疾，议论朗彻，排击当世能言之士，即号为辨博者，一当其锋，无不披靡。斯已奇矣。"（《解脱集二序》）

在江盈科看来，中郎尺牍可以和嵇康、李陵的文章媲美，堪称当世奇文。从这个角度看，中郎尺牍已经超越了单纯的应用文体，而成为极具审美价值的艺术作品。

在中郎尺牍中，我们能够感受到浓厚的生活情趣以及超脱于生活琐事之上的高远智慧。这种情趣与智慧既来自家庭的熏陶，也得益于他自己的求索。袁氏几代人积累的家业，为他提供了优渥的生活与读书条件，长兄宗道启之以性命之学，带他到京师接触顶尖的精英名流，外祖父和诸舅引导他参禅悟道，教他体验生活的乐趣。宏道也没有辜负这一切机会，他少年时就有"手提无孔锤，击破珊瑚网"的抱负，熟读佛典，参访高人，对禅宗公案如数家珍，自负"禅宗一事不敢多让"，天下对手只有李卓吾而已。这话虽不免自大之嫌，却可见少年勇于冲决罗网的魄力。同时，他丝毫不因对佛禅的参求而变得冷静甚至冷漠，反而能够更敏锐地领会人世间的无穷乐趣，他正是一个把一切都看透了却依然热爱生活的人。袁宏道曾写信给舅舅龚仲庆，谈论人生的五种"快活"，其中第五种"快活"竟然是享尽世间乐趣之后踵门乞讨、被人嘲笑。中郎对人生虚无的领悟，以及由此激发出来的灵性，从这里可见一斑。他曾自言理想是做"最天下不紧要人"，一生追求"无用之用"。他喜爱插花，为此专门撰写《瓶史》，书中对花材花器选用、供养环境及插法、品鉴等，都说得头头是道。他虽不善饮酒，却喜欢看人醉酒，还把行令之事写成一部《觞政》，饶有趣味地记录饮酒环境、下酒好菜和人物掌故，品评各种酒徒的醉态。诚然，这些都不是经世致用的大文章，却比其他文字更鲜明地体现出袁宏道的天才创造力，正是这种松弛和自由的写作姿态，使袁宏道的文字洞穿人性、直抵人心。

值得一提的是，袁宏道是一个比较复杂的人，我们不应无限放大他任性、雅趣、浪漫的一面，认为这就是他的全部，其实，他也有颇为忧国忧民的一面。他曾给陈所学写信，批判士风堕落："近日士习尤觉薄恶，宽则如慈母之养骄子，必且聚党犯上；严则学校有体，过为摧折，恐亦恶伤其类。"（《与陈正甫提学》）他也曾与黄辉通信，痛惜时事沉沦："每日一见邸报，必令人愤发裂眦，时事如此，将何底止！"（《与黄平倩》）早在20世纪30年代，鲁迅先生就犀利地批评过那些为了宣扬文人雅趣，而把袁中郎"肩出来当作招牌"

的论客们，他指出袁宏道曾为东林党领袖顾宪成鸣不平，"正是一个关心世道，佩服'方巾气'人物的人，赞《金瓶梅》，作小品文，并不是他的全部"（《且介亭杂文二集·"招贴即扯"》）。只是，面对"国是纷纭"，中郎认为"时不可为""豪杰无从着手"，故而选择了"在山之乐"（《又与冯琢庵师》），独善其身，因此也没有卷入波诡云谲的衰世政局之中。

同样的，我们也不能以"独抒性灵，不拘格套"笼统概括袁宏道一生的文学风格，而应当看到，在他二十余年的短暂文学生涯中，至少有两次比较明显的风格变化。一次发生在万历二十五年（1597）辞去吴县令前后，一次发生在万历三十年（1602）归隐柳浪馆之时。以这两次变化为界，袁宏道的文学风格可以分为三个阶段：以《敝箧集》和《锦帆集》为代表的早年风格，以《解脱集》《广陵集》《瓶花斋集》《潇碧堂集》为代表的中期风格，以及以《破研斋集》《华嵩游草》和《未编稿》为代表的后期风格。袁宏道早年的诗歌还没有打破复古的藩篱，如江盈科所说："君丱角时已能诗，下笔数百言，无不肖唐。"（《敝箧集引》）后来，通过参悟佛禅、究心性命，加上李贽、徐渭等前辈的启发，袁宏道似乎找到了撬动复古文学的支点——"真"与"新"，但正如钱谦益所说，他这一时期的诗文显得"机锋侧出，矫枉过正"，滑向了俚俗和狂谬。从万历三十年（1602）起，袁宏道开始不断反思，检讨过去的"草率""刻露"，甚至自悔少作，于是诗文趋于雅正沉稳，深厚蕴藉。袁中道曾用"学以年变，笔随岁老"（《中郎先生全集序》）来形容这一变化及其成因。很难说这是一种境界的升华，抑或是灵光殆尽的遗憾。

不过，无论是进境，还是遗憾，一切都原原本本地摆在那里，供后人品评。这些复杂的面相，这些微妙的变化，甚至这些无可追问的"遗憾"，都对我们理解袁宏道其人，理解其作品乃至那个时代颇有启发。

袁宏道年仅过四旬，却著述甚富。他在世时就有意识地整理编订自己的诗文，如万历二十四年（1596），吴中友人为他刊刻《敝箧集》二卷、《锦帆集》四卷，万历二十五年（1597）刻《解脱集》四卷，等等。袁中道曾说，中郎诗文集"家有刻不精"，大概指的就是以上这些本子，可惜都已亡佚。

现存最早的刻本是万历三十年（1602）至三十八

年（1610）间吴郡袁叔度书种堂刻"袁中郎七种"，今有国家图书馆藏本，包括《敝箧集》二卷、《锦帆集》四卷（附《去吴七牍》）、《解脱集》四卷、《瓶花斋集》十卷、《广庄》一卷、《瓶史》一卷、《潇碧堂集》二十卷。各集保存了袁宏道编次原貌，虽非全集，却较为精善。

袁宏道去世后，绣水周应麟校刻《袁中郎十集》，较书种堂本多出《破研斋集》《华嵩游草》《广陵集》三部诗文集，及《瓶史》《觞政》《广庄》三部杂著。今有国家图书馆藏本。不过，其中《狂言》与《狂言别集》均系伪作，袁中道曾斥其为"伧父刻画无盐，唐突西子，真可恨也"（《游居柿录》卷一〇）。万历四十五年（1617），金陵大业堂刊何伟然编《梨云馆类定袁中郎全集》二十四卷，始将诗文分体编次，流传最广，清道光、同治年间有覆刻本。今有天津图书馆藏明刻本。万历四十七年（1619），袁中道编《袁中郎先生全集》二十三卷。万历、天启年间，又有曾可前编《袁中郎未刻遗稿》二卷，属于《三袁先生集》之一，卷首题"云间陈继儒仲醇甫阅"，现藏于国家图书馆。崇祯二年（1629），陆之选综合袁氏书种堂本、绣水周应麟本、何伟然梨云馆本及《遗稿》，辑《新刻钟伯敬增定袁中郎全集》四十卷，由武林佩兰居刊印，此本所收篇目较全，被《四库全书总目》列入集部存目，但此本将诗文打散，分文体编次，失去了各旧集原貌。民国二十三年（1934），上海时代图书公司出版了"刘大杰标点、林语堂校阅"的《袁中郎全集》五卷，包括尺牍一卷、游记一卷、文集一卷、诗集二卷。

除了全集外，袁宏道的散文小品尤其是尺牍常被汇集单行。较早编刻袁宏道散文小品专集的是陆云龙，崇祯年间陆云龙峥霄馆刊刻的《翠娱阁评选皇明小品十六家》收录《袁中郎先生小品》二卷，选尺牍12篇。20世纪30年代，文坛曾掀起晚明小品热潮，中郎尺牍再次受到瞩目。1934年，上海南强书局出版过阿英汇编的《袁中郎尺牍全稿》，共计收录尺牍279首。1936年，上海大方书局出版金汝盛校阅的《袁中郎尺牍》，收录尺牍计282首。1991年，中国广播电视出版社出版了范桥、张明高编注的《袁中郎尺牍》，按照收信人重新编次，收录尺牍计281首。

迄今为止最为全面、详赡的袁宏道全集整理本，是钱伯城所撰《袁宏道集笺校》，凡五十五卷，附录三卷。此书成稿于20世纪60年代，1981年由上海古籍出版社出版，后又有增订。钱先生按时代顺序编次各集，并将无集可次的诗文编为《未编稿》三卷，还搜集逸诗佚文十四篇，洵为袁氏功臣。此书收录尺牍284首，一一系年、笺注。其后，有李健章《〈袁宏道集笺校〉志疑》（湖北人民出版社，1994）、何宗美《袁宏道诗文系年考订》（上海古籍出版社，2007），补正了《笺校》在诗文系年和人物、事迹等考证中的一些纰缪。此外，沈维藩《袁宏道年谱》（《中国文学研究·第1辑》，江西教育出版社，1999）也对《笺校》中存在争议的问题进行了考论。

本次选注袁中郎尺牍，原文以崇祯二年武林佩兰居刊本《袁中郎全集》及万历、天启年间刊《袁中郎未刻遗稿》为依据，参校以万历间袁无涯书种堂本《袁中郎七种》及袁中道编本《袁中郎先生全集》。所选尺牍系年编排，每篇尺牍后标明出处卷数，方便读者查索。人名、事典注释与尺牍系年，参考钱伯城先生《袁宏道集笺校》及李健章、沈维藩、何宗美等先生的补正，力求清晰易懂，要在帮助读者疏通文意，因此不作繁琐的征引考辨。中郎尺牍中的人名、地名、掌故、佛教术语等都十分丰富，凡学力所及，都尽量保证准确。至于文末的点评与赏析，有珠玉在前者则充分吸收，其余完全出自个人的阅读感受，虽然初衷是帮助读者走入中郎的生活与心灵世界，但难免续貂之讥，只愿为读者诸君抛砖引玉而已，敬请方家批评指正。

车祎于四川大学江安花园

目 录

家报〔一〕（其一）

天下奇人聚京师者〔二〕，儿已得遍观。大约趋利者如沙〔三〕，趋名者如砾〔四〕，趋性命者如夜光明月〔五〕，千百人中，仅得一二人，一二人中，仅得一二分而已矣。三哥颇为同侪所推许〔六〕，近日学问益觉长进。昨梅中丞邀请数次〔七〕，因塞上苦寒，尚未及行。梅，真正好汉也，儿恨不识其人。三哥识有余，而胆气未充，正是多会人、广参求之时〔八〕。想故乡一片地，横是麟凤塞满〔九〕，真不必令其在家也。

（《袁中郎全集》卷二〇）

注释

〔一〕家报：即家信、家书。有版本题名作"致龚左辖先生"。龚左辖名大器，字容卿，号春所，袁宏道外祖父。嘉靖三十五年（1556）进士，授刑部主事，累官至河南左布政使。生平见《珂雪斋文集》卷八、《公安县志》卷六。明人沿旧习称左、右布政使为"左辖"和"右辖"，大器的最高官职为左布政使，因此称为"龚左辖"。

〔二〕京师：中国古代泛称王朝首都为京师，在明代一般指称北京。

〔三〕沙：沙土，比喻极多而平常。

〔四〕砾：碎小的石块，形容趋利趋名者如沙砾，极言数量之多。

〔五〕性命：中国古代哲学范畴，朱熹云："物所受为性，天所赋为命。"(《周易本义》) 宋、明以来，理学家专意研究性命之学，因多以"性命"代指理学。此处中郎所言"性命"，当是融合了佛教、道教思想的理学。夜光明月：夜晚星月之光，比喻稀少的事物。

〔六〕三哥：指袁中道（1570—1623），字小修，湖北公安人，袁宏道三弟。万历四十四年（1616）进士，授徽州府教授、国子监博士，官至南京吏部郎中。同侪（chái）：同辈人，同伴。

〔七〕梅中丞：梅国桢（1542—1605），原名鼎，字客生，号衡湘。湖广黄州府麻城（今属湖北）人。万历十一年（1583）进士，除固安知县，迁河南道御史。二十年为宁夏监军，平哱拜叛，论功擢太仆寺少卿。二十六年迁兵部右侍郎兼右金都御史，总督宣府、大同、山西军务。卒赠右都御史。著有《西征集》。生平见袁中道《梅大中丞传》、《明史》卷二二八。当时，国桢读中道《南游稿》，甚为激赏，曾数次写信邀请中道入幕。

〔八〕参求：佛教术语，指参验寻求、参禅求道。

〔九〕横是：恐怕，表示揣测语气。麟凤塞满：布满才智出众的人。这里未必是褒义。

这篇尺牍写于万历二十三年（1595）吴县任上。袁宏道万历
二十年进士及第，但并没有立即受朝廷委派出任官职。直到万历
二十二年夏、秋之间，袁宏道才从家中赶赴北京，经吏部谒选，
得吴县令一职。在北京，袁宏道结识了一些志同道合的朋友，其
中有董其昌、陶望龄、汤显祖、王一鸣、陈所学、黄辉等人，就
是尺牍起首所说的"天下奇人"。从日后的交往看，他们大概就是
袁宏道所称赏的"趋性命者"，是那千百人中的"一二人"。

袁宏道的外祖父龚大器性行舒缓，平易近人，人称"龚佛"。
他与儿孙辈关系十分亲密，尤其关怀袁宏道三兄弟的成长。袁宏
道此信主要向外祖父汇报京师见闻，表达了自己以"性命"为旨
归的交友原则，同时汇报了弟弟袁中道的可喜近况，字里行间可
见祖孙间的融融亲情。

尺牍突出一个"奇"字，短短半年光景，袁宏道就"遍观"
京师"奇人"，可见他不俗的见识。然而，这些"奇人"在宏道眼
中还要分出三六九等——大部分是"趋利者"和"趋名者"，极少
数是"趋性命者"，就在这极少数人中，也有程度大小之别，这判
断标准可谓奇高。能入中郎法眼的，可谓少之又少。古语云"物
以类聚，人以群分"，袁宏道引以为同道的这"一二人"，几乎都
在历史上留下了不朽的痕迹。对于梅国桢，袁宏道从未谋面，却
评价极高。梅国桢经由李贽的推许先与袁中道相识，二人鱼雁传

书，早已互相仰慕，袁宏道从弟弟那里了解到梅国桢的事迹，慨叹其为"真正好汉"。须知此时的袁宏道刚刚二十八岁，袁中道也才二十五岁，而梅国桢已五十五岁。袁氏兄弟已经在群英荟萃的京师崭露头角，雄心勃勃地想要在文坛上有一番作为了。

梅客生〔一〕（其一）

家弟自云中归〔二〕，极口称梅开府才略盖世〔三〕，识见绝伦，且意气投合，不减庞道玄之遇于节使也〔四〕。所不同者，于公疏，开府密；于公急，开府缓；于公一挥千金，开府衣无重帛〔五〕。生之校量两公如此。公自度与颐孰胜而孰劣哉？古之英雄，知此道者，晋有康乐〔六〕，唐即于公，宋有夏英〔七〕，更历数千年，指不一二屈，不图今日于明公见之〔八〕，快哉！闻近日乡思颇切，然不？光、黄之间〔九〕，有隐君子焉，归而与其徒醉酒逃禅〔一〇〕，政不必建牙吹角〔一一〕，终老塞上也。如何？

吴令繁冲〔一二〕，苦痛入骨，没奈何只得低头做去，终是措大无远志耳〔一三〕。顾冲庵曾一过苏〔一四〕，与舍弟在虎丘一宿而别〔一五〕。近日蒋兰居过吴〔一六〕，又将舍弟邀入武林去矣〔一七〕。附报〔一八〕。

（《袁中郎全集》卷二〇）

注释

〔一〕梅客生：即梅国桢，字客生，见前《家报（其一）》

注释〔七〕。

〔二〕云中：唐置云中郡，治所在山西大同。梅国桢时任大同巡抚。

〔三〕开府：有权开设府署、选置僚属的官员，明代以前曾是开府仪同三司的简称，明初废除此官，明人常称巡抚等镇守一方的官职为"开府"。

〔四〕庞道玄：庞蕴，字道玄，衡州衡阳（今属湖南）人，唐代禅门居士。曾谒江西马祖而顿悟。世称"庞居士"。袁宏道早期诗文常引用庞蕴典故，有"白首庞公是我师"之句。于节使：于頔，字允元，河南洛阳人，唐代官员，官至山南东道节度使。庞蕴临终前，时任襄州刺史的于頔前来问候，庞居士说："但愿空诸所有，慎勿实诸所无。"枕着于頔的膝盖安然离世。于頔将其留下的诗偈三百篇编成《庞居士语录》。事见《景德传灯录》。节使，节度使的省称。

〔五〕衣无重帛：不重叠穿着丝织的衣服，形容衣着朴素节俭。语出《尹文子·大道上》："昔晋国苦奢，文公以俭矫之，乃衣不重帛，食不兼肉。无几时，人皆大布之衣，脱粟之饭。"

〔六〕康乐：东晋谢灵运袭封其祖父爵位康乐公，世称"谢康乐"。灵运好佛，与庐山慧远法师为至交，慧远创立东林寺，灵运为其凿池筑台植莲，应邀撰《佛影铭》。慧远圆寂后，灵运为之作《庐山慧远法师诔并序》。

〔七〕夏英：即夏竦（985—1051），字子乔，江州德安（今属江西）人。庆历间曾拜枢密使，封英国公。世称"夏英公"。夏竦好佛，为禅门居士，从谷隐寺蕴聪悟禅。事见《续传灯录》。

〔八〕明公：对有名位者的尊称。

〔九〕光、黄之间：光州（今属河南潢川）和黄州（今属湖北黄冈）之间的麻城，曾为宋代方山子（陈慥）隐居处。典出苏轼《方山子传》："方山子，光、黄间隐人也。"隐君子，本指陈慥，这里指代李贽。

〔一〇〕醉酒逃禅：喝醉酒后，不拘禅戒。语出杜甫《饮中八仙歌》："苏晋长斋绣佛前，醉中往往爱逃禅。"后来也指遁世而参禅。

〔一一〕建牙吹角：出师前树立军旗，吹响进攻号角。指镇守边关。

〔一二〕繁冲：事务繁重、重要的地方。

〔一三〕措大：也称"醋大"，是对贫寒的读书人的轻慢称呼。

〔一四〕顾冲庵：顾养谦（1537—1604），字益卿，号冲庵。南直扬州府通州（今江苏南通）人。嘉靖四十四年（1565）进士，曾巡抚辽东，官至兵部侍郎。著有《冲庵抚辽奏议》。生平见申时行《顾公暨配李氏合葬墓志铭》（《赐闲堂集》卷二七）。

〔一五〕虎丘：山名，又称"海涌山""武丘"。位于江苏苏州西北。相传为吴王阖闾生前离宫和埋葬处，阖闾下葬后三日，金精化为白虎踞其上，因号虎丘。这里指苏州。

〔一六〕蒋兰居：蒋时馨（1547—？），字德夫，号兰居，福建漳平人，万历五年（1577）进士，官至吏部文选司郎中。著有《体仁编》。

〔一七〕武林：杭州的别称，以武林山得名。

〔一八〕附报：区别于尺牍正文，是向朋友附加通报的信息。

点评

这是写给时任大同巡抚梅国桢的尺牍，作于万历二十三年（1595）。此时，袁宏道还从未见过梅国桢，只是从弟弟中道的口中有所了解，他在家报中说"恨不识其人"，可以想象其卓越风姿。

这篇尺牍可以分作正文与附报两节来看。正文又有四个层次：先是借中道之口，极力称赞梅国桢的"才略盖世，识见绝伦"；不仅如此，中道与梅国桢意气相投，结为了难得的知己好友；而且梅国桢为人细密、和缓，招待朋友十分大方，一掷千金，然而自己却过着简朴的生活，更体现了对友谊的重视。细数古往今来，能够做到这些的英雄屈指可数，极为难能可贵。作者对梅国桢的崇敬之情至此溢于言表。全篇行文流畅自然，令人回味无穷。

袁宏道将梅开府与谢灵运、于頔、夏竦并列而论，他们都是慧根深厚的身居高位者，是佛教之外的佛法解语人。庞蕴临终前曾对于頔说，人总是不知足地追求欲望，可人生短暂，让凡人留恋不舍的人世间的一切，都如同影子一样虚幻，像响声一样转瞬即逝。熟读《庞居士语录》的袁宏道，将梅国桢比于頔，未必没有这一层意思在；他劝梅国桢"醉酒逃禅""不必终老塞上"，也未必只是一句玩笑话。表面上看，袁宏道是在称赞、感谢梅国桢，实际上也是夫子自道，对梅国桢的"劝归"，也是自己内心的向往。

　　结尾一段附报，属另一话题，一般都是介绍近况，以增进彼此的情感。先是谈到自己作令之苦。因宏道的弟弟中道与梅国桢交往更多，又意气相投，所以又叙及中道的近况。

龚惟长先生〔一〕（其一）

数年闲散甚〔二〕，惹一场忙在后〔三〕。如此人置如此地，作如此事，奈之何？嗟夫，电光泡影〔四〕，后岁知几何时？而奔走尘土〔五〕，无复生人半刻之乐〔六〕，名虽作官，实当官耳〔七〕。尊家道隆崇〔八〕，百无一阙，岁月如花，乐何可言。然真乐有五，不可不知。

目极世间之色，耳极世间之声，身极世间之鲜，口极世间之谭〔九〕。一快活也。堂前列鼎〔一○〕，堂后度曲〔一一〕，宾客满席，男女交舄〔一二〕，烛气熏天，珠翠委地〔一三〕，金钱不足，继以田土。二快活也。箧中藏万卷书，书皆珍异。宅畔置一馆，馆中约真正同心友十余人，人中立一识见极高，如司马迁、罗贯中、关汉卿者为主，分曹部署，各成一书，远文唐、宋酸儒之陋〔一四〕，近完一代未竟之篇〔一五〕。三快活也。千金买一舟，舟中置鼓吹一部〔一六〕，妓妾数人，游闲数人，泛家浮宅〔一七〕，不知老之将至。四快活也。然人生受用至此，不及十年，家资田地荡尽矣。然后一身狼狈，朝不谋夕，托钵歌妓之院〔一八〕，分餐孤老之盘〔一九〕，往来乡亲，恬不知耻。

五快活也。士有此一者，生可无愧，死可不朽矣。若只幽闲无事，挨排度日，此最世间不紧要人，不可为训。古来圣贤，公孙朝穆、谢安、孙场辈〔二〇〕，皆信得此一着〔二一〕，此所以他一生受用。不然，与东邻某子甲蒿目而死者〔二二〕，何异哉！

（《袁中郎全集》卷二〇）

注释

〔一〕龚惟长：龚仲庆（1550—1602）。袁宏道四舅，字惟长，号寿亭，晚号遁庵，荆州府公安（今属湖北）人。万历八年（1580）进士，授行人，官至兵部车驾司员外郎。申时行执政时，曾陷入朝廷党争。好藏书，著有《遁庵集》。生平见袁宏道《兵部车驾司员外郎龚公安人陈氏合葬墓石铭》（《潇碧堂集》卷一五）。

〔二〕数年闲散甚：万历二十年（1592），袁宏道中进士，虽没有立即被朝廷委派官职，但毕竟已经踏入仕途，因此心情舒畅，在家乡度过了几年悠闲自得的生活。

〔三〕惹一场忙：指万历二十三年（1595）开始，袁宏道担任吴县令。在吴县令任上，袁宏道十分繁忙，他曾在多通写给亲友的尺牍中言及公务的繁剧，如《杨安福》："吴令甚苦我：苦瘦，苦忙，苦膝欲穿，腰欲断，项欲落。"又如《沈博士》："钱谷多如牛毛，人情茫如风影，过客积如蚊虫，官长尊如阁老。"

〔四〕电光泡影：多作"梦幻泡影"。佛教术语，用以比喻事物的虚幻不实，生灭无常。语出《金刚般若波罗蜜经》鸠摩罗什译本："一切有为法，如梦幻泡影，如露亦如电，应作如是观。"

〔五〕尘土：车马扬起的灰尘，比喻庸俗肮脏的官场事务。

〔六〕生人：活着的人，与死者相对。《庄子·至乐》："视子所言，皆生人之累也，死则无此矣。"半刻：古代以漏计时，将一昼夜分为一百刻。半刻即一刻之半，比喻极短的时间。

〔七〕当官：指当官差，和前文"作官"不同。作官讲究"为官一任，造福一方"，而当官差则只是应付差事，如陆云龙评语所说："无所建竖，直是当官。"

〔八〕尊：对龚仲庆的尊称。隆崇：兴盛，丰裕。

〔九〕谭：同"谈"，言论。

〔一○〕列鼎：陈列置有盛馔的鼎器，古代贵族按照爵位高低放置不同数量的鼎。这里形容宾客众多，菜肴丰盛，生活奢华。

〔一一〕度曲：依照曲谱歌唱。

〔一二〕男女交舄（xì）：男人和女人的鞋子散乱叠放、混杂在一起，形容宴会人多热闹。舄，鞋。

〔一三〕珠翠委地：舞女的珍珠和翡翠散落一地，形容宴饮的尽兴场面。

〔一四〕文：文饰，修饰。

〔一五〕一代未竟之篇：真正属于明代的尚未完成的杰作。

〔一六〕鼓吹一部：一支演奏乐曲的乐队。

〔一七〕泛家浮宅：以船为家，浪迹江湖。语出《新唐书·张志和传》："愿为浮家泛宅，往来苕霅间。"

〔一八〕托钵：原指僧人手托钵盂，赴斋堂吃饭或向施主乞食。

〔一九〕孤老：这里指嫖客，即宿娼或歌童使女所倚靠的人。

〔二〇〕公孙朝穆：指春秋时郑国的公孙朝、公孙穆兄弟，是好酒好色的典型。据《列子·杨朱》记载，公孙朝嗜酒，"虽水火兵刃交于前，弗知也"，公孙穆沉湎女色，"三月一出，意犹未惬"。谢安（320—385）：字安石，陈郡阳夏（今河南太康）人，东晋政治家、文人，善清言，能诗文，生活放达。据《晋书·谢安传》记载，他四十岁前屡征不应，携妓从游，放浪形骸。孙玚（yáng，516—587）：字德琏，吴郡吴县（今江苏苏州）人，南朝陈时将领。《陈书·孙玚传》记载，孙玚生活极为豪奢："庭院穿筑，极林泉之致；歌钟舞女，当世罕俦；宾客填门，轩盖不绝。及出镇郢州，乃合十余船为大舫，于中立亭池，植荷芰，每良辰美景，宾僚并集，泛长江而置酒，亦一时之胜赏焉。"

〔二一〕一着（zhāo）：上述五种"真乐"之一。

〔二二〕蒿（hāo）目而死：在忧虑不安中死去，没能享受眼前的生活。蒿目，极目远望，语出《庄子·骈拇》："今世之仁人，蒿目而忧世之患。"

这篇尺牍作于万历二十三年（1595），当时袁宏道正在吴县令任上。彼时，母舅龚仲庆正失意于官场，而袁宏道则刚春风得意、走马上任不久。表面上看，前者"失"，后者"得"。袁宏道写给舅舅的这篇尺牍，既可以看作对舅舅之"失"的宽慰，也可以看作他对自己之"得"的解嘲，整篇文字都在说人生得失之间的事。在尺牍中，袁宏道描述了人生五种"真乐"，并说"士有此一者，生可无愧，死可不朽"。陆云龙评之曰："穷欢极乐，可比《七发》。"细细体味，这五种快活说的实际上是同一件事——前四种情境，无非是穷尽世间所有的感官享受和精神追求。饶有意味的是第五种快活，也正因这第五种快活，袁宏道这段话才产生了振聋发聩的效果，而被人频频想起。它是前四种快活的结局，即失去一切，一无所有。但这"一身狼狈""恬不知耻"的结局何以成为"快活"呢？或许袁宏道所谓的"快活"，不是世俗意义上的乐趣，而是一种生命试验，是完全释放生命的紧张感后，在没有约束、没有牵绊、不计后果的情况下做一切想做的事，不在有限的生命中留下任何遗憾；即使得到"恶果"，受到世人的鄙夷，也未尝不是一种"快活"。如此，世俗意义上的"得"与"失"便涣然冰释。

通过探讨这五种"真乐"，袁宏道实际上是在叩问人性的边界，探讨人与物的关系，进一步在"得"与"失"之间揭示"物"的虚无本质。纵情享乐，是对"物"的获得，是"快活"；享乐之后，失去"物"，是另一种"快活"。"得"与"失"原本一样，"快活"的本质就是虚无。虚无不意味着不值得体验，反而更值得体验，能够亲身体验这种虚无之感，就"生可无愧，死可不朽"。相反，"若只幽闲无事，挨排度日"，就和"东邻某子甲蒿目而死者"没有分别。平庸、无趣的日常，是袁宏道厌恶并努力想摆脱的，却也是他当时无法摆脱的现实。在吴县令任上，袁宏道的满腹牢骚，只能以尺牍发泄，他驰骋文字之域，以一支妙笔言人所不敢言之情，实践着"独抒性灵，不拘格套"的人生态度。

汤义仍[一]（其一）

作吴令，备诸苦趣，不知遂昌仙令，趣复云何？俗语云："鹄般白，鸦般黑。"[二]由此推之，当不免矣。人生几日耳，长林丰草[三]，何所不适，而自苦若是？每看陶潜，非不欲官者，非不丑贫者。但欲官之心，不胜其好适之心；丑贫之心，不胜其厌劳之心[四]。故竟"归去来兮"，宁乞食而不悔耳[五]。弟观古往今来，唯有讨便宜人[六]，是第一种人，故漆园首以《逍遥》名篇[七]。鹏唯大，故垂天之翼，人不得而笼致之[八]；若其可笼，必鹅鸭鸡犬之类与夫负重致远之牛马耳。何也？为人用也。然则大人终无用哉[九]？五石之瓢，浮游于江海[一○]；参天之树，逍遥乎广莫之野[一一]。大人之用，亦若此而已矣。且《易》不以龙配大人乎[一二]？龙何物也，飞则九天，潜则九地[一三]，而人岂得而用之？由此观之，大人之不为人用久矣。对大人言，则小人也。弟小人也，人之奔走驱逐我固分[一四]，又何厌焉？下笔及此，近况可知。知己教我。

〔一〕汤义仍：即汤显祖（1550—1616），字义仍，号若士、海若，抚州府临川（今江西抚州）人。万历十一年（1583）进士，除南京太常寺博士，历南京詹事府主簿、南京礼部祠祭司主事。十九年，因上《论辅臣科臣疏》犯颜，谪徐闻典史。二十一年任遂昌知县。有《玉茗堂全集》行世。在任遂昌县令期间（1593—1598），汤显祖兴利除弊，政绩斐然，自称"仙令"。故而尺牍开头袁宏道称之为"遂昌仙令"。

〔二〕鹄般白，鸦般黑：谚语，即说天下天鹅一样白，天下乌鸦一般黑。

〔三〕长林丰草：幽深的树林，丰茂的野草，是禽兽栖止的佳处，比喻隐居之地。语出嵇康《与山巨源绝交书》："此犹禽鹿，少见驯育，则服从教制，长而见羁，则狂顾顿缨，赴蹈汤火，虽饰以金镳、飨以嘉肴，逾思长林而志在丰草也。"

〔四〕"每看陶潜"数句：从陶潜的诗文来看，他并不是不想当官，也不是喜好贫困，只是他不愿意用牺牲自由与闲适为代价换取功名富贵。如《咏贫士》其三："岂忘袭轻裘，苟得非所钦。"《饮酒二十首》其九："纡辔诚可学，违己讵非迷。且共欢此饮，吾驾不可回。"《归去来兮辞》序文："质性自然，非矫厉所得。饥冻虽切，违己交病。"

〔五〕宁乞食而不悔：陶潜《乞食》诗云："饥来驱我去，不知竟何之。行行至斯里，叩门拙言辞。"

〔六〕讨便宜：这里指的是因利乘便，顺应自然。

〔七〕漆园:指庄子,战国时宋国人,曾作蒙城漆园吏。《逍遥》:《庄子》内篇之首为《逍遥游》,以鲲化而为鹏的寓言诠释"逍遥"之义。

〔八〕笼致:用笼子、络锁收罗招致。

〔九〕大人:指品德高尚、超凡脱俗之人。阮籍《大人先生传》有云:"圣人以道德为心,不以富贵为志;以无为用,不以人物为事。尊显不加重,贫贱不自轻,失不自以为辱,得不自以为荣。"

〔一〇〕"五石(dàn)"二句:典出《庄子·逍遥游》:"惠子谓庄子曰:'魏王贻我大瓠之种,我树之成而实五石,以盛水浆,其坚不能自举也;剖之以为瓢,则瓠落无所容。非不呺然大也,吾为其无用而掊之。'庄子曰:'夫子固拙于用大矣。……今子有五石之瓠,何不虑以为大樽而浮乎江湖,而忧其瓠落无所容?则夫子犹有蓬之心也夫!'"石:计算容量的单位,十斗为一石。浮游:漫游,遨游。

〔一一〕"参天"二句:典出《庄子·齐物论》:"今子有大树,患其无用,何不树之于无何有之乡,广莫之野,彷徨乎无为其侧,逍遥乎寝卧其下。"广莫之野:想象中广大无边的旷野。

〔一二〕以龙配大人:《周易》中有很多用"龙"和"大人"相匹配的话。如《乾卦》:"九二,见龙在田,利见大人。……九五,飞龙在天,利见大人。"

〔一三〕"飞则九天"二句:喻指为官要位居高官,退隐则要隐没声名,不为人知。

〔一四〕固分：固是本分，本该如此。

　　此牍作于万历二十三年（1595）吴县任上，是一篇对知己诉衷肠的文字。袁宏道上任不久，立刻体验到官场的黑暗与基层官吏的辛苦，对他这种本性放浪不羁的富家公子来说，做官是莫大的束缚。吴县赋税繁重，百姓好讼成风。明代知县的职责包括征收赋税、处理诉讼、维持地区稳定等，简言之，一县之大小事宜，知县事必躬亲，同样是这些职责，放在吴县令的肩上尤难、尤累。袁宏道尺牍中所抱怨的"苦"并非矫情夸张，而是真情实感。

　　汤显祖比袁宏道年长近二十岁，无论在文坛上，还是在官场中，都是袁宏道的前辈。但他们志趣相投，均是性情中人，互引以为知己，堪称忘年之交。表面上看，袁宏道在尺牍中旁征博引，谈禅说理，表达了无可奈何的人生困惑，希望得到汤显祖的理解与建议；实际上，整篇尺牍更像一种自我剖白，告诉对方"我就是这样的人"，在独行的暗夜中寻找同行者。

　　十年寒窗苦读，都是纸上政治，初入官场，开始接触现实的政治，难免不适应，况且现实政治与书中所写不一样，面对现实，文人们既捉襟见肘，又失落彷徨，既而满腹牢骚，几乎人人如此。一般人情愿忍一忍，苦一苦，想着把本职工作做完，依靠政绩升官晋级；而中郎不愿忍，他要快乐做官。用牺牲快乐的代价换取政绩是他所不乐意的。这也是前者籍籍无名，而后者名垂后世的原因所在。

汤义仍（其二）

作令无甚难事，但损得一分，便是一分才。彼多事者，非生事即是不及事耳。吴地宿称难治〔一〕，弟以一简持之〔二〕，颇觉就绪，但无奈奔走何〔三〕！兄老吏也，有可以请益者，不妨教我。

长卿隽人〔四〕，东上括苍〔五〕，不知唾落几许珠玑〔六〕，有便〔七〕，幸赐我一二颗。

（《袁中郎全集》卷二五）

注释

〔一〕宿：向来，一向。难治：难于治理。吴县地处三吴之地苏州府，繁华富庶，人口密集，但因之而来的问题是赋税繁重，百姓好讼成风。晚明苏州人伍袁萃曾感慨："吴郡繁剧，最号难治。"（《林居漫录·别集》卷四）谢肇淛《五杂组》卷三也记载："三吴赋税之重甲于天下，一县可敌江北一大郡，破家亡身者往往有之。"

〔二〕简：为政简易，办事简约，以简便的办法应付复杂繁多的事情。

〔三〕奔走：到处奔忙，忙着处理政务。

〔四〕长卿：即屠隆（1542—1605），字长卿，一字纬真，号赤水、鸿苞居士，宁波府鄞县（今属宁波）人。万历五年（1577）进士，曾任颍上知县、青浦知县、礼部主事，后罢官。著有《白榆集》《由拳集》等。屠隆本年游浙江，访汤显祖于遂昌。隽人：杰出人物。隽，通"俊"。

〔五〕括苍：山名，在浙江东南，西接仙霞岭，绵延瓯江、灵江间。

〔六〕唾落几许珠玑：吐一口唾沫，化为许多珍贵的珠玉。出自李白《妾薄命》："咳唾落九天，随风生珠玉。"这里比喻写出好文章。

〔七〕有便：得便，方便的时候。

点评

万历二十三年（1595）作于吴县任上。汤显祖时任遂昌知县。

这封信也言及作令之苦，可与前一封写给汤显祖的书信参照阅读。有所不同的是，此时的袁宏道似乎摸到了一些门道，有了应对繁琐政务的经验，那就是"简"。以简御繁，是中国传统的政治智慧，它直接的来源就是道家无为、顺应自然的思维方式。袁宏道身在其位，不得不面对吴县繁剧的公务，同时，也怀有对自由自在的向往，二者如何折中，考验的是为人处世的智慧。从实践中，袁宏道悟出了"损"的方法，参透了"事"的多少取决于人的态度这一道理。虽然如此，作为下吏不得不承受的"奔走"之苦还是让他吃不消。他不止一次地向人诉苦，如《管宁初》："令一也，有仙令，有才令，有奔走之令。奔走者处冲要之区，朝夕止供仆役，若弟辈是也，其人最苦最下。"又如《王以明》："人至苦莫令若矣，当其奔走尘沙，不异牛马，何苦如之。"袁宏道的好友江盈科也曾做过县令，江县令的感受与袁县令如出一辙："不佞半生浮沉酒杯笔研间，乃今为剧县小吏，不独称牛马奔走，盖又十倍之矣。然于时事民生，无补万一。汉人谓州县之职，徒劳人耳，有味其言哉！"（《与冯慕冈》）这对难兄难弟都把作吏比为牛马奔走，除了繁剧而迫不得已的政务压力，与他们根深蒂固的文人气质分不开，酒杯、笔砚之间才是他们安身立命的所在，诗歌、文章才是他们驰骋才华的疆场，袁宏道的求教，恐怕汤显祖也没有好答案。

尺牍最后，袁宏道提到屠隆将赴遂昌拜访汤显祖的事，羡慕之情溢于言表。这一年春天，屠隆就已经专程看望过汤显祖，二人把臂同游，留下了许多诗篇。八月间，屠隆到苏州，袁宏道、江盈科陪同游览，随后又到遂昌访汤显祖。袁宏道公务缠身，不能像山人一样周游，只好期待他们"唾落珠玑"，分享千里之外的快乐时光。

汤义仍（其三）

近况如何？长作此官〔一〕，况当不甚佳，然僻在万山中〔二〕，无车马往来，况亦当不甚恶也。所云"春衫小座"〔三〕者，随任不〔四〕？闻亦是吴囡，若尔，弟亦管得着矣。

肠中欲语者甚多，纸上却写不尽，俟异日面谭。

永嘉黄国信〔五〕，佳士也，千里而见袁生，又知慕义仍先生者，此其人岂俗子耶？料中郎之屣可倒〔六〕，义仍之榻亦可下矣〔七〕。

（《袁中郎全集》卷二○）

注释

〔一〕此官：指汤显祖当时所任遂昌县令一职。

〔二〕僻在万山中：遂昌县位于浙江省西南部，多山，有仙霞岭山脉横贯南北，县中大小山峰近千座。

〔三〕春衫小座：指汤显祖的妾。语出汤显祖《新归》诗："略约新梳洗，春衫小坐偏。画眉长自好，今日镜台前。"（《汤显祖集全编》诗文卷一二）

〔四〕随任：跟随在衙署生活。

〔五〕黄国信：字道元，温州府永嘉（今属浙江）人。著有《拙迟集》《合缶斋集》，曾参与修撰《（万历）温州府志》。清孙诒让《温州经籍志》卷二九及《（光绪）永嘉县志》卷二九均有载。谢肇淛《五杂组》卷七评价国信"工八分"（即隶书），水平仅次于文徵明和王稚登。

〔六〕中郎之屣可倒：用"倒屣相迎"之典。东汉蔡邕位尊权重，家中经常宾客满座。一次听说王粲在门外求见，没有来得及穿好鞋子就出去迎接他。后用以形容热情欢迎宾客。语出《三国志·魏书·王粲传》。

〔七〕义仍之榻亦可下：用"陈蕃下榻"之典。东汉时陈蕃非常重视人才，做豫章太守时，在郡不接宾客，唯徐稚来特设一榻，徐稚一走，这张榻就悬挂起来。典出《后汉书·陈蕃传》及《徐稚传》。

点评

这篇尺牍为万历二十三年（1595）在吴县作。汤显祖时任遂昌知县。

汤显祖当时已名满天下，虽然只是地方小官，却因卓异才华与特立独行的风范受到天下读书人的仰慕，邹迪光在《临川汤先生传》中说："海内人以得见汤义仍为幸。"袁宏道也是幸运者之一，他与汤显祖结交于万历二十三年（1595）春，袁到北京候选，汤到北京述职，袁二十八岁，汤四十六岁，一见如故。未几别于都门，一赴吴县，一赴遂昌。

到任后，汤显祖曾致书袁宏道曰："出关数日作恶。念与君家兄弟五六人，相视而笑，恍若云天。一路待君不至，知君已治吴。吴如何而治？瞿洞观相过，应与深谭。"（《与袁六休》）宏道答书曰："作令无甚难事，但损得一分，便是一分才。"（《汤义仍》）不久，袁宏道又寄去这首询问"近况如何"的尺牍。

在地处崇山峻岭间的小县城做县令，虽然辛苦，可好在"无车马往来"，自成一方小天地，想必会比喧嚣的三吴都会自在许多吧？看您诗中写"略约新梳洗，春衫小坐偏"，那位"春衫小座"也随您到遂昌吗？听说她是吴中美女，那可是兄弟我治下的百姓，得听我管。借机调侃，笔调轻松幽默，妙趣横生，可以想见汤显祖展信时的会心一笑。对朋友的风流韵事，袁宏道一向颇感兴趣。如听说曾可前新娶一貌美女子，便凑趣道："新郎君得意不？……弟且迟青溪鹤待足下，政恐未能割却被窝中恩爱耳。"（《曾退如编修》）又听说王稚登老来得子，于是调皮地去信说："闻王先生益健饭，犹能与青娥生子，老勇可想。不肖未四十已衰，闻此甚羡，恐足下自有秘戏术，不则诳我也。"（《与王百谷》）不避讳男欢女爱，不在意世俗短长，嬉笑怒骂，皆成文章，这正是中郎的可爱之处。

尺牍最后，提及了一位布衣文人黄国信，字道元。袁宏道曾有诗《赠黄道元》，其中有云："海内奇士如君少，双眼识君恨不早。纷纷俗士尽轻肥，嗟君短褐长安道。"可见对这位怀才不遇的布衣文人的赏识。此时国信寄居吴县，正要去浙江，袁宏道将他介绍给汤显祖，希望汤显祖对他能够有所照顾。从结构来看，这篇尺牍大概是一封推荐信，起首一段是寒暄与调侃，中间一段希望早日能见面畅聊，最后一段不遗余力地褒奖人才，希望对方关照才是重点内容。

徐汉明〔一〕

读手书，不啻空谷之音〔二〕，知近造卓然，益信小修向日许可之不谬也。弟观世间学道有四种人：有玩世，有出世，有谐世，有适世。

玩世者，子桑伯子〔三〕、原壤〔四〕、庄周、列御寇〔五〕、阮籍之徒是也〔六〕。上下几千载，数人而已。已矣，不可复得矣。

出世者，达磨〔七〕、马祖〔八〕、临济〔九〕、德山之属皆是〔一〇〕。其人一瞻一视，皆具锋刃〔一一〕，以狠毒之心，而行慈悲之事，行虽孤寂，志亦可取。

谐世者，司寇以后一派措大〔一二〕，立定脚跟〔一三〕，讲道德仁义者是也。学问亦切近人情，但粘带处多〔一四〕，不能迥脱蹊径之外〔一五〕，所以用世有余，超乘不足〔一六〕。

独有适世一种其人，其人甚奇，然亦甚可恨。以为禅也，戒行不足〔一七〕；以为儒，口不道尧、舜、周、孔之学，身不行羞恶、辞让之事〔一八〕，于业不擅一能，于世不堪一务，最天下不紧要人。虽于世无所忤违，而贤人君子则斥之惟恐不远矣。弟最喜此一种人，以为自适之极，心窃慕之。

除此之外，有种浮泛不切[一九]，依凭古人之式样，取润贤圣之余沫[二〇]，妄自尊大，欺己欺人，弟以为此乃孔门之优孟[二一]，衣冠之盗贼[二二]，后世有述焉，吾弗为之矣。

近见如此，敢以闻之高明[二三]，不知高明复何居焉。

（《袁中郎全集》卷二〇）

注释

〔一〕徐汉明：即徐大绅，字篆光，号汉明，一作翰明，邵武府建宁（今属福建三明）人。万历二十年（1592）进士，二十一年曾授嘉兴府司理，官终宁波同知。与袁宏道兄弟友善。

〔二〕空谷之音：在寂静的山谷里听到的声音，这里比喻极难得到的音信或言论。典出《庄子·徐无鬼》："夫逃虚空者……闻人足音跫然而喜矣。"成玄英疏曰："忽闻他人行声，犹自欣悦。"

〔三〕子桑伯子：即子桑户，春秋时鲁国人。《论语·雍也》有关于他的评价，孔子曾赞同其生活崇尚简约，但他常常"裸行""不衣冠而处"，因而孔子也批评他逾越礼法，失之"太简"。《庄子·大宗师》中曾记载子桑户，他与孟子反、子琴张二人为友，是超然物外、遨游太虚的隐士形象。

〔四〕原壤：春秋时鲁国人，孔子的朋友，是目无礼法之人。《礼记·檀弓下》记载了原壤母亲去世，孔子助其治丧，原壤不但不悲伤，反而爬上棺木唱歌。《论语·宪问》记载了一句孔子对原壤说的话："幼而不孙弟，长而无述焉，老而不死，是为贼。"含有调侃之意，可以看作老友之间的箴规。

〔五〕列御寇：战国时郑国人，道家学派的先驱人物，世称列子。《庄子》中所记载的列御寇，是一个冲虚自然、宠辱不惊的得道之士。

〔六〕阮籍（210—263）：字嗣宗，三国时魏国人，以荫入仕，累迁步兵校尉，世称阮步兵。尚老庄之学，嗜饮酒，蔑视名教，生活放达，为"竹林七贤"之一。

〔七〕达磨：即菩提达摩（梵语 Bodhidharma 音译），意译为觉法，南朝梁时禅僧，中国禅宗创始者。民间称其为达摩祖师。据《景德传灯录》记载，达摩为南印度人，属刹帝利种姓，通彻大乘佛法。北魏时，曾在洛阳、嵩山等地传授禅法，约在魏末圆寂于洛滨。著有《少室六门集》，弟子有慧可、道育、僧副等。

〔八〕马祖：唐代高僧，俗姓马，法名道一，汉州什方县（今四川什邡）人，禅宗洪州宗的开创者。唐宪宗敕谥"大寂禅师"。马祖之学，重《楞伽经》，援老庄入佛，提倡"平常心是道"。著有《马祖道一禅师广录》及《语录》。

〔九〕临济：即临济宗创始者义玄法师，俗姓邢，曹州南华（今山东东明）人。其禅风以"单刀直入，机锋峭峻""善喝"著称。圆寂后，门人三圣慧然编集其语录为《镇州临济慧照禅师语录》。

〔一〇〕德山：即德山宣鉴，唐代高僧。俗姓周，简州（今四川简阳）人。懿宗咸通初，应邀住朗州德山，从学者甚众，时称德山和尚。禅风如雷霆，说法常以"棒打"。

〔一一〕锋刃：指目光凶狠，盖指当头棒喝之类。

〔一二〕司寇：指孔子，孔子曾为鲁国司寇。

〔一三〕立定脚跟：指脚踏实地，老老实实做事。

〔一四〕粘带：呆板。

〔一五〕迥脱：超越，远离。蹊径：途径，规矩。

〔一六〕超乘（shèng）：本指跃上战车，这里形容勇猛敏捷，有超脱之力。

〔一七〕戒行：佛教用语，指随顺戒体，在身、口、意三方面都能遵守戒律的行为。

〔一八〕羞恶：对自己或别人的不好行为感到羞耻和厌恶。辞让：谦逊，推让。出自《孟子·公孙丑上》论"四端"曰："恻隐之心，仁之端也；羞恶之心，义之端也；辞让之心，礼之端也；是非之心，智之端也。"

〔一九〕浮泛不切：又作"肤泛不切"，形容文章或言论没有深刻切实的内容。

〔二〇〕余沫：也作"余唾"，比喻别人已经说过的言论。

〔二一〕优孟：春秋时楚国艺人，擅长滑稽讽谏。楚相孙叔敖死后，其子处境落魄，优孟着孙叔敖生前衣冠，楚王以为孙叔敖复生，封其子于寝丘。

〔二二〕衣冠：士大夫。

〔二三〕高明：崇高明睿之人，是对对方的敬称。

点评

这篇尺牍作于万历二十三年（1595）的吴县任上，主要是探讨学道的境界。所谓学道，就是学佛。袁宏道的尺牍中有许多都与学道有关。

在写给徐大绅的这封信中，袁宏道用幽默而奇特的方式，把古往今来的"学道"之人归纳成四种类型：玩世者、出世者、谐世者、适世者。玩世者逍遥于世俗礼法之外，能够真正顺从内心而活，想哭便哭，想笑便笑，活出本色，可真正的"玩世者"早在魏晋以后就绝迹了，不可复得。出世者以佛教徒为主，他们睥睨众生，出离人类悲欢，超脱世间烦恼，踽踽独行，以慈航普渡为志。而时下最普遍的莫过于"谐世者"，谐世者以孔子及其门徒为代表，他们积极参与世事，践行仁义道德，知其不可而为之，不免显得迂阔而不合时宜，尤其在超越实用层面的形而上领域显得捉襟见肘。适世者则与以上三种人迥然不同，非儒非释非道，又亦儒亦释亦道，他们对世界百无一用，可有可无，只求随心所欲，顺其自然，让人拿他们没有一点办法。

适世者的人生态度我们在白居易、苏轼等文豪的身上也能看到。出入于三教之间，不被任何一方束缚手脚，以自我为中心，汲取各种智慧为我所用，这正是袁宏道的追求，而与之相反的伪道学家也正是他所深恶痛绝的。只有做"最天下不紧要人"，活出的才是真我，是自由自在、变动不居的"我"，而不是被标签化的、必须用其他身份不断召唤的"我"。做讨别人喜欢的人是容易的，而做一个讨自己喜欢的人是很难的，尤其在"贤人君子"都"斥之惟恐不远"的情况下，仍能坚守个性，有勇气说出内心的真实想法，更是难上加难。

　　晚明时，向往"适世"的文人不少，因为立志做最不紧要之人，才能卸下包袱，流露真情。袁中道在写给蔡复一的尺牍中，就说只有"率尔无意之作"才是"神情所寄"，而苏轼之所以受人喜爱，并不靠那些"高文大册"，而靠"小文小说"。这说出了为人和为文的一个共通之处——说话、写文章须从胸臆中流出，须先讨自己喜爱，才能讨别人喜爱。甚至于，与讨自己喜爱相比，讨人喜爱并不那么重要。清代曹雪芹笔下的贾宝玉，似乎能在这里看到一些影子了。

伯修〔一〕（其一）

大人至吴〔二〕，住四越月〔三〕，不见燕台一字〔四〕，近发舟西矣。

弟在此无可乐者，独近日勘灾而出〔五〕，放舟五湖〔六〕，信宿渺缥峰顶〔七〕，遍观七十二峰之胜〔八〕，差觉得意。游龙洞〔九〕，观无碍居士旧迹〔一〇〕，不胜痒痒〔一一〕。洞深六七里，闻山中道士云："至格凡处〔一二〕，别是一洞天。"弟无灵威丈人手段〔一三〕，又积潦满洞，不敢辄入，踟蹰而归。返舟灵岩〔一四〕，睹馆娃故址〔一五〕。其山不甚高，而幽奇甲于吴中，虎丘不堪作奴〔一六〕，且其中多胜概。过响屧廊〔一七〕，观西施履迹；游剪香径〔一八〕，思吴宫花草。低徊顾视，千载若新，至欲别不能别。有情之痴，至于如此，可发一笑。

近日学问颇觉长进否？吴侬可与语者〔一九〕，徐参议园亭〔二〇〕，徐少卿歌儿耳〔二一〕。何物灵异，出此三物，奇哉怪哉！王衷白无疑可破〔二二〕，何必破疑？萧玄圃本无疑〔二三〕，何必求疑？为我拜上二公，只硬不疑便是佛。瞿洞观过苏〔二四〕，自笑往日之痴，有大人相矣，但不脱菩萨气耳。顾湛庵是我辈人〔二五〕，不知生死心如何〔二六〕。

吴中运粮僚佐至京师者〔二七〕，不下五六人，信使不绝，闲官何惜一张纸、一砚墨、数行字乎？三哥想已行〔二八〕，不另裁。

（《袁中郎全集》卷二〇）

注释

〔一〕伯修：即袁宗道（1560—1600），字伯修，号石浦，湖广荆州府公安（今属湖北）人，宏道长兄，万历十四年（1586）进士。选庶吉士，十七年授编修。二十五年升任右庶子，皇长子经筵讲官，二十八年任东宫詹事府詹事。卒于任，年四十一，赠礼部侍郎。所著由宏道、中道辑为《白苏斋类集》二十二卷。生平见袁中道《石浦先生传》、《明史》卷二八八。

〔二〕大人：即袁士瑜，号七泽渔人，袁氏兄弟之父。

〔三〕越月：亦作"阅月"，经过一月为一阅月。

〔四〕燕台：燕，指北京。台，袁宗道在翰林院任职，泛称台。

〔五〕勘灾：发生水旱灾害后，官府派遣官员实地了解灾伤缘由、灾民财产损失和灾荒程度，并向上级汇报。

〔六〕五湖：指吴越地区太湖及其附近的湖泊。

〔七〕信宿：连住两夜。渺缥峰：太湖西洞庭山最高峰。

〔八〕七十二峰：太湖中大小岛屿和沿湖山峰的统称。

〔九〕龙洞：即林屋洞，位于林屋山西部。相传，古时有龙居林屋洞内，故洞体似龙，又称龙洞。

〔一〇〕无碍居士：李弥大（1080—1140），字似矩，号无碍居士，吴县（今江苏苏州）人。宋崇宁三年（1104）进士，历校书郎、监察御史、假太常少卿充契丹贺正旦使等，官终工部尚书。罢官后隐居于西山林屋洞，筑无碍庵，又名道隐园。

〔一一〕痒痒：形容欢畅的样子。

〔一二〕格：至。凡：所有，尽头。

〔一三〕灵威丈人：传说中仙人名，亦称龙威丈人。传说吴王阖闾游包山（洞庭山），命灵威丈人入山取禹藏书卷。清黄奭辑《河图·绛象》载："吴王阖闾登包山之上，命龙威丈人入包山，得书一卷凡一百七十四字而还。"袁宏道《玉京洞》诗云："海可通，江可涉，灵威丈人难再得。"

〔一四〕灵岩：灵岩山，一名砚石山，在苏州市西。因灵岩塔前有一块灵芝石而得名。相传是春秋时吴王夫差建馆娃宫的旧址，也是越国献西施的地方。

〔一五〕馆娃：即馆娃故宫。春秋时吴王夫差为西施建造。吴人唤美女为娃。

〔一六〕虎丘：见前《梅客生（其一）》注释〔一五〕。

〔一七〕响屧（xiè）廊：春秋时吴王宫中的廊名。屧，木鞋。

〔一八〕剪香径：即采香径，在灵岩山附近，传说是吴王遣美人入山采香之径。

〔一九〕吴侬：吴地称人多用"侬"字，故以"吴侬"作吴人的代称。

〔二〇〕徐参议园亭：即徐廷裸的园亭。徐廷裸，字士敏，号少浦，直隶太仓（今江苏苏州）人。嘉靖三十八年（1559）进士，官至浙江布政使司参议。其园亭在葑门天赐庄东。晚居长洲，购吴宽东庄废址，建"志乐园"，又称"徐参议园"。袁宏道曾受邀参观，并作《饮徐参议园亭》诗。

〔二一〕徐少卿：徐泰时（1540—1598），原名三锡，更名泰时，万历八年（1580）进士，授工部营缮主事，擢为营缮郎中。后营建寿陵有功，进秩太仆寺少卿。万历二十一年（1593）修建东园，江盈科、袁宏道曾受邀造访东园，分别作《后乐堂记》《园亭纪略》，盛赞园内景色。

〔二二〕王衷白：王图，字则之，号衷白。耀州（今属陕西）人。万历十一年（1583）进士，改庶吉士，授翰林院检讨。以右中允掌南京翰林院事。召充东宫讲官。累迁至吏部右侍郎，官终礼部尚书。与宗道交好，曾共习养生之学。传见《明史》卷二一六。

〔二三〕萧玄圃：萧云举（1554—1627），字允升，号玄圃。南宁府宣化（今属广西）人。万历十四年（1586）进士，授翰林院庶吉士。当时与宗道为同馆好友。后迁吏部左侍郎、太子太保、詹事府詹事，官至礼部尚书，卒后追赠太傅。著有《青萝集》五十卷。

〔二四〕瞿洞观：瞿汝稷（1548—1610），字元立，号洞观、问卿。南直苏州府常熟（今属江苏）人，侍郎瞿景淳之子。以荫入国子监，官至太仆寺少卿。著有《指月录》三十二卷、《瞿问卿集》十四卷。生平见叶向高《瞿公墓志铭》（《苍霞草》卷九）。

〔二五〕顾湛庵：顾天埈（1561—1627），字升伯，号开雍、湛庵。南直苏州府昆山（今属江苏）人。万历二十年（1592）进士。授翰林院编修，升修撰。曾出使朝鲜，后因党争罢官。著有《顾太史集》八卷。生平见《（乾隆）江南通志》卷一六五。

〔二六〕生死心：佛教术语，即生死心切，对生死大事时刻保持念想，故能超脱凡俗欲望。

〔二七〕僚佐：官署中协助办事的官吏。

〔二八〕三哥：指袁中道。中道本年由北京前往大同，秋又经北京南下抵吴。

点评

这篇尺牍作于万历二十三年（1595）的吴县任上。因为是写给亲兄弟的，所以行文比其他尺牍显得自然和亲切。

这一年春天，袁宏道到任，秋天，即奉命到太湖地区察看受灾情况，并根据灾情减免穹窿一带农民赋役。归途中他遍游洞庭两山、虎丘、上方名胜。对袁宏道来说，这次"勘灾"，可谓日常繁冗吏事的调剂，也是做官以来唯一的乐事，所以在给长兄的信中，他首先分享了这次出游的见闻。吴中曾是繁华一时的古都，自然山水与人文景观相得益彰，袁宏道徜徉其中，久久不愿离去。站在乱石衰草之上，遥想吴宫昔日的繁华景象，不禁痴痴地映出吴娃倾国倾城的风姿，也只有像袁宏道这样的浪漫文人，才能如此痴情吧。

然而，袁宏道以为，吴中景色虽美，却少有切磋学问的解语之人，相比于京城首善之地，略显荒芜。他十分怀念短暂而充实的北京生活，希望长兄代他问候在北京任职的王图和萧云举。吴中"可与语者"，竟然只有徐廷裸的园亭、徐泰时的歌童而已。他在《王以明》尺牍中说得更直接："吴中诗画如林，山人如蚁，冠盖如云，而无一人解语。"当然，这样的说法有失偏颇，更似禅机话头，这就是中郎尺牍的风格，那些偏激之语、狂妄之言，正是中郎尺牍之所以令人痛快的要素之一。不过，这些话讲给宗道无妨，倘若刊刻出来，必然得罪吴中人士。果不其然，后来当张献翼读到《锦帆集》，读到袁宏道这些言论，真的对号入座，认为袁宏道从内心根本看不起包括他在内的吴人，加上在诗文主张上的分歧误会，终致二人交恶，渐行渐远。

伯修（其二）

陶石篑书来〔一〕，甚悔出京之速〔二〕。前见王衷白〔三〕，尚未点差〔四〕，此是好消息。凡朋友相对时，觉甚容易，别后甚难为情，何况学道人又以友为性命者乎？

石篑约以初秋会于石湖、虎丘之间〔五〕，此中望友如望岁〔六〕，不知何日得了县债〔七〕，放开无量口〔八〕，吐出广长舌〔九〕，现三头六臂神通〔一〇〕，与诸上人对谈也〔一一〕。

（《袁中郎全集》卷二一）

注释

〔一〕陶石篑：陶望龄（1562—1609），字周望，号石篑，又号歇庵居士。绍兴府会稽（今属浙江）人，南京礼部尚书陶承学之子。万历十七年（1589）进士，授翰林编修。历官中允、谕德，二十三年告归。望龄为官清正，为人笃信，作为王守仁三传弟子，喜佛禅，在翰林院时与同官焦竑、袁宗道、黄辉等共讲性命之学，家居则与弟陶奭龄切磋内典。与袁宏道兄弟为至交。著有《歇庵集》。生平见陶奭龄《先兄周望先生行略》。

〔二〕出京：指陶望龄于万历二十三年（1595）告归之事。据望龄《歇庵集》卷一三《游洞庭山记》："岁乙未，予再以告归，道金昌，友人袁中郎为吴令。饮中语及后会。"

〔三〕王衷白：王图，号衷白，详见前《伯修（其一）》注〔二二〕。

〔四〕点差：点派差遣。指中进士后，朝廷按才调遣，出任官职。

〔五〕石湖：地名，在苏州市盘门外西南十里。南宋时，范成大晚年隐居于此，自号石湖居士，著有《石湖集》。虎丘：山名，见前《梅客生（其一）》注释〔一五〕。

〔六〕望岁：盼望年谷丰收。

〔七〕县债：指做县令的业债。业债在佛教中指妨碍修行的罪业，袁宏道做县令痛苦，像是被催讨债务一样，因此以债作比。

〔八〕无量：不可计量的，无限的。《梵网经》云："现无量身、无量口、无量意，说无量法门。"

〔九〕广长舌：佛教说佛有三十二相，第二十七为广长舌相，言舌叶广长。后用为能言善辩之喻。《法华经》云："现大神力，出广长舌，上至梵世。"

〔一〇〕三头六臂：原为佛家语，指佛的法相。后比喻神奇的本领。《景德传灯录》云："三头六臂擎天地，忿怒那吒扑帝钟。"

〔一一〕上人：尊称修行、智慧卓越的高僧。《释氏要览》

云：“内有德智，外有胜行，在人之上，名上人。”

点评

这篇尺牍作于万历二十四年（1596）吴县，主要是与宗道交流朋友们的近况。

宗道堪称宏道的兄弟兼师友，是他性命之学的启蒙者，这从宏道写给宗道的一系列信中可见一斑。此信中提及的二人的共同好友陶望龄、王图，都是宗道在北京翰林院共事的同僚，宗道将他们介绍给宏道认识，相与切磋诗艺、探讨性命之学，才让宏道眼界大开，从公安的小乡村走向了京师这个大舞台。朋友对于宏道来说，并不局限在同龄人中，只要在人生志趣上有相同的追求，都可以引以为朋友。这样的朋友难得，更难分，故说“别后甚难为情”。

万历二十四年（1596），陶望龄请假回乡，袁宏道正在吴县令任上，两人彻日长谈，引为知己。次年，宏道辞官，到绍兴履约，与望龄同游越中山水。望龄年纪稍长于宏道，二人的性情脾气却格外相投。他们都是早慧之人，望龄少有文名，孩童时就究心性命文章，宏道年方十五六就读佛经道典，结文社，自为社长。后来在仕途上，两人也都以清真恬淡为要，望龄一生以治学为乐，宏道也始终以学道为业，望龄中年隐退，宏道也宦情淡薄。在后世人看来，陶望龄是袁宏道所代表的所谓“公安派”中的重要人物，甚至有人讥讽望龄“白沙在泥，与之俱黑”（朱彝尊《静志居诗话》），这恰好从另一个角度说明了袁、陶之间是相互影响的，也让人感叹宏道心性中所迸发出的能量之大。

王以明〔一〕

　　世上未有一人不居苦境者，其境年变而月不同，苦亦因之。故作官则有官之苦，作神仙则有神仙之苦，作佛则有佛之苦，作乐则有乐之苦，作达则有达之苦，世安得有彻底甜者？唯孔方兄庶几近之〔二〕。而此物偏与世之劳薪为侣〔三〕，有稍知自逸者，便掉臂不顾〔四〕，去之惟恐不远。然则人无如苦何邪？亦有说焉。

　　人至苦莫令若矣，当其奔走尘沙，不异牛马，何苦如之；少焉入衙斋，脱冠解带，又不知痛快将何如者。何也？眼不暇求色即此色，耳不暇求音即此音，口不暇求味即此味，鼻不暇求香即此香，身不暇求佚即此佚〔五〕，心不暇求云搜天想即此想〔六〕。当此之时，百骸俱适〔七〕，万念尽销，焉知其他？始知人有真苦，虽至乐不能使之不苦；人有真乐，虽至苦亦不能使之不乐。故人有苦必有乐，有极苦必有极乐。知苦之必有乐，故不求乐；知乐之生于苦，故不畏苦。故知苦乐之说者，可以常贫，可以常贱，可以长不死矣。中郎近日受用如此〔八〕，敢以闻之有道，幸教我。

（《袁中郎全集》卷二〇）

〔一〕王以明：王辂，字以明。公安人。袁宏道举业师。曾任凤翔府通判。弃官归隐，著书自娱。著有《竹林集》。据《湖北诗征》记载："辂年二十，即契无生之旨，一时如李卓吾、陶石篑、袁伯修俱为性命交。"

〔二〕孔方兄：指铜钱。旧时铜钱中间有方形孔。晋鲁褒《钱神论》："钱之为体，有乾坤之象，内则其方，外则其圆……亲之如兄，字曰'孔方'。失之则贫弱，得之则富昌。"后世沿用此谑称。

〔三〕劳薪：原意是用年久的木车轮作烧火之柴，喻指人辛苦劳碌。典出《世说新语·术解》："荀勖尝在晋武帝坐上食笋进饭，谓在坐人曰：'此是劳薪炊也。'坐者未之信，密遣问之，实用故车脚。"

〔四〕掉臂不顾：摆动手臂，头也不回地走开。形容毫无眷恋。语出《史记·孟尝君列传》："日暮之后，过市朝者，掉臂而不顾。"

〔五〕佚：通"逸"，安逸，放逸。

〔六〕云搜天想：形容漫无边际、高阔辽远的想法。

〔七〕百骸俱适：浑身每一处都感到舒适。百骸，指人的各处骨骼或全身。

〔八〕受用：得到益处，领悟道理。

点评

　　这篇尺牍作于万历二十四年（1596）的吴县。王辂是袁宏道的老师，也是一个深谙性理、喜好谈玄说虚的人，这封信的主要内容就是和王辂探讨人生苦乐之辨，字里行间渗透着浓厚的佛教思想。

　　袁宏道以佛教的基本命题"人生是苦"开篇，将"苦"的范围推演到极致，甚至"作佛"也有苦，"作乐"也有苦，让人匪夷所思，仔细想想，也心悦诚服。苦的范围扩大到极致，个人的苦就显得微不足道了。不过，世间仍有一种东西能让人摆脱苦境，那就是金钱。然而，有了金钱真的就能"彻底甜"吗？也不能，因为想要拥有足够摆脱苦的金钱，还得吃得苦中苦。这样看来，连金钱也带上了苦味。既然人生是苦，那么，人怎么办？

　　袁宏道从自己做县令的经验出发，找到了苦乐相生、苦中求乐的解脱之道。亦苦亦乐，即苦即乐，非苦非乐，"有极苦必有极乐"，这正是佛教禅宗"即心即佛""非心非佛"的极端相对主义思维方式的另一种表述。说是解脱之道，却也并不面向绝对的旷达和超脱，而是以苦涩和无奈为基调。正因为基调是苦，当真正面对乐境时，也不至于沉溺，毕竟苦总会随之而来。悟到了这一点，则乐不必以为乐，苦也不必以为苦，于是"可以常贫，可以常贱"。在人将经历的所有苦中，死亡是极端的苦，但参透了苦乐之道的人就会把死亡当作极端的乐看待，因此又"可以长不死"了。

李子髯〔一〕

髯公近日作诗否？若不作诗，何以过活这寂寞日子也？人情必有所寄〔二〕，然后能乐。故有以弈为寄，有以色为寄，有以技为寄，有以文为寄。古之达人〔三〕，高人一层，只是他情有所寄，不肯浮泛虚度光景〔四〕。每见无寄之人，终日忙忙，如有所失，无事而忧，对景不乐，即自家亦不知是何缘故，这便是一座活地狱〔五〕，更说甚么铁床铜柱、刀山剑树也〔六〕。可怜，可怜！大抵世上无难为的事，只胡乱做将去，自有水到渠成日子。如子髯之才，天下事何不可为？只怕慎重太过，不肯拚着便做。勉之哉！毋负知己相成之意可也。

（《袁中郎全集》卷二〇）

注释

〔一〕李子髯：李学元，字元善、素心，号子髯。公安人，袁宏道妻李氏之弟。与宏道少小同学，情谊甚笃。万历二十八年（1600）举于乡，官至晋州知州。

〔二〕寄：寄托。

〔三〕达人：通达事理、豁达乐观的人。

〔四〕浮泛：肤浅，虚夸不实。

〔五〕活地狱：比喻黑暗悲惨，如地狱般的世界。

〔六〕铁床铜柱、刀山剑树：传说中地狱的刑具，常见于佛经中。

点评

这篇尺牍作于万历二十四年（1596）的吴县。

袁宏道写信给小舅子李学元，主要是劝说对方放开手脚做事，不要犹犹豫豫，蹉跎了大好年华，徒招无谓的烦恼。从文意来看，当时李学元大概正为是否做某事而瞻前顾后，无法决断，钻了牛角尖。袁宏道对他的状态感到担忧，担心他陷入"无事而忧，对景不乐"的境地，于是写信宽慰。

尺牍的开头，并没有直接切入主题，而是闲闲地询问对方近来有没有作诗。能作诗通常代表一种雅兴，意味着轻松愉悦的心情。作者也是在提示对方，不要忘记用兴趣爱好来调剂生活的焦虑。他随之提出"人情必有所寄，然后能乐"的看法，除了作诗之外，下棋、声色、一技之长，都可以排遣"寂寞"，安顿"人情"，是超越于日常柴米油盐之外的精神生活。就怕想得太多，做得太少，碌碌无为，庸人自扰，那样的人生就没有任何乐趣可言，让人感到"可怜"了。

虽然不知李学元所面对的抉择究竟是什么，但从袁宏道的劝慰之词中我们可以感受到，任何困难说到底都是人为设置的障碍，只有一往无前地去做事，才能有机会做成。同时，也应积极寻找情感的寄托和情绪的排解，以免为烦恼所奴役，一次又一次地与快乐擦肩而过，走入死胡同，陷入痛苦的泥潭。验证一件事是否有用，不能靠想，只能靠做，退一步讲，有没有用并不那么重要，正如清人云："不为无益之事，何以遣有涯之生？"找到有趣的事，把它做好，就是意义本身。袁宏道在给散木（龚惟用）的信中也说"幸勿一不成两不就，把精神乱抛撒"，他的思想之通达与透彻，在今天看来也是极具启发意义的。

潘去华〔一〕

海内人士，不肖睹几半矣。如丈廓达爽朗，真不可多得。当由多劫〔二〕，不曾染半点尘俗气、书生气、纱帽气故耳〔三〕。即此便是踞毗卢顶〔四〕，坐狮子王位〔五〕。而丈尚尔徘徊于色界诸天、五欲之场〔六〕，虽菩萨寄位〔七〕，不分染净〔八〕，然亦是门外草庵耳〔九〕，安可遂认为栖息之处耶？

夫今之为阁部大臣子者〔一〇〕，大则荫卿贰〔一一〕，小亦二千石而上〔一二〕，可谓荣且遇矣。然而有志之士，宁求一举，宁作一秀才，虽公车屡诎〔一三〕，不以此而易彼，何也？以男儿各有出身之路也。今明明一尊大佛，不自招认，而必欲借庇荫于他人，丈或别有授记耶〔一四〕？抑欲借此以觉悟愚蒙耶〔一五〕？若尔，则真大慈大悲之用心，非不肖所能窥测也。

桃源盛事〔一六〕，不肖深信之，然不肖终要自己寻一出头，或仙或佛，决不敢从他人问路，请以质之了凡先生如何〔一七〕？既同出世作师友〔一八〕，少有所蓄，便当吐出，万惟财察〔一九〕。

（《袁中郎全集》卷二〇）

〔一〕潘去华：潘士藻（1537—1600），字去华，号雪松。南直徽州府婺源（今属江西）人，万历十一年（1583）进士，授温州推官，官至尚宝司少卿。著有《暗然堂集》。生平见袁中道《潘去华尚宝传》、《明史》二三四卷。士藻与三袁兄弟友谊深厚，文学同道。

〔二〕劫：佛教名词。"劫波"或"劫簸"的略称。意为极久远的时节。古印度传说世界经历若干万年毁灭一次，重新再开始，这样一个周期叫做一劫。多劫，即多磨难，指潘士藻任御史时，曾因执法得罪东厂，又以直言触怒万历皇帝，谪广东布政司照磨。

〔三〕纱帽气：形容写文章或为人官腔严重。

〔四〕毗卢：即毗卢遮那（梵文 Vairocana 音译），意为照耀，光明遍照的意思，是释迦牟尼的法身佛，唐实叉那陀译《八十华严经》采用此译名。又译为"毗卢舍那""卢舍那""大日如来"等。

〔五〕狮子王：佛学术语，又作"师子王"，佛陀的化身之一。狮子是万兽之王，象征佛陀为人中之王，故佛陀也被称为"人中狮子"或"狮子王"，佛陀所坐名"狮子座"。

〔六〕色界诸天：佛教初禅天、二禅天、三禅天、四禅天及其包括的十八种天的统称，只有色相，无饮食、男女诸欲。佛教把世俗世界一分为三，即欲界、色界、无色界，由低到高，一切有情众生都在三界中“生死轮回”。五欲：佛教指为追求和贪恋色、声、香、味、触五种“物境”而引起的五种欲望，又指财欲、色欲、名欲、饮食欲、睡眠欲。后被道教借用，指耳、目、口、鼻、心之欲。

〔七〕寄位：佛教术语，指不直接显示某种意义，而寄其义于其他方面以解说之。华严宗多用此法，寄别教行位差别，以显示教门浅深。又称寄显、寄在。

〔八〕染净：佛教术语，“染法”与“净法”的合称。随生死流变、不能出离者为染法；逆生死流变、能解脱者为净法。佛教十界之中，六凡（地狱、饿鬼、畜生、阿修罗、人、天）就是染法，四圣（声闻、缘觉、菩萨、佛）就是净法。

〔九〕门外草庵：只居住在寺门外的草屋中，比喻徘徊于佛门之外，没有真正参悟佛法。《法华经》：“犹处门外，止宿草庵。”

〔一〇〕阁部：明清时内阁的别称。

〔一一〕荫：庇荫，因祖先有勋劳或官职而循例受封、得官。卿贰：次于卿相的朝中大官。即二品、三品的京官，特成一个阶级，称为“卿贰”。卿是指大理寺卿等三品京官，贰是六部侍郎。明代内阁大学士、六部尚书等官员，其子有名额不经科举考试而得到官职。这种现象在锦衣卫中尤为突出。

〔一二〕二千石：官制等级，因所得俸禄以米谷为准，故以重量单位“石”称之。汉代地方州牧郡守一级官员一年俸禄为谷二千石，因称郡守为“二千石”。明代知府相当于汉代郡守，故亦称二千石。

〔一三〕公车：汉代以公家车马递送应举的人，后因以"公车"为举人应试的代称。诎：曲折，失利。

〔一四〕授记：佛教语。谓佛对菩萨或发心修行的人给予将来证果、成佛的预记。

〔一五〕愚蒙：愚昧不明的人。

〔一六〕桃源盛事：桃源是潘士藻别墅名，袁中道《寿潘太硕人八十序》云："去华有别墅，名小桃源，山水清胜。"盛事，指扶乩神灵降临潘士藻家中，所说皆灵验。袁中道《潘去华尚宝传》曾记载此事："公好仙，有乩仙降于公家，与问答，皆中理解。"因此，"桃源盛事"指的就是士藻桃源别墅降仙相与问答之事，袁宏道对此表示将信将疑。

〔一七〕了凡先生：袁黄（1533—1606），字坤仪，号了凡，南直苏州府吴江（今属苏州）人。万历十四年（1586）进士，除宝坻知县，迁兵部职方司主事。著有《两行斋集》等。生平见朱鹤龄《赠尚宝少卿袁公传》（《愚庵小集》卷一五）。袁黄博学尚奇，精研算术，善谈堪舆星命之学。

〔一八〕出世：佛教用语，佛教徒以人世为俗世，故称超脱人世束缚为出世。

〔一九〕财察：即裁察，裁断审察。语出《史记·酷吏列传》："所治即豪，必舞文巧诋；即下户羸弱，时口言，虽文致法，上财察。"

点评

　　这篇尺牍为万历二十四年（1596）在吴县所作。主要是鼓励友人潘士藻专心学道，同时也是对自己的激励，坦率真诚，流畅自然。

　　中郎与潘士藻的相识当在万历二十二年（1594）的北京，后来潘士藻经过吴县，逗留两日，二人畅谈甚欢。曾有人问中郎如何，潘士藻答道："若斯人者，可以言天人之际矣。"（袁中道《潘去华尚宝传》)可见潘、袁二人的惺惺相惜。这封信或写于吴县长谈之后。此信可分三段来看，起首称赞潘士藻为人的阔达爽朗，风度超逸，具有慧根佛性。接着劝勉他深究性命之学，不必另寻他法，以免走弯路。最后表明自己学道的决心，层层深入，率性任真。值得注意的是，此信第一段有一处异文，"即此便是踞毗卢顶，坐狮子王位。而丈尚尔徘徊于色界诸天、五欲之场"一句，有版本作"单刀直入，何忧不佛？然丈尚为他说所扭，信之过笃"，根据袁中道《潘去华尚宝传》记载，潘士藻迷信仙术，故而这里的"他说"，当指神仙道教一类的迷信。

　　晚明文人的佛、道迷信异常普遍，几乎每个文人都或多或少、或深或浅地浸心于佛教、道教思想之中。而关于佛道分野、佛道优劣等问题的思考和争论也是晚明文人不断探讨的话题，从这篇尺牍中所说的内容就可见一斑。袁宏道对待知己朋友常常直言不讳，在尺牍中表现得最为明显。在中郎看来，潘士藻独具慧根，但他的思想又极其杂糅。所以中郎和小修每有机会同他畅叙，总是劝他舍去渺茫的成仙之念，而专注于性命之学，堪称诤友。据小修说，久而久之，潘士藻真的不再迷信仙术了。

小修〔一〕

潘雪松留吴二日〔二〕，与之肆谈〔三〕，甚快。今世讲学，无出此公之上者。有眼如天，有胸如日，有口如河。若得此人学道，所就甚不可量，成佛作祖〔四〕，反掌间耳〔五〕。

近闻大人同诸舅结社乐老〔六〕，极是极是。有玉兰作师矣〔七〕，可无弟子宋祎乎〔八〕？传语柱下尊极图之〔九〕。

海内豪士，如吴江、靖江诸君俱死矣〔一〇〕，止彭泽在耳〔一一〕。吴人张隐君有言〔一二〕："吾积财以防老也，积快活以防死也。"名言哉！穷官无可奉大人诸舅者，谨缄二语献上〔一三〕，弟转呈之。

（《袁中郎全集》卷二〇）

注释

〔一〕小修：即袁中道，详见《家报（其一）》注释〔六〕。

〔二〕潘雪松：即潘士藻，见《潘去华》注释〔一〕。士藻勤研易学，善谈玄论，著《洗心斋读易述》。

〔三〕肆谈：毫无拘束地随意谈论，犹纵谈。

〔四〕成佛作祖：指修成佛道，成为祖师。这里指在学道方面达到很高的造诣。

〔五〕反掌：反手，比喻事情极其容易。

〔六〕大人：亦作"家大人"，对人称自己的父亲。结社乐老：老年文人为了陶冶情性、安度晚年而组建社团，统称怡老社，肇源于唐，兴起于宋，繁盛于明清。

〔七〕玉兰：人名，不详，疑为女诗人。

〔八〕宋袆：西晋石崇爱妾绿珠的弟子，有国色，善吹笛。曾为王敦之妾，后纳入晋明帝宫中。

〔九〕柱下：官名。周代守藏书室之官，以其所掌及常在殿柱之下侍立而名。汉代殿中设兰台藏图籍秘书，由御史中丞掌管，故后代相沿以柱下为御史通称。这里"柱下尊"指袁宏道母舅龚仲庆，因仲庆曾任御史。极：赶快。

〔一〇〕吴江：即顾大典（1541—1596），字道行，号恒岳。南直苏州府吴江（今属苏州）人。隆庆二年（1568）进士，授绍兴府学教授。官至福建提学副使，忌者以放于诗酒弹劾，谪禹州知州，遂自免归。后诏起开州知州，不就，于家筑谐赏园以隐，园阁亭池佳胜，蓄声伎，家乐有名于当时。著有《清音阁集》等。靖江：即朱正初（？—1595），字在明，南直隶靖江（今属江苏）人，王守仁弟子朱得之的从子，援例仕鸿胪寺署丞，不治生产，好古玩字画，辟园亭台榭，款待宾客，一掷千金，在海内名流中颇有名望。能诗，书法遒俊，与王世贞兄弟、李维桢诸公往来酬和。曾与王稚登同修《马沙小志》。另著有《燕游集》《菰蒲集》。生平见《（光绪）靖江县志》卷一四。

〔一一〕彭泽：即王演畴，字孟箕，九江府彭泽（今属江西）人。万历二十年（1592）进士，授宁海知县，历醴陵、大浦、海阳知县，擢南京工部郎中，出为桂林知府。著有《古学斋文集》。生平见《（雍正）江西通志》卷九二。

〔一二〕张隐君：指张献翼（1534—1601），字幼于，苏州府长洲（今江苏苏州）人，与兄弟凤翼、燕翼并称"三张"。献翼早岁入赀国学，屡试不举，遂颓然自放，行止任诞，不拘礼法，以"通隐"自称。事迹具《列朝诗集小传·丁集上》。袁宏道在吴县时与张献翼有所交往。献翼诗文追随李攀龙和王世贞，观点与宏道相异，二人曾就诗文问题辩论。

〔一三〕缄：为书信封口，这里指写信。

点评

这篇尺牍作于万历二十四年（1596）的吴县，主要内容是与弟弟中道交流近况，并问候家中长辈。

第一段主要是叙说在吴县与潘士藻连日畅谈的景况，虽只短短几字，却让人如临其境。中郎称赞潘士藻其人，毫无保留，若与前一通尺牍对照阅读，会感受到中郎人前人后的胸襟之磊落，情义之真诚，境界之超然。这里仍是极口褒扬潘士藻的学问与慧根，对他的眼界、胸襟与文采表达了由衷欣赏，同时也表达了对潘士藻专心于佛学的殷切期盼。第二段则由自己转向家中诸长辈，在对他们结社自娱表示赞同的同时，还不忘调侃父亲和诸舅一番。第三段谈论了几位朋友的近况，"人生不相见，动如参与商"，那些"海内豪士"零落殆尽，让人心生感慨。就像张隐君所说："吾积财以防老也，积快活以防死也。"人生应该及时行乐，用"快活"消解死亡带来的焦虑感，就像父亲与诸舅"结社乐老"，非有经国大业之期，仅图一"乐"而已。

这时的袁宏道，只有二十九岁，他对人生的感悟已经近乎一个老者。从小经历的亲人频繁去世，使他对死亡异常敏感，也使他倍加珍惜欢乐的光景。他的风趣幽默中，浸透着深沉的领悟和思索，嬉笑怒骂中，显示出一种悲悯的玩世不恭。这些看似矛盾的品质，集于中郎一身，形成了他别具一格的精神风貌。

家报（其二）

近日与诸舅尊作禅会〔一〕，尤是乐事。有一分，乐一分，有一钱，乐一钱，不必预为福先〔二〕。

儿在此随分度日〔三〕，亦自受用，若有一毫要还债，要润家，要买好服饰心事，岂能脱洒如此耶？田宅尤不必买，他年若得休致〔四〕，但乞白门一亩闲地〔五〕，茅屋三间，儿愿足矣。家中数亩，自留与妻子度日，我不管他，他亦照管不得我也。人生事如此而已矣，多忧复何为哉！

（《袁中郎全集》卷二一）

注释

〔一〕诸舅尊：指龚仲庆、龚仲安等。禅会：禅宗用语。参禅会坐，指禅者会聚讲习佛法。吴郡本、小修本此句作"近日闻作十老会"，可知宏道并未参与禅会，只是听说。

〔二〕福先：指福的先导，这里指刻意求福。语出《庄子·刻意》："不为福先，不为祸始。"

〔三〕随分：随性，随意。或理解为依照本分。

〔四〕休致：官员因年老体衰而去职。

〔五〕白门：南京的别称。六朝皆都建康（今南京），其
正南门为宣阳门，俗称白门。

点评

这封家书作于万历二十四年（1596）吴县令任上，从语气看，应是写给他的父亲。

整篇书信以听说家中诸舅禅会之乐为引，表达羡慕之余，也表明自己对生活的态度。宏道对田宅、金钱的作用看得很透彻——这些物质都是为人们生活服务的，是实现快乐的手段之一，不应是人所追求的目的。"有一分，乐一分，有一钱，乐一钱"，可以说是及时行乐，也可以说是面对人生无常的最优选择。

人只为自己而活，用不着管他人，甚至妻子、儿女也不必管，这种态度看起来是自私的，不知他的父亲收到这样一封信时心中是怎样的滋味，或许会生气，或许会叹息。其实，这些话正体现了宏道自我意识的觉醒和对个体生命的珍惜，他一向笃信"大丈夫当独往独来，自舒其逸"（《中郎先生行状》），世俗的家庭、田宅、儿女都被置之度外。事实证明，他不仅是这么想、这么说，也是这么做的。万历三十八年（1610），宏道病逝后，中道在整理其遗物时，发现他囊无余财，以至于遗孀子女无以度日。小修感叹道："中郎囊中仅检得三十金，其清如此。即弟亦不知其清至此也。"（《寄苏云浦》）接着，他们父亲去世，在清点家产后，中道记道："居

沙市金粟园，分异中郎宅上田产，给两侄、诸姬。中郎居宦十九年，加以老父积蓄数十年，合田宅种种，不满三千金。两侄仅可糊口。"（《游居柿录》）可见，"随分度日"虽然洒脱，可对后人来说，就不见得是"乐"了。

此信可与《龚惟学先生（其二）》参照阅读。

皇甫二泉〔一〕

抱牍之苦〔二〕，甚于抱病；簿领之趣〔三〕，恶于药饵。不佞恨病不深耳，但得长病，即是闲人。

（《袁中郎全集》卷二一）

注释

〔一〕皇甫二泉：皇甫仲璋，字二泉，长洲（今江苏苏州）人。皇甫汸之子，父祖辈皆为吴中名士。曾任同知，后告归。

〔二〕抱牍：抱持案牍，指掌管文件，办理公文。

〔三〕簿领：官府记事的簿册或文书。

点评

这篇尺牍作于万历二十四年（1596）。

袁宏道在吴县令任上写了很多尺牍，这些尺牍是他情绪的发泄口，用一句话总结起来就是：做官苦。让人不禁回想他刚到任时，写给同社朋友的信："弟已令吴中矣。吴中得若令也，五湖有长，洞庭有君，酒有主人，茶有知己。"（《寄同社》）期待中带着几分兴奋，一派大展拳脚的气势，如今却萎缩成满腹苦水、蹙眉耸肩的狼狈模样，发出的书信也一封比一封凄凉。做官，一般人眼中的香饽饽，到了中郎手中成了热山芋；生病，一般人避之唯恐不及，到了中郎这里却"但得长病"。让人不禁疑惑，他到底经历了什么？

其实，袁宏道所经历的并不是什么奇差难事，也不像他描述的刀山火海一般地狱景象，而是千百年来无数基层官员都需要完成的本职工作。只不过，吴县比他地更繁剧难治而已。宏道曾说："令甚烦苦，殊不如田舍翁饮酒下棋之乐也。"（《与毛太初》）问题就出在这种比较上，饮酒下棋当然快乐，但这只是个人的休闲之乐，知县如果日日饮酒下棋，那天下岂不大乱了吗？中郎此语，确实让人可发一噱。类似的言论不胜枚举。以中郎的性格与脾性，完全不适合做知县这种基层官吏。

也正是这种"不合时宜"，激发出宏道的天性之真，使他面对官场的种种现象，能够说出孩童般石破天惊的实话。做吴县令，对宏道来说，无疑是比"抱病""药饵"更痛苦的经历，但对读者来说，这一篇篇尺牍，就是犀利谐谑的小品，值得反复品读。

聂化南〔一〕（其一）

丈口碑在民〔二〕，公论在上，些小触忤〔三〕，何足芥蒂〔四〕？且丈夫各行其志耳。乌纱掷与优人〔五〕，青袍改作裙裤〔六〕，角带毁为粪箕〔七〕，但辨此心，天下事何不可为，安能俯首低眉，向人觅颜色哉！丈负大有用之姿，具大有为之才，小小嫌疑，如洪炉上一点雪耳〔八〕。无为祸始，无为福先，无为名尸〔九〕，珍重！

（《袁中郎全集》卷二一）

注释

〔一〕聂化南：聂云翰，字抟羽，号化南。直隶广平府曲周（今属河北）人。万历二十年（1592）进士，授昆山知县。在任四年，兴利除弊，政绩突出。擢兵部主事，后改礼部，因直言进谏，针砭时弊，为当权者所不容。《（同治）苏州府志》卷七一有传。

〔二〕口碑：比喻众人的口头称颂，如文字镌刻于碑石。语出《五灯会元》："劝君不用镌顽石，路上行人口似碑。"

〔三〕触忤：冒犯。

〔四〕芥蒂：细小的梗塞物，比喻积在心中的怨恨、不满或不快。

〔五〕优人：古代以乐舞、戏谑为业的艺人。

〔六〕青袍：青色长袍，这里指官服。裈（kūn）：裤子。

〔七〕角带：用牛角作装饰的腰带，属于下级官吏的服饰。

〔八〕洪炉上一点雪：在大火炉里放进一点雪，马上就会融化。比喻对问题领会极快。出自宋王质《大慧禅师正法眼藏序》："余夜宿金山之方丈，不得寐，信手而抽几案文书，得此阅之，至洪炉点雪，恍然非平时之境。"

〔九〕"无为祸始"三句：皆出自《庄子》。祸始即灾祸的开端，因有所作为而招致灾祸；福先指福的先导，为刻意求福而走在前面；名尸为名誉之主，指囿于名誉。此三句是告诫对方不要强出风头，应淡泊名利，明哲保身。

点评

这篇尺牍作于万历二十四年（1596）的吴县。

此时聂云翰在昆山任知县，据史料记载，他在任的四年间，抑豪强，祛蠹弊，卓有成效，因此，自然免不了冒犯权贵，遭到不公正待遇也是意料中事。他写信给袁宏道倾诉不平之意，宏道回信表达宽慰和劝勉。

宏道首先在公论上肯定了聂云翰作为直臣的口碑，顺势劝其不必介意"些小触忤"。"且丈夫各行其志"，承上启下，立意高远。其次，以极端的修辞消解了作为官员的严肃与端庄，通过贱视名利爵位，拓宽心胸气魄，让人不禁想起李白那句"安能摧眉折腰事权贵，使我不得开心颜"，足以令势利之辈汗颜无地。接着，用"大有用之姿""大有为之才"呼应开头的"口碑""公论"，用豪放洒脱的"洪炉"融化小小嫌疑的"点雪"。临末告诫对方应把握本心，不囿于眼前得失，被虚名牵累，可谓劝世良言，足以点醒红尘俗众。

这篇尺牍不过百余字，却胜于千万言。文章短小精悍，气格凛凛，高标耸立，虽隔数百年，仍如剑光耀目，令人赞叹。不过，如果我们站在晚明那个特定的时代去看这些话，又未免过于轻佻。晚明不是魏晋，袁宏道也不是嵇康，那些凛然之气，那些叛逆个性，那些推倒一切的宣言，在内忧外患的时刻，丝毫不显得高明，反而让人痛心。从这个意义上讲，袁宏道可以属于任何时代，但就是不属于他自己的时代。

陶石篑〔一〕（其一）

家子瞻快活殊甚〔二〕，一冷太史日骑瘦马〔三〕，走长安市上〔四〕，不知有何好面孔〔五〕，而欢天喜地若此。

弟望山人来如渴〔六〕，今月内盐使者方按部〔七〕，驻昆山〔八〕，计半月内可了事。山人之行也，以廿五六为期如何？但考察正是闲时〔九〕，苏至昆复甚近，此时至吴，弟为山人置一浮宅〔一〇〕，朝夕聚谈，可得十日闲，尤是佳事。若尔，则盛使还便可发舟矣〔一一〕。中秋日谨候山人于虎丘之上〔一二〕，幸勿爽期。

（《袁中郎全集》卷二一）

注释

〔一〕陶石篑：即陶望龄，号石篑。详见《伯修（其二）》注释〔一〕。

〔二〕家子瞻：指袁宗道。详见《伯修（其一）》注释〔一〕。子瞻为宋代苏轼的字，宗道平生服膺白居易和苏轼，其斋名"白苏斋"。且苏轼为苏辙之兄，故宏道以"家子瞻"称宗道。

〔三〕冷太史：太史为职官名，相传殷代已有此官，西周、春秋时掌管起草文书，编写史书，兼管国家典籍、天文历法、祭祀等。明代历法归钦天监掌管，典章、修史之职则归于翰林院，故俗称翰林为"太史"。袁宗道时任翰林院编修，正七品，属于清闲、地位不显的官职，所以称"冷太史"。

〔四〕长安：都城的泛称，这里指北京。

〔五〕好面孔：笑脸，吴地方言。

〔六〕山人：指陶望龄。山人本指遁迹山林的隐士，陶望龄喜研读内典，颇有出世归隐之意，故称"山人"。

〔七〕盐使者：即巡盐御史，明代都察院之属官，专司巡查各省盐务，称巡盐御史。按部：巡视部署。

〔八〕昆山：县名，明代属苏州府，与今昆山市范围基本吻合。

〔九〕考察：指对官吏政绩的考核。

〔一〇〕浮宅：船。见前《龚惟长先生》注释〔一七〕。

〔一一〕盛使：又作"盛介""盛价"，对来使的尊称。

〔一二〕虎丘：山名，见前《梅客生（其一）》注释〔一五〕。

点评

这篇尺牍作于万历二十四年（1596）的吴县，主要内容是邀请陶望龄同游并与他约定时间。此年，陶望龄从谕德任上告归，途经苏州拜会袁宏道，二人连日畅谈，把臂同游，留下许多唱和诗篇。

尺牍起首以调侃宗道作引，因为此时宏道与望龄并不相熟，二人通过宗道互相知晓，自然先以双方熟悉的话题开始。在宏道笔下，宗道俨然是长安道上骑瘦马的"冷太史"形象，是宏道所大不愿的处境，而宗道却乐在其中，以至于"快活殊甚""欢天喜地"，处境与心境形成强烈反差。对于刚刚去官的陶望龄和即将去官的袁宏道来说，这样的反差是有趣而令人心酸的。这仿佛也预示着宗道的命运——在任上"惫极而卒"，令人唏嘘不已。

尺牍的第二段是催请陶望龄践约，期盼见面的急切心情溢于言表。开始说等巡盐御史离开后，以廿五六为期，后又说趁着公务闲时，中秋即可相见。宏道在吴县令任上苦不堪言，亟需与人倾诉，用高山流水浇洗满身污浊，以抵掌剧谈驱散忧愁烦恼。约定与等待之间，友情在酝酿、发酵，见面的场景一遍又一遍地在脑海中浮现，如约而至或意外爽约都令人心潮澎湃。一封信连接着两个浪漫的文人，那些许诺和相信，那些悸动、期待、紧张、默契，都专属于那个鱼雁传书的时代。

何湘潭〔一〕

作令如啖瓜，渐入苦境，此犹语令之常〔二〕。若夫吴令，直如吞熊胆，通身是苦矣。山水风光，徒增感慨，顾安得如仁兄所云云者哉？吏情物态〔三〕，日巧一日〔四〕，文网机阱〔五〕，日深一日，波光电影〔六〕，日幻一日，更复十年，天下容有作令者耶〔七〕！仁兄声名藉甚〔八〕，又楚、蜀地近，人情或不相远〔九〕，当无此苦。然令为苦因，苦是令果，一行作吏，便当同之，但分数有多寡耳。

天池佳者〔一〇〕，得十斤付去役〔一一〕。焦老师处曾起居否〔一二〕？弟方病疟伏枕，字书粗丑，幸原之。

（《袁中郎全集》卷二一）

注释

〔一〕何湘潭：何起升，字旭如，号本江，叙州府富顺（今属四川）人。万历二十年（1592）进士。时任湘潭知县，治行卓异，有吏干之才。

〔二〕令之常：一般的、普通的县令。

〔三〕吏情物态：指官场上的人情世态。

〔四〕巧：虚伪，巧诈。

〔五〕文网：法网，法禁。机阱：本指设有机关的捕兽陷阱。比喻坑害人的圈套。

〔六〕波光电影：水波与闪电的光影。佛教用语，比喻事物变化不定，生灭无常。

〔七〕容：难道，岂。表示反问。

〔八〕声名藉甚：声名盛大。

〔九〕人情：民情，民间风俗。何起升是蜀人，在楚地做官，两地紧邻，民情相近，不难治理。

〔一〇〕天池：山名，位于苏州西南藏书镇，与天平山、灵岩山一脉相连，因半山坳中有池而得名。相传池中生千叶莲花，因此又叫"花山"或"华山"。天池山产茶，"佳者"即茶叶。

〔一一〕去役：指送信的仆人。

〔一二〕焦老师：焦竑（1540—1620），字弱侯、从吾，号澹园、漪园，南直应天府江宁（今江苏南京）人。万历十七年（1589）进士，授翰林院修撰，充皇长子讲官。因直言直行受到同僚排挤。二十五年降行人，贬福宁州同知。次年大计得"浮躁"，辞官归澹园，读书著述而终。著有《澹园集》等。焦竑为袁宏道会试考官，故宏道称焦竑为老师。

点评

这篇尺牍作于万历二十四年（1596），写给进士同年、湘潭知县何起升。

这年三月，袁宏道在天池山诉讼案上与当道意见相左，这件事成为他决定彻底辞去知县一职的导火索。且不说"更复十年"，宏道一天都不愿在吴县待下去。他为了尽快摆脱这"吏情物态"和"文网机阱"，连上七牍——《乞归稿》二篇，《乞改稿》五篇，上司不同意，就杜门不出，后面干脆生起病来，先遣家眷到无锡暂住，自己留在吴县候命。

据史料记载，何起升有吏干之才，"莅事精勤，不弛不扰；廨署城池，整饬一新"（《（光绪）湖南通志》卷一〇一），这些描写，实际上已经透露了县令工作的不易，他或许对中郎所说"如吞熊胆"之苦感同身受，只不过比中郎能忍受这份苦，并能从苦中寻觅到政绩的乐趣；中郎则从内心里不愿接受官场的那些格套，更不屑于用政绩来麻痹自己的本性。据小修说，中郎在吴县还是政绩斐然的，可惜他自己不愿吃苦，否则在官运上飞黄腾达亦未可知，不过，那就不是袁宏道了。宏道的书生气和脾气，注定了在官场吃苦，而"啖瓜""吞熊胆"后，吐出的却是连珠妙语。

中郎之"病疟"，一半是心病，为了不做知县，他曾"恨病不深"，终于一病六月，一面说自己难受得不行，一面在给朋友的信中长篇大论地讨论性灵、期盼游山玩水，很难让人不怀疑他是在"装病"。不然，何以挂冠之后就立刻活蹦乱跳起来了呢？

董思白[一]（其一）

青牛过函谷[二]，而关尹适病[三]，虽走之机缘未偶[四]，然为尊丈省五千言著述之苦矣[五]。

走一病两月，无复人理[六]，随即将乞休去，泉石钟鼎[七]，意趣别矣。何日得把臂挥麈[八]，共探玄旨耶[九]？

（《袁中郎全集》卷二一）

注释

〔一〕董思白：董其昌（1555—1636），字玄宰，号思白，又号香光居士，南直松江府华亭（今上海松江）人。万历十七年（1589）进士，选翰林院庶吉士，二十一年授编修，充皇长子讲官。天启五年（1625）官至南京礼部尚书。卒赠太子太傅，福王时追谥文敏。居家数十年，放纵家人横行乡里，敛怨于民。善书画，精鉴赏，负盛名。著有《画禅室随笔》《容台集》等。生平见陈继儒《思白董公暨元配龚氏合葬状》。

〔二〕青牛过函谷：传说老子骑青牛过函谷关，守关的官员请求老子留下著作，于是老子著书上下篇，言道德之意五千言而去。事见《史记·老子韩非列传》。这里指董其昌途经吴县。

〔三〕关尹适病：这里指自己正在病中，没能接待董其昌。

〔四〕走：仆人，古代书信中常作"我"的谦称。未偶：犹未遇。

〔五〕省五千言著述之苦：意思是没有请董其昌留下字画或讲谈佛禅。

〔六〕无复人理：字面意思是不再有人的伦理道德，这里指病得非常严重，接近于死亡。

〔七〕泉石：比喻隐居山林。钟鼎：比喻从政为官。

〔八〕把臂：互相握着手臂。挥麈：魏晋士人清谈时，常挥动麈尾，用以驱虫、掸尘。后来以"挥麈"代指清谈。麈尾即用兽尾制成的拂尘。

〔九〕玄旨：深奥的义理。

点评

这篇尺牍作于万历二十四年（1596）的吴县，对本应与董其昌见面却失之交臂表达歉意。

董其昌是书法史、绘画史上大名鼎鼎的人物，《明史》称其"名闻国外，尺素短札，流布人间，争购宝之"，与他齐名的邢侗、米万钟、张瑞图，艺术成就都"不逮其昌甚远"。董其昌因长期在翰林院任职，参加禅悦之会，故与袁宗道兄弟、汤显祖等都有不同程度的交往，尤与袁宏道情谊最深。不过，董其昌并不像袁宏道、汤显祖那样，对传统有着强烈的反叛意识，他生性谨慎，在官场左右逢源，和任何一派都保持着良好关系。因此，我们很难在中郎尺牍中看到与董其昌的深入交流。

这篇尺牍巧用老子出关的典故，以关尹自比，既符合守令的身份，又体现出虚心求教的自谦，戏言"省五千言著述之苦"，则充分肯定了董其昌笔墨丹青的成就与价值。这样的"道歉信"，想必董其昌看到也会会心一笑。接下来，袁宏道又开始了"千篇一律"的写作模式，谈病，谈辞官，谈山水之乐。信末，表达对将来再会，相与谈禅说道的期待。

短短几十字，凝练地把歉意、敬意、近况、期待都表达得十分到位，安排巧妙却不见雕琢痕迹，中郎尺牍的魅力可见一斑。

董思白〔一〕（其二）

一月前，石篑见过〔二〕，剧谭五日〔三〕。已乃放舟五湖，观七十二峰绝胜处〔四〕，游竟复返衙斋，摩霄极地〔五〕，无所不谈，病魔为之少却，独恨坐无思白兄耳。

《金瓶梅》从何得来〔六〕？伏枕略观，云霞满纸〔七〕，胜于枚生《七发》多矣〔八〕。后段在何处？抄竟当于何处倒换？幸一的示〔九〕。

（《袁中郎全集》卷二一）

注释

〔一〕董思白：董其昌。见前《董思白（其一）》注释〔一〕。

〔二〕石篑：陶望龄。见前《伯修（其二）》注释〔一〕。

〔三〕剧谭：即剧谈，畅所欲言。

〔四〕五湖、七十二峰：详见前《伯修（其一）》注释〔六〕、〔八〕。

〔五〕摩霄极地：从天上到地下，形容谈论话题范围极广。

〔六〕《金瓶梅》：书名。署名兰陵笑笑生所作。根据《水浒传》中潘金莲、西门庆故事敷衍而成，其书洞达世情，叙写委曲尽致，惟多涉淫秽，故被视为淫书。

〔七〕云霞满纸:形容满眼都是精彩的文笔。语出刘勰《文心雕龙·原道》:"云霞雕色,有逾画工之妙。"

〔八〕《七发》:西汉枚乘所作辞赋。写楚太子有疾,吴客以七事启发。后人仿效之作很多,皆以七名篇,因而形成一种文体。

〔九〕的示:明确的答复。示,对别人来信的敬称。

点评

这篇尺牍作于万历二十四年(1596)十月。全篇可分两段来看,先是交代自己近况,后是评论和询问《金瓶梅》一书。根据这封信,我们知道袁宏道曾阅读过半部《金瓶梅》,这半部书从董其昌处借来,在当时的士大夫间传抄。如果这个《金瓶梅》和我们今天看到的《金瓶梅词话》是同一部书的话,那么这段评论对于《金瓶梅》研究就极具价值了。

如果是同一部书,那么袁宏道把《金瓶梅》与《七发》类比,确有颇令人费解处,一个是汉大赋的雍容经典之作,一个是市井俚俗的白话小说。有人认为这是中郎信手而写,不能当真。但如果认真揣摩过《金瓶梅》和《七发》的创作意图,就会明白,二者看似完全不同,实际却有深刻的内在相似性。

《七发》虚构出吴客与楚太子的问答,通过七种乐事启示楚太子以养生修身之道,前七事都是极尽耳目之娱的奢侈享乐,而第七事是要听取圣贤之道。听到这里,楚太子"涩然汗出,霍然病已"。全赋七分之六是反话,七分之一是正言,却收到了"猛药起沉疴"

的效果。刘勰说《七发》"始邪末正"，是相当准确的。《金瓶梅》则细致摹绘西门庆及其妻妾追求财富与色欲的经过，最后随着主人公们因纵欲和恶行死于非命，西门庆之子遁入空门而画上句号。在结构上，确实也是"劝百讽一""曲终奏雅"。即使袁宏道还没看到书的后半部分，每回开头的打油诗也足以起到暗示情节走向的作用。

　　有创作实践的人读书，与一般读者读书的视角或有不同，他们会更关注作者的创作动机，作品的写作手法和内在理路，从而感同身受地理解作品内涵。作为文学家的袁宏道，正是意识到《金瓶梅》与枚乘《七发》在写法和主旨上的相似，才称赞《金瓶梅》"胜于枚生《七发》多矣"。

龚惟长先生〔一〕（其二）

病中忽外大父讣至〔二〕，一痛几绝。因思前外大母仙逝时，甥方问道龙湖〔三〕，未得一诀〔四〕。今复匏系姑苏〔五〕，隔绝万里，出门数语，便成今昔，痛哉，痛哉！然既已八十余二，极人间之上寿，官至方岳〔六〕，玉树满庭〔七〕，优游林下十五年〔八〕，极人间之至乐，五浊世中〔九〕，福缘报缘止此矣，当复何望！独学问一事未得上手〔一○〕，不免再来，然已种有根因矣。以此知人世不可不急学道也。

转眴之间〔一一〕，光影已失〔一二〕，甥头上有二毛矣〔一三〕，可虑哉！疟病虽稍痊，太不堪劳，又念二白发甚〔一四〕，以兹坚意乞休，若得如愿，尚当与尊穷极微茫〔一五〕，直抵佛位〔一六〕，人生事如此而已矣。作官只为妻子口食，然奔波已甚；求名只为一生官位，然焦蒿已甚〔一七〕。纵位至台鼎〔一八〕，名加孔、墨〔一九〕，所乐无几，吃苦已多，只是愚人不醒耳，知者一眼看得破也。三舅尊念当穷甚，然尚有烂谷千斛可卖，若甥此回，直从天宁洲借盘缠耳〔二○〕。借来借去，有何了时，此生安有还债之理？以此知甥尤不可不急学道也。不然，牛马猪狗，轮转安有极耶〔二一〕？

（《袁中郎全集》卷二一）

注释

〔一〕龚惟长：龚仲庆，袁宏道四舅。见前《龚惟长先生（其一）》注释〔一〕。

〔二〕外大父：龚大器，仲庆之父，袁宏道外祖父。见《家报（其一）》注释〔一〕。

〔三〕问道龙湖：指万历二十年（1592）、二十一年，袁宏道到麻城龙湖拜访李贽，请教性命之学。

〔四〕诀：即法门，修行者入道的门径。

〔五〕匏系：匏瓜系而不食。自谦为无用之人。语出《论语·阳货》："吾岂匏瓜也哉！焉能系而不食？"

〔六〕方岳：传说尧命羲和四子掌四岳，称四伯。至其死乃分岳事，置八伯，主八州之事。后因称任专一方之重臣为"方岳"。龚大器曾官至河南左布政使。

〔七〕玉树满庭：比喻家中优秀子弟众多。语出《世说新语·言语》："譬如芝兰玉树，欲使其生于阶庭耳。"

〔八〕悠游林下：悠然自得地享受退隐生活。林下，指山林田野退隐之处。

〔九〕五浊：佛教谓尘世中烦恼痛苦炽盛，充满五种浑浊不净，即劫浊、见浊、烦恼浊、众生浊和命浊。

〔一〇〕学问：这里指的是佛学。上手：高手，好手。

〔一一〕转眄：转眼，比喻时间短促。

〔一二〕光影：光阴，时光。

〔一三〕二毛：鬓发有黑白两种颜色，形容衰老。

〔一四〕二白发：指年迈的父母。

〔一五〕穷极微茫：深入探究隐秘暗昧的奥义。

〔一六〕佛位：成佛证果之位，也称佛果。

〔一七〕焦蒿：枯槁憔悴。

〔一八〕台鼎：古人称三公或宰相，言其职位显要，犹星之有三台，鼎之有三足。

〔一九〕名加孔、墨：与孔子和墨子并称。意谓成为圣贤之人。

〔二〇〕天宁洲：地名，扬州府仪真县（今江苏仪征）南十里江中，处于扬州府、镇江府与应天府交界处。《（嘉庆）扬州府志》卷二二引《江防考》："大江南岸，圌山北岸，三江口为第一重门户，镇江瓜洲为第二重门户，仪征天宁洲为第三重门户。……下江口与天宁洲相对……县东南五里为新洲，与天宁洲相映。"天宁洲是沿长江走水路回公安的必经之地，"从天宁洲借盘缠"极言穷困之态。

〔二一〕轮转：佛教用语。指一切尚未证得解脱的众生，由于业力的关系，永远在六道内转回不休。

这篇尺牍作于万历二十四年（1596），袁宏道在吴县收到外祖父龚大器去世的消息，万千思绪涌上心头，学道之心弥笃。

宏道此信写给四舅龚仲庆。因大器长子早夭，一般以为仲庆为老三。但实际上，老三当是龚仲敏，字惟学，号夹山，宗道称其为"夹山三舅"（《牟镇抚序》）。在写给几位舅舅的尺牍中，宏道谈论最多的是生死与心灵层面的问题，可见诸舅对宏道的引导与关心。此信分作两段来看。第一段表达对外祖父逝世的悲痛和遗憾，同时总结外祖父一生的成就与福德，以此宽慰龚仲庆。从亲人死亡中，宏道看到了生命的短暂与无常，因此说"人世不可不急学道也"。书信第二段则由人及己，联想到自己年近而立与多病之身，"学道"的紧迫感油然而生。

身患疾病与目睹死亡，往往是大彻大悟的关键契机。在浑身病痛之时，人们倍感健康的可贵，懊悔以身体为代价的追名逐利。在无边暗夜一般的死亡面前，人人平等，那些功名利禄、富贵荣华都如浮云一般，瞬间消散。宏道自少年起就开始思考死亡问题，那时，他"每至月明之夜，相对清言，间及生死，泫然欲涕，慷慨歔欷，坐而达旦"（袁中道《解脱集序》）。袁宏道是早熟的，三十来岁事业刚刚起步时，就想着死后的归宿；他也是早慧的，刚做上小小的知县，就一针见血地指出了官场逻辑的荒谬。因此，他也是不合时宜的，在那个风雨如晦的时代，他显得过于真空，他不属于那个当下，而属于过去和未来。

伯修（其三）

弟以是月复举一子。举之朝，张幼于忽送唐六如手书《金碧经》一〔一〕、吴匏庵手卷一〔二〕，弟谓他日可成一段佳话，遂小名曰虎子〔三〕，而以匏翁字之。

近日学问如何？前陶石篑兄弟见访〔四〕，自言为闻见所累。弟谓灵云见桃〔五〕，此亦见也；香严击竹〔六〕，此亦闻也。闻见安能累人哉？因语及永明寿次〔七〕，弟谓永明见地未真。陶曰："何以知之？"弟谓永明一向只道此事是可以明得的，故著《宗镜》一书〔八〕，极力讲解，而岂知愈讲愈支〔九〕，愈明愈晦乎？陶亦豁然有深省处，陶生死心切甚。乃弟字公望〔一〇〕，爽朗轩豁〔一一〕，大有我家三哥风〔一二〕。良友相逢，政如景星庆云〔一三〕，偶一相聚，不可多得。

会王、黄、顾、萧诸太史〔一四〕，为我致谢，云吴县有一无孔铁锤〔一五〕，欲向贯城市上寻一面涂毒鼓作对〔一六〕，不如阿谁遭毒手者。弟乞休已决，数日内便可作无事人，快哉，快哉！

〔一〕张幼于：张献翼，见前《小修》注释〔一二〕。唐六如：
即唐寅（1470—1524），字伯虎，一字子畏，号六如，苏州府
吴县（今江苏苏州）人。弘治十一年（1498）举应天乡试第一。
师从礼部右侍郎程敏政，后被诬春闱舞弊下狱，出狱后绝意
仕进，漫游山川。家贫，以卖文鬻画为生。诗、书、画兼善，
名于当时后世。著有《唐伯虎集》。生平见祝允明《唐子畏寅
墓志铭》。《金碧经》：道经，又称《古文金碧龙虎经》，相传
为黄帝所作，是后世内外丹学之源。

〔二〕吴匏庵：吴宽（1435—1504），字原博，号匏庵，
苏州府长洲（今江苏苏州）人。成化八年（1472）进士，授
翰林院修撰，累官至礼部尚书。耽于文艺，尤善书法，富于
书画收藏。有《匏翁家藏集》。生平见李东阳《吴公墓志铭》。

〔三〕虎子：袁宏道第三子，可惜只活一岁多，出生次
年夭折。

〔四〕陶石篑：陶望龄，见前《伯修（其二）》注释〔一〕。

〔五〕灵云见桃：唐五代时高僧灵云志勤，参禅三十年
而不悟，偶见桃花，忽然悟道，有偈曰："三十年来寻剑客，
几回落叶又抽枝。自从一见桃华后，直至如今更不疑。"事见
《五灯会元》卷四。

〔六〕香严击竹：五代时香严智闲禅师，先从百丈怀海，
后转师沩山灵佑学道。沩山问他："父母未生时，试道一句看。"
香严不能答，求沩山说破，沩山说："我若说似汝，汝已后骂

我去。我说底是我底，终不干汝事。"香严无奈，赌气不学佛法。后来，他偶然抛起一块瓦砾，恰好打在竹子上，发出清脆的响声，顿悟而作偈曰："一击忘所知，更不假修持。动容扬古路，不堕悄然机。处处无踪迹，声色外威仪。诸方达道者，咸言上上机。"事见《五灯会元》卷九。

〔七〕永明寿：即五代宋初高僧释延寿（904—975），法号智觉，净土宗六祖，法眼宗三祖。俗姓王，出家后曾住杭州慧日山永明寺，故世称永明。著有《宗镜录》等。事迹具《宋高僧传》卷二八。及……次：依次而及。

〔八〕《宗镜》：即《宗镜录》，五代宋初释延寿纂著，全书一百卷，汇集当时禅门各宗长老意见而成，旨在阐明流派，匡扶禅宗之弊，"举一心为宗，照万法如镜"。袁宏道曾对此书加以删节，成《宗镜摄录》。

〔九〕支：支离，分散。

〔一〇〕公望：陶奭龄（1571—1640），字君奭，一字公望，号石梁，晚号柴桑老人。绍兴府会稽（今浙江绍兴）人。与兄望龄自相师友，并称"二陶"。万历三十一年（1603）举于乡。官至济宁知州。辞归，与兄讲学于白马山。著有《今是堂集》。生平见《（雍正）浙江通志》卷一七六。

〔一一〕轩豁：性格开朗，气度不凡。

〔一二〕三哥：指袁中道。详见《家报（其一）》注释〔六〕。

〔一三〕景星庆云：象征祥瑞的星和云，是难得的天象。比喻吉祥的征兆。

〔一四〕王、黄、顾、萧诸太史：王图、黄辉、顾天埈、萧云举，时四人均在翰林院与宗道同官，故称太史。王图、顾天埈、萧云举生平均详见《伯修（其一）》注释。黄辉（1555—1612），字平倩，号慎轩，顺庆府南充（今属四川）人。万历十七年（1589）进士，选翰林院庶吉士，十九年散馆授编修，二十七年迁右春坊右中允兼编修，充皇长子讲官，明年进谕德，历庶子，升少詹事兼侍读学士，引疾归。著有《黄太史怡春堂藏稿》。生平见《（雍正）四川通志》卷八。黄辉与袁宗道志同交厚，与宏道、中道亦多有交往。

〔一五〕无孔铁锤：也作"无孔锤"，禅宗语，既可以比喻冥顽不灵、懵懂混沌者，又象征禅理的不可阐释性，犹如无孔、无柄的铁锤，无处着手，无从使力。文中的"无孔铁锤"两个含义兼而有之，偏重于后者。袁宏道《敝箧集》中有《述怀》诗云："手提无孔锤，击破珊瑚网。"亦是此意。

〔一六〕贯城市：指京师每月初一、十五、二十五日在刑部以西街道上举行的城隍庙市。贯城是刑部的别称，因贯索星主刑狱，故名。据明沈德符《万历野获编》卷二四记载："城隍庙开市在贯城以西，每月亦三日，陈设甚夥，人生日用所需，精粗毕备。"涂毒鼓：禅宗语，原意是涂有毒药、使人闻声即死的鼓，比喻骇人听闻的禅语机言能使学佛者灭尽虚妄之心，入于佛道。

这篇尺牍作于万历二十四年（1596）的吴县，又是与长兄交流近况、诉说心里话的一次通信。

第一段向宗道汇报得子之喜，这个小名为"虎子"的孩童是宏道的第三个儿子，他没有在宏道的生命中产生太多波澜，因为他刚满一岁就夭折了。在《广陵集》中有二首《哀殇》诗，题注"为儿虎子作"，诗有"一去与一来，孰知非天戏""吾欲痛苦汝，恐汝笑我痴"之句。

第二段则讨论学佛之事，谈及与陶望龄兄弟的切磋，主要申说了"闻见"并不是学佛路上的障碍，真正的障碍在于执著于闻见本身。又批判了永明延寿所作《宗镜录》对于佛理的支离，提倡得鱼忘筌，不借助文字领悟禅机。

最后一段像是"挑战书"，向王图、黄辉、顾天埈、萧云举等道友发起"挑战"。宏道曾在写给张献翼的尺牍中称"禅宗一事不敢多让"（《张幼于》）。这里以"无孔铁锤"自喻，表现出一种自嘲和自负相混杂的心态，他既想惊醒世俗，又不愿显露痕迹；既想要和王、黄、顾、萧等人切磋佛学，又不愿陷入语言文字的陷阱，不愿执著于知识和理论的叠床架屋。他的目的是打破对世法的执著，获得从俗世中解脱的可能性。可以说，袁宏道这种冲决束缚的精神是一种近乎天才式的爆发，他在文学和思想上的创造力并不来源于苦读和勤奋，而是天生的敏感和透彻的悟性。

张幼于[一]（其一）

以令致病，以病解令。令致病，令诚苦我；病解令，病不乐我耶？吴中无足系去客者，独大小何君[二]，经年未得倾肠一吐为恨耳。

（《袁中郎全集》卷二一）

注释

〔一〕张幼于：张献翼，见前《小修》注释〔一二〕。

〔二〕大小何君：喻指张凤翼、张献翼兄弟。据钱谦益《列朝诗集小传》丁集《张太学献翼》记载，张献翼"以通隐自拟，筑室石湖坞中，祀何点兄弟以况焉"。南朝何点与何胤兄弟一起隐居不仕，人称点为"大山"，胤为"小山"（《南史》卷三〇）。因张献翼喜以何点兄弟自况，故宏道以"大小何君"称献翼与其兄凤翼。献翼与宏道文学主张相异，故所谓"倾肠一吐"，实际是指不同观点的辩论。

点评

这篇尺牍作于万历二十四年（1596）的吴县，是袁宏道即将卸任前与吴中好友的告别信，简短有力，意味深长。

尺牍一上来就铺陈一番"病"与"令"、"苦"与"乐"的"辩证法",头头是道。让人一面同情,一面忍俊不禁。同时也佩服袁中郎不怕"折腾"的精神,一牍乞去不成,就连上七牍;谎称生病不成,就真生了一场大病。不达目的,决不罢休。县令难当,宁可病倒,以病解令,瞬间蹦跳。即将离开吴中,仿佛羁鸟归旧林,池鱼入故渊,病也好了,疼也消了,苦也变成甜了,似乎没有什么可留恋的。可仔细一想,好像还有一些不舍,那就是"大小何君"——张凤翼、献翼兄弟,对"经年未得倾肠一吐"深表遗憾。表面上看,这层关系不浅,但细细品味,又有什么好"倾肠"呢?

张凤翼与张献翼年长袁宏道近四十岁,一方是苏州老牌名士,一方是初来乍到的青年知县,年龄上如此大的差距本就存在"代沟",何况在思想上,更是多有龃龉,这些在后面《张幼于(其二)》一牍中体现得非常明显。实际上,在吴县任职期间,袁宏道与二张兄弟交往很少,他有诗赠凤翼云:"两年稀面见,一字到官疏。"(《张伯起》)既然如此,袁宏道这封信更多体现的是对名士前辈的尊重,而不是真的引为知己。如果带着这样的前理解再读这篇尺牍,我们就不难体会到中郎的言外之意了。

冯琢庵师〔一〕

读邸报〔二〕，知拂衣还里〔三〕。谬谓趣深泉石〔四〕，兴衰圭绂耳〔五〕。不意遂抱大痛〔六〕，殊切惋叹。然以垂白之年〔七〕，倦游林下，不谓不适；门施行马〔八〕，庭满芝兰〔九〕，不为不贵。福缘如此，自当含笑蜕去，何恨哉！石火电光〔一〇〕，理无常照〔一一〕，鸡骨支床〔一二〕，昔贤所虑，愿益加餐自爱。至于《蓼莪》之篇〔一三〕，则二三弟子废吟久矣〔一四〕。

宏病五月，屡牍乞休，竟不得请。然宏意已决，贱体稍愈，便当策蹇扣门〔一五〕，与师共穷生死之奥，不朽之旨。兴言及此，自觉狂谬，惟师恕之〔一六〕。

（《袁中郎全集》卷二一）

注释

〔一〕冯琢庵：冯琦（1558—1603），字用韫，号朐南，又号琢庵，青州府益都（今属山东）人。冯惟重之孙，冯子履之子。万历五年（1577）进士，选翰林院庶吉士，散馆授编修，累官至礼部尚书。谥文敏。著有《宗伯集》。生平见王锡爵《冯公墓志铭》（《王文肃公文草》卷一二）。冯琦曾是袁宏道乡试时的主考官，故称其为师。

〔二〕邸报：又称邸抄、邸钞，古代抄发皇帝谕旨、臣僚奏议和有关政治动态的报纸。唐代称为"进奏院状报""报状"等，宋代始称"邸报"。初为手抄，宋代起采用雕版印刷，明代用木活字印刷。

〔三〕拂衣：振衣而去，谓弃官归隐。语出《后汉书·杨彪传》："孔融鲁国男子，明日便当拂衣而去，不复朝矣。"

〔四〕趣深泉石：对山水的兴趣渐深。

〔五〕兴衰圭绂：对做官的兴趣衰退。圭绂：手持的玉器和系印纽的丝绳，指代官位。

〔六〕大痛：指冯琦的父亲冯子履（1539—1596）于此年去世。

〔七〕垂白：白发下垂，指年老。

〔八〕门施行马：允许在家门前放上遮挡人马的木栅。一般官至贵品者才有这样的资格。

〔九〕庭满芝兰：见前《龚惟长先生（其二）》注释〔七〕。

〔一〇〕石火电光：形容事物像闪电和石火一样转瞬即逝。语出《景德传灯录》卷二四："僧问：'如何是佛法大意？'……师曰：'石火电光，已经尘劫。'"

〔一一〕理无常照：（闪电和石火）不能长久地照射。与前文"石火电光"都比喻人生短暂。语出《世说新语·规箴》："桑榆之光，理无远照，但愿朝阳之晖与时并明耳。"

〔一二〕鸡骨支床：原意是因亲丧悲痛过度而消瘦疲惫在床席之上。后用来比喻在父母之丧中能尽孝道。语出《世说新语·德行》："王戎和峤同时遭大丧，俱以孝称，王鸡骨支床，和哭泣备礼。"

〔一三〕《蓼莪》：《诗经·小雅》篇名。此诗表达了子女追慕双亲抚养之德的情思。后因以"蓼莪"指对亡亲的悼念。

〔一四〕废吟：废去《蓼莪》篇不读。西晋王裒奉亲至孝，他在父母墓侧结庐而居，因母亲生前害怕雷声，每逢打雷，王裒就到墓前守护。每读《诗经》到《蓼莪》篇"哀哀父母，生我劬劳"，未尝不三复流涕，故门人弟子不读《蓼莪》之篇。事见《晋书·孝友列传·王裒》。

〔一五〕策蹇：乘跛足驴。通常象征隐逸、失意的文人形象。

〔一六〕惟：愿，希望。

点评

这篇尺牍作于万历二十四年（1596）的吴县，是袁宏道写给老师冯琦的慰问信。这一年，冯琦因父丧归里。

初读邸报，宏道以为老师宦情冷淡，想要退隐，这实为他自己内心想法的投射。忽然话锋一转，提起丁忧之事，表达安慰。安慰过后，又提到自己将辞官漫游。前后呼应，前面只是轻轻一点，后面则将己意和盘托出，还期盼与老师一同参禅悟道。正如他自己所说，这些话对冯琦来说或许真有些"狂谬"。冯琦是讲经世致用、正心诚意的儒家，"生死之奥，不朽之旨"正是儒者所避而不谈的。对于这个"门生"，冯琦没有给予很多关注。与袁宏道留下许多写给冯琦的尺牍相比，《冯宗伯集》中找不到写给袁宏道的信件，也许是很少写，也许是不想公开，所谓"道不同，不相为谋"，大抵如此。

冯琦虽是袁宏道的师辈，却也仅比宏道年长九岁，和宗道年龄相仿。万历十六年（1588），宏道乡试中举，冯琦是主考官。对于宏道所表现出来的颖悟，冯琦十分赞赏，他曾给黄辉写信称宏道"咄咄火攻伯仁"（《答黄宫谕》），认为他在诗文方面的造诣超过了其兄宗道。袁宏道也曾多次去信，并寄去诗作，希望冯琦能对"公安派"加以提倡和扶持，以壮其声势，"得师一主张，时论自定"（《冯侍郎座主》）。冯琦虽不擅诗，但诗文主张基本也是反复古，而与宏道等人相近，只是他似乎并没有为学生的事业添砖加瓦，毕竟处于德高望重的地位，需要权衡考量的方面很多。值得一提的是，冯琦对宏道究心禅宗、叛逆正统的作为不以为然，在晚明那场庙堂与佛禅角力的斗争中，时任礼部尚书的冯琦也并没有站在佛禅一边，反而促成了思想的钳制和书籍的禁毁，随着李贽、紫柏达观的去世，宏道的同道陶望龄、黄辉等人的纷纷隐退，"公安派"的声响也逐渐消沉了。

丘长孺〔一〕

去岁一秦贾至〔二〕，曾寄丘郎书，书中言小修被盗事甚悉，长几丈余。来札至，突云无书，丘郎偶忘之耶？抑贾不甘作附书邮邪〔三〕？可怪！世人无敢不答书者，必如丘郎乃敢不书，然亦真不须书也。何也？他人无书必嗔〔四〕，嗔必怪，怪必毒〔五〕，丘郎即不免嗔，然决无毒我理。不须书一。丘郎所喜者，豪侠之客，妖冶之容〔六〕，山水之胜，病子虽吏吴两载，耳实未闻，眼实未见，口实未谭，顾安得如上事与丘郎描写之？不须书二。所见伊何？案牍比簿也〔七〕；所闻所谈伊何？扎火囤也〔八〕，明见万里也〔九〕，着实打三十竹皮也。丘郎闻之，亦当为我解颐否耶〔一〇〕？不须书三。夫以三不须书之丘郎，而遇懒一忙二病三之袁仲子〔一一〕，然则鳞鸿之未便〔一二〕，踪迹之靡定，贾人之浮沉〔一三〕，又可勿论矣。

读来诗，无一字不佳，五七言古及诸绝句，古质苍莽〔一四〕，气韵沉雄，真是作者〔一五〕。当为诗中第一，见在未来第一〔一六〕。五言律不浮〔一七〕，次之，七言律又次之。大抵物真则贵，真则我面不能同君面，而况古人之面貌乎？唐自有诗也，不必《选》体也〔一八〕；初、盛、中、晚自有诗也〔一九〕，不必初、盛也。李、杜、王、岑、钱、刘〔二○〕，下迨元、白、卢、郑〔二一〕，各自有诗也，不必李、杜也。赵宋亦然。陈、欧、苏、黄诸人〔二二〕，有一字袭唐者乎？又有一字相袭者乎？至其不能为唐，殆是气运使然〔二三〕，犹唐之不能为《选》，《选》之不能为汉魏耳。今之君子，乃欲概天下而唐之，又且以不唐病宋。夫既以不唐病宋矣，何不以不《选》病唐，不汉魏病《选》，不《三百篇》病汉，不结绳鸟迹病《三百篇》耶？果尔，反不如一张白纸，诗灯一派〔二四〕，扫土而尽矣〔二五〕。夫诗之气，一代减一代，故古也厚，今也薄。诗之奇、之妙、之工、之无所不极，一代盛一代，故古有不尽之情，今无不写之景。然则古何必高，今何必卑哉？不知此者决不可观丘郎诗，丘郎亦不须与观之。

弟一病数月，上官已许放归矣。过团风幸出一会〔二六〕，弟先遣人报知。近作颇有得意处，刻成当呈。

（《袁中郎全集》卷二一）

注释

〔一〕丘长孺：丘坦（1569—？），字坦之，号长孺。黄州府麻城（今属湖北）人。少年时驰声艺苑，极为袁氏兄弟所赏识，与李贽、梅国桢交好。屡试不第，遂弃文从武，万历三十四年（1606）武乡举第一。官至海州参将，告病归。善诗工书，书法似米芾，游踪遍南北。袁宏道曾描述其外貌"凤目美髯，魁梧长姣"。袁中道评其"文人性情武人装"。《（康熙）麻城县志》卷七有传。

〔二〕秦贾：陕西一带的商人，利用经商之便传递信件。当时丘坦或正游历秦地。

〔三〕附书邮：传送书信的人，也作"致书邮"。典出《世说新语·任诞》："殷洪乔作豫章郡，临去，都下人因附百许函书。既至石头，悉掷水中，因祝曰：'沉者自沉，浮者自浮，殷洪乔不能作致书邮。'"

〔四〕嗔：对人不满，怪罪。

〔五〕毒：怨恨，憎恨。

〔六〕妖冶：艳丽，妩媚。

〔七〕案牍：官府文书。比簿：明代中期设立"比限"制度，即对州县征收赋役设置期限，至期不完成，加以责罚并再立限。比限制度的专用册籍称作比簿，用于会计各户征税数目、稽查完欠等，作为征税依据，也称比较簿、限簿、比较册。

〔八〕扎（zā）火囤（dùn）：俗语，以计欺人，敲诈勒索。

〔九〕明见万里：比喻料事准确，识见高明。这里指官场中对上司的恭维之语。亦作"明鉴万里"。语出《后汉书·窦融传》："玺书既至，河西咸惊，以为天子明见万里之外，网罗张立之情。"

〔一○〕解颐：开颜而笑。

〔一一〕袁仲子：作者自称，因其在家兄弟中排行第二。

〔一二〕鳞鸿：鱼雁，代指书信。

〔一三〕浮沉：书信遗失，没有寄到。参见前注释〔三〕。

〔一四〕古质：古雅质朴。

〔一五〕作者：行家里手，在文学艺术上有卓越成就的人。

〔一六〕见在未来：即现在和未来，本是佛教用语，此处极言丘长孺诗佳，出拔于当时和后世。

〔一七〕不浮：朴实，不轻浮。

〔一八〕《选》体：梁昭明太子萧统《文选》所选诗歌的风格体制，多绮缛靡丽。

〔一九〕初、盛、中、晚：明代高棅在《唐诗品汇·总叙》中将唐诗的发展分成初、盛、中、晚四个阶段，分别呈现出不同风格。

〔二○〕李、杜、王、岑、钱、刘：李白、杜甫、王维、岑参、钱起、刘长卿。均为初、盛唐著名诗人。

〔二一〕元、白、卢、郑：元稹、白居易、卢仝、郑谷。均为中、晚唐著名诗人。

〔二二〕陈、欧、苏、黄：陈师道、欧阳修、苏轼、黄庭坚。均为宋代著名诗人。

〔二三〕气运：时代气数、命运的强弱变化。这里是说文学风貌随时代命运而变迁。

〔二四〕诗灯：即诗法。佛教以灯喻照彻黑暗的佛法，这里指当时把唐宋诗歌当作明灯的复古一派。

〔二五〕扫土而尽：又称"扫地而尽"，比喻被消灭得一干二净。

〔二六〕团风：镇名，明代时属黄州府黄冈县（今湖北黄冈），位于长江中游沿岸，常有船只泊此避风，故称"团风"。

点评

这篇尺牍作于万历二十四年（1596），既是朋友之间的叙旧闲谈，又是一篇立意高远、振聋发聩的评诗论诗文字，集中地体现了袁宏道早年的文学思想。

此牍可作三段读。第一段，是对丘坦没有收到去年信件的回应。或许是捎信人将信件遗失，或许是丘长孺记忆偏差，但善辩如中郎，竟从丘长孺的性格特点出发，捻出"三不须书"来，还巧妙地言及自己当官之苦。一样的话，掰成三瓣说，还说得天花乱坠，想必丘长孺展开信纸时，不但不会"嗔怪"，反而会忍俊不禁了。

第二段，开始谈论诗歌。读了丘坦寄来的近作，袁宏道感到振奋，他借题发挥，把自己对诗歌的见解一一托出。论及古今诗道，指点诗坛，臧否人物，让人读之击节称叹。以"真"为至高标准，则"袭"无处躲藏，中郎不正说"真"的好处，反而说"袭"

的荒唐，层层归谬，最后不如"一张白纸"，复古的逻辑至此崩塌。他倡言一代有一代之文章，是颇具现代性的洞见，在当时必然是振聋发聩的。一切文学总要向前发展，不能永远停留在过去的辉煌中，而发展的关键就在于体现出时代精神，体现出此刻的真情实感。在这个意义上，丘坦的诗是"见在未来第一"，在当时的复古潮流中是独树一帜的。

尺牍结尾，相期于团风之滨，说明辞官后的袁宏道已做好回公安的准备。可以想象，两兄弟再见时又将是怎样一番称心快意，诗酒风流呢。

汤郧陆[一]（其一）

弟以病得休，挂帆归矣。每闻西湖之胜，欲于灯节前后杖藜一来[二]。湖水可以当药，青山可以健脾，逍遥林莽，敧枕岩壑[三]，便不知省却多少参苓丸子矣[四]。但不识关门令尹，能辨青牛气色不[五]？

（《袁中郎全集》卷二一）

注释

〔一〕汤郧陆：汤沐，字郧陆，德安府安陆（今属湖北）人。万历二十年（1592）进士，授钱塘知县。在任六年，升给事中。官至刑部主事。汤沐与袁宏道为进士同年，于万历二十三年（1595）二月与宏道同时出都赴任。

〔二〕灯节：元宵节的别称。民间习俗张灯游乐，故称灯节。杖藜：拄着以藜木制成的手杖。

〔三〕敧（qī）枕：斜倚着。

〔四〕参苓：人参与茯苓，有滋补健身的作用。

〔五〕关门令尹、青牛：见前《董思白（其一）》注释〔二〕。

这篇尺牍作于万历二十四年（1596），是袁宏道赴杭州之前写给进士同年、钱塘知县汤沐的，相当于提前和东道主打招呼。

病倒在知县任上的袁宏道终于如愿以偿地辞官了，"以病得休，挂帆归矣"，短短八个字，如释重负的愉悦溢于言表。他把接下来的一束诗文命名为《解脱集》，抱怨、生病、辞官、远游，仿佛一系列行为艺术。"解脱"后的第一件事就是治病，怎么治？去西湖玩。在晚明，西子湖畔几乎就是文人骚客的疗养胜地，那是一个风光旖旎的山水桃源，也是一个纸醉金迷的游乐场所。古往今来，无数失意游人在那里抚平心情，也有无数富商巨贾在那里一掷千金。

在袁宏道看来，西湖美景甚至具备"健脾"的药用价值，他向往杭州的湖水、青山、林莽、岩壑，要用它们做药饵治病，中郎病根在何处，也就不难诊断了。事实证明，用自然山水疗愈他的"病"，效果是立竿见影的，以至于只要"放舟五湖，观七十二峰胜处"，就能使"病魔为之少却"（《董思白》）。自然美景让人忘却得失烦恼。置身山水之间，看花开叶落，听流水蝉鸣，一切都恰到好处，在这里，远离了喧闹的县城，摆脱了繁冗的案牍，人世的苦恼根本没有容身之所，人可以在精神上与天地融而为一，无拘无束，自由呼吸，这或许就是医治宏道之"病"的最好药方。

陶石篑（其二）

　　疟鬼甚成就我〔一〕，毕竟成就我去，快哉！

　　弟欲于灯节前后过西湖养病，便徼君家兄弟盘桓数时〔二〕。借山水之奇观，发耳目之昏瞆；假河海之渺论〔三〕，驱肠胃之尘土。咄咄〔四〕，袁生不复事人间事，亦不复人世间人矣。有兴便过天台〔五〕，入雁荡〔六〕，涉南海〔七〕，令弟儒巾笼头〔八〕，恐不能偕，兄当同我。苏和仲云："人生遇适意事，不妨便为之。"〔九〕此时不为，直待作阁老归林下而后为〔一〇〕，恐那时兴寄转阑耳〔一一〕，如何？

　　二兄去后，弟为作纪事诗一章，书卷头奉览。并小刻往。

（《袁中郎全集》卷二一）

袁中郎尺牍——九九

注释

　　〔一〕疟鬼：古人谓疟疾为鬼作祟，称"疟鬼"。

　　〔二〕徼（yāo）：通"邀"。君家兄弟：指陶望龄和其弟奭龄。望龄生平见前《伯修（其二）》注释〔一〕。陶奭龄，见前《伯修（其三）》注释〔一〇〕。盘桓：这里指逗留。

〔三〕河海渺论：河海辽阔的景象。

〔四〕咄咄：感叹声，表示感慨。

〔五〕天台：山名，位于今浙江省东部台州市，地处宁波、绍兴、金华、温州交界地带，东北西南走向，蜿蜒雄壮，被誉为"山岳之神秀"，为佛教天台宗发源地。

〔六〕雁荡：山名。位于浙江省温州乐清市东，盘曲数百里，奇峰怪石，山清水秀。绝顶有湖，因雁春归过宿其中而得名。

〔七〕南海：雁荡山南部所临之海，在今天的东海海域。

〔八〕儒巾：又称"四方平定巾"，明代规定读书人佩戴。《明史·舆服志三》记载："儒士、生员、监生巾服。洪武三年，令士人戴四方平定巾。"当时陶奭龄尚未参加乡试，仍以读书举业为重，故称之"儒巾笼头"。

〔九〕苏和仲：即苏轼，字子瞻，一字和仲。按，"人生"一句，不见于今本苏轼文集，或为佚文，或为作者误记。

〔一〇〕阁老：明代对内阁首辅大臣的称呼。

〔一一〕阑：即阑珊，指（兴致）衰落，将尽。

点评

这篇尺牍作于万历二十四年（1596）。袁宏道在离开吴县前，打算到杭州西湖养病，于是给已告归绍兴的陶望龄写信，邀请他一同游山玩水。

开篇就出言不寻常，竟感谢起"疟鬼"来，感谢其促成辞官，重获自由自在身。一句"快哉"，如卸下千斤重担，脚下轻盈欲飞，心直飘至山水之前，大口呼吸自由的空气了。山水可以疗疾，这自不必说，可还缺一味药，那就是知己好友，要有"山水之奇观"，也要有"河海之渺论"，才称得上药到病除。宏道曾与人说，"山水、朋友不相凑"，是人生三大"败兴事"之一（《吴敦之》），于自然之外，宏道更看重朋友，看重性命之交。

在尺牍中，袁宏道畅想着与陶望龄在西湖之畔吟诗作赋，凭吊探寻，谈禅论道，兴致若好，更可远游天台、雁荡，直抵南海岸边。他深感生命之无常，因此生出及时行乐之念。"适意"一说，贯穿了袁宏道一生的选择，也成就了他非凡的文学思想。在尺牍中，宏道还附上记游诗一首，那是万历二十四年（1596）九月，宏道卧病新愈，陶望龄兄弟到吴县拜访，三人畅谈同游十余日，宏道作《陶石篑兄弟远来见访，诗以别之》(《锦帆集》卷一)。诗中，自然风光、人生苦乐、禅宗思想，在中郎笔下运斤成风，挥洒自如。中郎诗文，得江山之助。

江进之〔一〕（其一）

年丈欲弟忍者〔二〕，忍苦乎？忍病乎？若忍苦，则吴县亦不甚苦，弟与兄游戏亦能办之〔三〕，此不必忍也；若忍病，则病安可忍？前次与兄谈不及数言，坐不及片时，而一劳遂复淹淹二月〔四〕，尚不能起，是可忍也，孰不可忍也！且世有终日杜门，五月不视事之知县乎〔五〕？贪庸甚矣〔六〕。年丈不谅，谁当谅者？若复不信，试至榻前一看如何？

（《袁中郎全集》卷二一）

注释

〔一〕江进之：江盈科（1553—1605），字进之，号雪涛，自署渌萝山人。湖广常德府桃源（今属湖南）人。万历二十年（1592）进士，除长洲知县。官至四川提学副使。著有《雪涛集》。生平见钱希言《进之江公墓志铭》、袁中道《江进之传》。江盈科与宏道为进士同年，且在诗歌方面追随宏道兄弟，被后世视为"公安派"的主要拥护者。

〔二〕年丈：即年兄，用于科举考试中同榜登科者相互的尊称。

〔三〕游戏：指绰有余力而不经意为之。

〔四〕淹淹：昏昏沉沉、萎靡不振的样子。

〔五〕视事：官吏到职办公。

〔六〕贪庸：贪婪昏庸。

点评

这篇尺牍作于万历二十四年（1596）十二月。从尺牍的内容来看，这时袁宏道尚未弃官，好友江盈科可能认为，如果病得不重，就没必要辞职，因而劝其暂时留任，宏道便作此书回答。他从"忍苦"和"忍病"两个角度，回应了好友的关心，表明苦可以忍、病不能忍的态度。

宏道之辞官，实在是因为难以忍受县令之苦，然而这并不是一个合理的理由，反而会让人以为其能力不足，难以胜任。可以设想，同年那么多进士，其中多数都被分派到各个县去做知县，要说苦，大家都很苦，这不构成辞官的必要条件。因此，还要有一个过硬的理由，让上司不得不同意，让同僚不能不相信。宏道先是说祖母詹氏病危，需要回家看望，这显然不是个很充分的理由，上司说，不能因私废公。最终，他找到了"病"。小病还不行，必须是大病，是能够"终日杜门，五月不视事"的病。为了摆脱知县的职位，他不惜把自己搞得"呕血数升，头眩骨痛，表里俱伤"（《乞改稿一》），不惜背上"贪庸"之名，还邀请朋友"至榻前一看"，验证他确实所言不虚。

求去之心迫切，却迟迟不见批复，袁宏道索性先遣妻子行李，只身留在衙署等待。最后，干脆上交官印，掉臂而去。在《去吴七牍》的最后一牍中，他自道病因："夫职闲散疏旷人也。骨体脆薄，本不堪世务，一入樊笼，便而抑抑，抑而不已，痨瘵遂作。是职之病起于郁,郁之因起于官,若官一日不去,病何得一日痊哉？"（《乞改稿五》）

王孟夙〔一〕

有官之乐，即有官之苦；有病之苦，即有病之乐。以官得病，此官苦也；以病得归，此病乐也。官病相随，是消息理〔二〕；苦乐相生，是轮回趣。然则世法岂有常哉？以为乐而甘之，则乐亦苦矣；以为苦而逃之，则苦亦乐矣。唯有一种至人〔三〕，观苦于乐先，故曰不为福始〔四〕；耽乐于苦中，故曰行乎患难。若我辈则必待情景既至而后识之，其去庄周、列御寇远矣〔五〕。彭泽非八十日不知折腰之可憎〔六〕，隐居非乞一令之难不知神仙之可学〔七〕。古人犹尔，何况后生？拂衣西归，良晤无期〔八〕，不为少文之五岳〔九〕，则当效方朔之金门〔一〇〕，仆志定矣。

（《袁中郎全集》卷二一）

注释

〔一〕王孟夙：王在公（？—1627），字孟夙，号性海，又号中条、芥庵。苏州府昆山（今属江苏）人。万历二十二年（1594）举于乡，选山东高苑知县，治水济荒，颇有政绩。迁济南府同知，以廉办闻。后弃官归隐，从云栖祩宏学佛，与憨山德清、朱白民为友。《（乾隆）苏州府志》卷六一有传。佩兰居本"夙"误作"晋"，今改。

〔二〕消息理：消长、盛衰的变化之理。

〔三〕至人：超凡脱俗，达到很高境界的人。

〔四〕福始：即福先，见前《家报（其二）》注释〔二〕。

〔五〕列御寇：见前《徐汉明》注释〔五〕。

〔六〕彭泽：东晋陶潜为彭泽县令，仅八十余日便辞官归隐。事见《晋书》卷九四。

〔七〕隐居：即南朝陶弘景，曾求为县令而不能如愿。永明十年（492），陶弘景上表辞官，挂朝服于神武门，退隐江苏句容句曲山（即茅山），修神仙之学，自号华阳隐居。与人书信也署名"隐居"代替本名。事见《南史》卷七六。

〔八〕良晤：欢聚。

〔九〕少文：即宗炳（375—443），字少文，南朝宋画家。曾漫游山川，后以老病回江陵，恨不能遍观名山，遂将毕生所见景物绘于居室之壁，自称"澄怀观道，卧以游之"。事见《宋书》卷九三。

〔一〇〕方朔：西汉东方朔以在朝为官的方式避世，他曾酒后歌曰："陆沉于俗，避世金马门。宫殿中可以避世全身，何必深山之中、蒿庐之下！"事见《史记·滑稽列传》。金门：即金马门，汉武帝时学士待诏之处，门旁有铜马，故称。

点评

这篇尺牍作于万历二十五年（1597）正月，此时袁宏道已辞官离吴，他写信给同道好友、高苑知县王在公，表明自己的隐逸志向。

尺牍起首便论苦乐相因，其结构和内涵让人很容易想到李贽的那段话："人知病之苦，不知乐之苦。乐者，苦之因，乐极，则苦生矣。人知病之苦，不知病之乐。苦者乐之因，苦极则乐至矣。苦乐相乘，是轮回种。因苦得乐，是因缘法。"（《焚书》卷一《复丘若泰》）显然，宏道有关苦乐的见解受到李贽的直接影响，他甚至有意模仿李贽的句式，把官、病、苦、乐创造性地联系在一起，从个人体验出发，进一步验证了苦乐相生的道理。看透了苦与乐的关系，也就能够化解苦乐之间的差别，无苦无乐，亦苦亦乐，不刻意求福，也不逃避苦难，但非庄周、列御寇之类的"至人"难以领悟通透，即使像陶潜、陶弘景这样的名士，也要碰了壁才猛回头。

值得注意的是，袁宏道之志于"隐"，不同于逍遥不问世事的隐士，而是以"少文"或"方朔"为楷模的。除了隐于山水之间，还可以隐于庙堂之上，如东方朔所说："陆沉于俗，避世金马门。宫殿中可以避世全身，何必深山之中，蒿庐之下。"实际上，袁宏道还是想做官的，只不过不是奔走风尘的小令，而是庙堂之上的大官，他也坦言"非真不爱富贵"，与其说他的志向是远离官场，不如说是随心所欲，如果为官可以随心所欲，想必他也毫不介意。

江进之（其二）

序文佳甚[一]。锦帆若无西施当不名[二]，若无中郎当不重[三]，若无文通之笔[四]，则中郎又安得与西施千载为配，并垂不朽哉！一笑。

（《袁中郎全集》卷二一）

注释

〔一〕序文：指江盈科为《锦帆集》所作序文。《锦帆集》是袁宏道任吴县知县期间的诗文结集。

〔二〕锦帆：即锦帆泾，苏州盘门内沿城壕。相传吴王夫差与西施、诸宫娃常在此乘坐锦帆游乐，故名。

〔三〕重：名重，声名显赫。

〔四〕文通之笔：原比喻才士文笔。典出《南史·江淹传》："（江淹）尝宿于冶亭，梦一丈夫自称郭璞，谓淹曰：'吾有笔在卿处多年，可以见还。'淹乃探怀中得五色笔一以授之。尔后为诗绝无美句，时人谓之才尽。"文通，南朝齐、梁间文人江淹的字，时号才子，人称江郎。这里一语双关，进之与文通同姓，且文通曾作建安吴兴令，进之时为长洲知县，故袁宏道常称江盈科为"江令""江郎"。

　　这篇尺牍作于万历二十五年（1597）的无锡，是袁宏道收到江盈科为《锦帆集》所作序文后的回复。

　　袁中道《中郎先生全集序》云：“《锦帆集》，令吴门时作也。”此集主要收录了宏道公务之暇游览吴中所作诗文，以“锦帆”名集，表达了对吴宫遗迹的想象与凭吊，寄托了一种不朽的愿望。正如江盈科序中所说：“阅今千百年，霸业烟消，美人黄土，而锦帆之水宛然如旧。”这部诗文集也如锦帆之水，绵绵不绝，总有后人在想起锦帆的同时，也想起袁宏道。江盈科在序中称赞宏道之诗文道：“大端机自己出，思从底抽，撷景眼前，运精象外，取而读之，言言字字，无不欲飞，真令人手舞足蹈而不觉者。”这段话基本将“公安派”的诗文特色总结出来了。江盈科在结尾处有一句自谦之语：“假使西施有灵，问江郎梦中之笔安在，不佞无辞置对矣。”袁宏道对此序十分满意，针对江盈科的自谦，还调侃说，正因为有“文通之笔”，才让中郎之文与西施故事“并垂不朽”，既表现了同声相应的相知，又表达了满怀自信之意。

李本建〔一〕

弟近日宦情，比前会兄时尤觉灰冷〔二〕，已谋一长守丘壑计〔三〕，掷却乌纱，作世间大自在人矣。少时望官如望仙，朝冰暮热〔四〕，想不知有无限光景，一朝到手，滋味乃反俭于书生〔五〕。至于劳苦折辱，不啻百千倍之，奈何不令人催撞息机也〔六〕。辟如婴儿见蜡糖人，啼哭不已，及一下口，唯恐唼之不尽。作官之味，亦若此耳。

小修在家应考，那得闲工夫到白下〔七〕？传言甚可笑。旧说吴语可信一半，如此看来，那一半也是虚的。然则阿婆盖尽与人矣〔八〕，安得一毛属自己邪？笑不尽，叹不尽。

（《袁中郎全集》卷二一）

注释

〔一〕李本建：李维极，字会轩，又字本建，承天府京山（今属湖北）人，李维桢二弟。万历七年（1579）举人。曾任南京国子监学录。与江盈科、袁宏道交好。江盈科曾有诗《李本建博士》，中云："髫年唾手取巍科，中路迟回叹坎坷。"说明维极少有文才，却官运蹭蹬。《明史》卷二二六《郭正域传》附记，名将李成梁之孙的家奴骑马经过文庙而没有下马，被南京国子监学录李维极抓住鞭打。可略见其性耿直。

〔二〕宦情：做官的志趣、意愿。

〔三〕丘壑：山野幽僻之处，指隐居。

〔四〕朝冰暮热：形容羡慕和盼望做官的心情迫切而志忐，时而冷静，时而冲动，情绪不稳定。

〔五〕俭：贫乏，微薄。书生：儒生，指获取功名前的读书人。

〔六〕催撞息机：即"摧撞折牙，永息机用"的省略，催通"摧"，撞通"幢"或"橦"。语出范传正《唐左拾遗翰林学士李公新墓碑》："公以为千钧之弩，一发不中，则当摧橦折牙，而永息机用，安能效碌碌者苏而复上哉！"（《李太白集》卷一）旧注认为，撞通"橦"，是弩匣；牙是弩机上用来勾弦的部分。但似乎不甚准确。《唐风集》卷首有"摧幢折角"之语，表军队溃败之意，幢指军旗、角指军号甚明。因此，幢为旌旗，牙为军营前的牙旗，更符合可"摧折"的动作。总之，用这个典故是说，与其怀才不遇，不如断绝仕进之想，辞官归去。

〔七〕白下：即白下城，是六朝时期建康（南京）西北长江边的卫城，后世以为南京的别称。

〔八〕阿婆盖：指假发。

　　此牍作于万历二十四年（1596），是袁宏道写给李维极的信，表白自己宦情灰冷的心思，并回应了关于小修的传言。

　　钱伯城先生将这篇尺牍系于万历二十五年（1597），但开头一句"近日宦情"云云，说明袁宏道此时尚在吴县任上，况且"长守丘壑计""掷却乌纱"等都还没有付诸实践，因此，认为这封信作于万历二十四年是比较合理的。此外，钱先生又将李本建误认为是李维标，据万历刻本《涉江诗选》卷首所列"选阅《涉江诗》社友姓氏"，分别有"李维极本建甫"和"李维标本立甫"，因此可断定，李本建就是李维极，而非李维标。

　　尺牍开门见山，表达自从上次见面以来，自己对做官的心态发生了很大变化。之前或许只是担心"吏道缚人"（《锦帆集》卷三《寄同社》），及一入官场，到处不适，以至于想要辞官归隐，"作世间大自在人"。在文学的世界里，袁宏道有才华，有胆识，纵横自如，一呼百应；可到了做官的世界，他即使腹中有万点墨，一丝一毫也派不上用场，反而显得书生气，不合时宜。官场这样一座"围城"，本来很难描述，却在袁宏道笔下变得真实可感，他写自己从"望官"到"一朝到手"再到"宦情灰冷"的过程，就像婴儿从见到蜡糖人，到得到蜡糖人，再到嚼蜡而唾的过程一样，生动有趣，画面感极强，让人不禁随着这语言浮想联翩。

朱司理〔一〕

乍脱宦网，如游鳞纵壑，倦鸟还山，向非明公假其毛羽，亦何以得此？吏隐吴门〔二〕，著书数种，略有可观，刻成当呈上求削。走性与俗违，官非其器，万念俱灰冷，唯文字障未除〔三〕。曳尾山中〔四〕，但得任意歌咏，鼓吹休明足矣〔五〕。立德立功，自有青云故人在〔六〕，明公勉为之，毋遽生心丘壑也〔七〕。两年为格套所拘，不得少吐寸肠。便中略布区区〔八〕。容专使致辞〔九〕。

（《袁中郎全集》卷二一）

注释

〔一〕朱司理：朱一龙，字虞言，承天府景陵（今湖北天门）人。万历二十年（1592）进士。时任苏州府推官，是袁宏道的进士同年兼上级长官。后迁吏部，官至考功司郎中。生平见《湖北通志》卷一三七。

〔二〕吏隐：谓不以利禄萦心，虽居官而犹如隐者。

〔三〕文字障：佛教术语，本指阅读佛经时过于执著于文字，使本是载体的文字变成了障碍，导致不能透过文字去参悟真正的佛理。这里指对诗歌文章的执著。

〔四〕曳尾：即"曳尾涂中"，意思是与其位列卿相，受爵禄、刑罚的管束，不如隐居而安于贫贱。语出《庄子·秋水》："吾闻楚有神龟，死已三千岁矣，王巾笥而藏之庙堂之上。此龟者，宁其死为留骨而贵乎？宁其生而曳尾于涂中乎？"

〔五〕鼓吹休明：赞美明君盛世。

〔六〕青云故人：指仕途显达的朋友们。青云，比喻显要的官位。

〔七〕遽：遂，就。生心丘壑：产生隐居之意。

〔八〕便中：方便的时候，或有顺便的机会。区区：方寸之心，心里话。

〔九〕专使：专门送信的使者。致辞：即把信件送达对方。

点评

这篇尺牍作于万历二十五年（1597），是袁宏道在无锡养病期间写给苏州府推官朱一龙的。朱一龙与袁宏道有同年之谊，又是宏道的上级，因此，在向知府递交辞呈的过程中，朱一龙也提供了帮助。辞官前，宏道写给朱司理的尺牍风格还稍显拘谨；而今已解官，尺牍也顿时显得坦诚，甚至有些放任了。

不再谈公事，也不再有顾虑，中郎的本色也就展露无余。这是一封"乍脱宦网"之人写给"宦网中人"的信，除了表达对帮助辞职的感谢外，就是抒发自己重归自由的兴奋之情。同时还不忘假模假样地勉励一番，希望朱一龙勤恳为官，"立德立功"，不要被中郎的挂冠离去冲淡了宦情，得意的神色不言而喻。而"立言"

的事情呢，中郎也就当仁不让了。

《解脱集》收录了宏道辞官之后漫游越中所写山水游记、尺牍和杂著，是他半生最得意的文字。他曾说："越行诸记，描写得甚好，谑语居十之七，庄语十之三，然无一字不真。把似如今作假事假文章人看，当极其嗔怪，若兄决定绝倒也。"（《江进之》）在他看来，"真"非常重要，是衡量文与人的尺牍。从这个角度看，也不难理解他对做官的反感从何而来——在"为格套所拘，不得少吐寸肠"的官场，基于"真"的"立言"哪里有土壤呢？

江进之（其三）

弟意欲往杭，无他，不过欲寻闲淡之方丈[一]，远闺阁之佳人，写山水之奇胜，充贫官之囊橐[二]，稍暖即图归计矣。穷博士有何好趣[三]？弟已将"进士"二字抛却东洋大海[四]。候命下，即自上一乞休本，了却前件[五]，作世间大自在人。直待江郎作吏部尚书三年后[六]，发白齿落，然后将一粒金丹点化江郎，同证大果，岂不快哉！所云事不敢劳兄，只欲见兄知得耳。若以世情得度者[七]，应现世情身而为说法[八]，如何？

（《袁中郎全集》卷二一）

注释

〔一〕闲淡：亦作"闲澹"，闲静淡泊。方丈：一丈四方之室，为禅寺中住持居室或客殿。据《维摩诘经》，维摩诘所居之室虽仅一丈见方，却能容纳三万二千师子之座，有不可思议之妙。

〔二〕囊橐：指钱袋子。

〔三〕穷博士：指袁宏道请求改任教官一类的职位，称博士，品秩低下，月俸微薄，因此称穷博士。此年冬，宗道为其补顺天府学教授，次年三月赴任。

〔四〕抛却东洋大海：比喻彻底忘掉。

〔五〕前件：指之前的官职和经历。

〔六〕江郎：指江盈科，下面几句都是调侃。

〔七〕世情：世间种种情态。得度：脱离人世苦难，到达佛境。

〔八〕现身说法：指佛、菩萨显现出种种形象，向人讲说佛法。

点评

这篇尺牍作于万历二十五年（1597）正月，这时袁宏道刚刚去官，暂留无锡，他写信给江盈科，信中透露了游历杭州的计划。

对袁宏道的杭州之行，后世往往只看到其中潇洒，却容易忽略迫不得已的一面。据袁中道《中郎行状》记载，对宏道准备辞官返乡一事，其父亲曾严厉地说："世岂有二十八而悬车者？"以故"先生不敢返楚"。按照惯例，官员七十岁才悬车致仕，宏道二十八九岁就辞官回家，袁父的气愤可想而知，他不允许宏道回公安老家。所以，宏道选择远游，实是无奈之举。可是不回公安，他又能去哪呢？当时他拖家带口，寄人篱下，而且宦囊羞涩，有家不能回，思来想去，只能安置妻儿在无锡暂住，自己则去投靠朋友，排遣苦闷了。《行状》接着写道："乃为人贷得百金，为妻子居诸费，而走吴越。"大概宏道不敢开口向父亲要钱，只能借钱解燃眉之急了。

了解了这些背景之后，我们再来读这篇尺牍，可能就更清晰了。所谓的"欲寻闲淡之方丈，远闺阁之家人"，就是想暂时远离妻儿拖累和父亲责骂，一个人清静清静。所谓的"写山水之奇胜，充贫官之囊橐"，就是想通过游历名山大川逃避回乡的烦恼，顺便投靠各地旧友，打打秋风。接下来，袁宏道度过了一生中少有的美好时光。他先往杭州，"与陶石篑兄弟看花一月"；又到会稽，住陶宅十日，复游诸暨，登天目、黄山；又游仪征、南京、扬州；直到次年二月，才启程上京候补。

这次远游，源于逃避，却成就了袁宏道《解脱集》中的那些不朽篇章。可是，辞藻虽漂亮，却难掩内心的遗憾，家中父亲的压力是宏道永远难以摆脱的羁绊。他曾有诗《贺家池》，诗中充满幽怨地写道："所以不脱然，为身非我有。恩爱毒其躬，父母掣其肘。未免愧古人，青山空矫首。"

聂化南[一]（其二）

败却铁网[二]，打破铜枷[三]，走出刀山剑树[四]，跳入清凉佛土[五]，快活不可言，不可言。投冠数日[六]，愈觉无官之妙。弟已安排头戴青笠[七]，手捉牛尾[八]，永作逍遥缠外人矣[九]。朝夕焚香，唯愿兄长不日开府楚中[一〇]，为弟刻《袁先生三十集》乙部[一一]，兄尔时毋作大贵人哭穷套子也[一二]。不诳语者[一三]，兄牢记之。

（《袁中郎全集》卷二一）

注释

〔一〕聂化南:聂云翰，号化南，详见前《聂化南（其一）》注释〔一〕。

〔二〕铁网:指佛教所说铁网地狱，为邪心谄曲、妖媚惑人之虚妄众生所堕之处。

〔三〕铜枷:铜制的枷锁，通常用来比喻难以摆脱的束缚。

〔四〕刀山剑树:见前《李子髯》注释〔六〕。

〔五〕清凉佛土:清静、没有烦扰的佛国净土，和烦热的世俗世界相对。《华严经》云："甚深功德，无上清凉。"

〔六〕投冠:扔掉官帽，比喻弃官。陶潜《辛丑岁七月赴假还江陵夜行涂口》诗云："投冠旋旧墟，不为好爵萦。"

〔七〕青笠：即青箬笠，用箬竹叶或篾编制的笠帽，农夫或渔父所穿的雨具。箬笠与蓑衣都是古代文人归隐的象征。

〔八〕捉：持，握。牛尾：即牛尾制成的拂尘，佛教法器，象征扫去烦恼。

〔九〕缠外：超脱于尘世纠缠之外，犹言尘外。《古尊宿语录》云："如鹿三跳出网，唤作缠外佛。"又云："佛是缠外人，无纤毫爱取。"

〔一○〕开府：开衙建府，指镇守一方。楚中：古楚国所辖之地，这里指袁宏道的家乡湖广一代。

〔一一〕乙部：即一部。古时"乙"与"一"通用，清吴任臣《字汇补》云："泰一天一，丹元子作太乙天乙。"

〔一二〕套子：应酬的话。

〔一三〕诳语：骗人的话。

点评

这篇尺牍作于万历二十五年（1597）的无锡，收在《锦帆集》的最末。袁宏道在吴县知县任上挣扎了两年多，呈了七次辞职报告（《去吴七牍》）都不获批准。走投无路之下，他挂印离去，徜徉于无锡山水间。一朝解脱，如羁鸟归林、蛟龙入海，中郎诗兴大发，文思泉涌，把欢喜之情写成诗歌、尺牍，雪片一般地寄给朋友和家人，也不管对方想不想听、爱不爱听，一股脑倾诉个遍，仿佛普天同乐一般。聂云翰是中郎进士同年，自然在"同乐"之列。

这篇尺牍读来真是痛快。铁网铜枷，刀山剑树，都已成为过眼云烟，一旦跳出，何等轻盈，何等快活！长声连呼"不可言"，方能一抒无可名状的舒畅。可以想见中郎在落笔时的龙飞凤舞，满腔快意一泄如注，不知聂化南在捧信而读时，是否也被感染得宦情灰冷，徒有羡鱼情了。不知他是否想起一年前中郎劝慰他的那些话——"乌纱掷与优人，青袍改作裙裤，角带毁为粪箕"云云，如今中郎却先做到了，并且做得更彻底，甚至誓愿"永作逍遥缠外人"。自己"逃官"，解脱了，却不忘调侃聂化南，怂恿他激流勇进：什么时候你当了大官，别忘了为兄弟我刊刻文集，到时候可别哭穷！

中郎才高，一时高兴随手一挥，就是一篇绝妙好词，千百年后依然能令读者开怀捧腹，会心一笑。只是人生并不能像文学那样任性而为，逍遥快活没多久，他又不得不跑到北京去当一介"穷博士"的"冷官"了。

汤郧陆（其二）

闻盐使者方至[一]，因忆令君端执手板[二]，奔波道旁，腰肢为之作痛。

曲蘗之赐[三]，感不可言，纷厖中不忘故人乃尔[四]。弟昨与友人言，吾侪居此，但得地主不饷王不留行足矣[五]。何缘复当此横施哉[六]？来札云"酒毕再来取"，此一语甚妙，弟读毕捧诵再过，复令小奚取笔[七]，旁加数圈[八]，然则弟可谓勇于服善者矣[九]。

（《梨云馆类定袁中郎全集》卷二二）

注释

〔一〕盐使者：巡盐御史，详见前《陶石篑（其一）》注释〔七〕。

〔二〕令君：对知县的尊称。汤沐时任钱塘知县。手板，也作"手版"，即笏，是官员手拿的狭长板子，由玉、象牙或竹片制成，可以用以记事。

〔三〕曲（qū）蘗（niè）：酿酒用来发酵的酒曲，这里指酒。

〔四〕纷厖（máng）：亦作"纷庞"，纷乱庞杂。

〔五〕王不留行：植物名，亦称"王不留""剪金花"。

中医以其种子入药。李时珍《本草纲目》："此物性走而不住，虽有王命不能留其行，故名。"《世说新语·俭啬》记载："卫江州在寻阳，有知旧人投之，都不料理，唯饷王不留行一斤，此人得饷便命驾。"卫展用此药名表达不收留客人的意思。

〔六〕当：承担，领受。横施：原意是肆意施加，这里指盛情款待。

〔七〕小奚：小奴仆。

〔八〕旁加数圈：在文章字句旁标上圆圈，表示精彩或重要。这里是调侃。

〔九〕服善：听从善言。

点评

　　万历二十五年（1597）二月，袁宏道开始了杭州之游。早在离开吴县时，他就提前告知了汤沐自己游览西湖的计划。汤沐作为钱塘知县、东道主，又是宏道同年，肯定少不了为宏道接风洗尘、美酒佳肴款待。这篇尺牍就是为答谢对方馈酒而作。

　　尺牍上来没有直奔主题，而是宕开一笔，写为令的辛苦。同样做过知县，袁宏道对汤沐有着同情之理解。巡盐御史来检查工作，县令不免"端执手板，奔波道旁，腰肢为之作痛"，这些都是宏道曾经历并厌恶的，他之所以辞官，就是难以忍受这种苦心、劳力又费神的活计，即使已经脱离苦海，可每想起这些情景，依然耿耿于怀。过去两年，这两个同病相怜的人，想必会经常互相吐苦水吧。

汤沐作为"故人",招待周到,不仅留客居住,还供足美酒佳肴,这些都让袁宏道十分感激。尺牍没有提及一个"谢"字,而感谢之意充满行间,在表达谢意之余,也不忘诙谐风趣。先是用《世说新语》以"王不留行"逐客之典,感谢老友于百忙之中的照顾。又从来札中摘出"酒毕再来取"一句做文章,所谓"旁加数圈",本是圈点文章所常用的手法,此处化用"可圈可点"之意,化被动为主动,同时,不直接表达谢意,而以"勇于服善"相答。语言幽默、率真,又不失文雅、体面,从中很能看出袁宏道的不拘格套和妙语连珠。

梅客生（其二）

走一病六月，竟尔改官〔一〕。前者从枕上得尊札，读之痛快不可言，因笑谓家人曰："梅公不难舍开府，袁生何有一小小知县邪！"既而思之，知县贱而卑，舍之甚易；开府贵且尊，舍之甚难。知县可舍，开府不可舍也。何也？开府无簿书牛马之累，终日高坐堂皇〔二〕，其折腰跪拜者，皆金紫也〔三〕。既不妨饮酒，又不妨好色，又不妨参禅。开府官渐大，位渐高，三年一荫，六年二荫，若作二十年，便蝉联奕世矣〔四〕。三者皆高名厚利，不可舍之实也。操此三舍不得，而梅公必欲舍，袁生必欲劝梅公舍，岂不迂而不更事哉〔五〕！

顾冲庵用世好汉也〔六〕，蒋兰居廉谨醇儒也〔七〕。冲庵豪杰人，兰居真学道人，不肖闻之阿三如此〔八〕，俟明公异日鉴定〔九〕。阿三至吴即归。卓老一袈裟地竟不能有〔一〇〕，天下事安得不以理论哉！

（《袁中郎全集》卷二二）

注释

〔一〕改官：指万历二十四年（1596）袁宏道两次乞归不成，又连上五牍乞改，终获批准。

〔二〕堂皇：宽阔宏伟的衙署大堂。

〔三〕金紫：秦汉时丞相的金印紫绶，唐宋贵官的金鱼袋及紫衣，都简称"金紫"。代指高官显爵。

〔四〕蝉联奕世：世世代代连续不断地受到庇荫。蝉联，指蝉的幼虫变为成虫时，脱掉蝉壳，躯体在原来基础上延伸，比喻连续不断。奕世，累代，一代接一代。

〔五〕不更事：阅历不多，不懂事。

〔六〕顾冲庵：顾养谦，见前《梅客生（其一）》注释〔一四〕。这一年，顾养谦辞官归里。

〔七〕蒋兰居：蒋时馨，见前《梅客生（其一）》注释〔一六〕。

〔八〕阿三：指袁中道，详见《家报（其一）》注释〔六〕。

〔九〕明公：对有名位者的尊称。

〔一〇〕卓老一袈裟地竟不能有：卓老，即李贽（1527—1602），字宏甫，号卓吾、温陵居士，自称卓吾老子。泉州府晋江（今属福建）人。嘉靖三十一年（1552）中举，选教谕，官终云南姚安知府，辞官专事讲学著述。思想异于当时，被目为异端。后以罪系狱，自刭卒。这一年夏天，李贽应梅国桢邀请，到大同暂居。当时麻城有将李贽遣送原籍以正风化的传言，甚至有人扬言要杀李贽，故袁宏道有此言。

这篇尺牍作于万历二十五年（1597）的杭州。

尺牍先是简述近况，随后对梅国桢前札所提到的一番"舍开府"的话作了别开生面的解读。从尺牍内容看，梅国桢的来信大概也表达了对官场的厌倦之意，与袁宏道的心情不谋而合，议论时事，慷慨激昂，因而读起来"痛快不可言"。随后，对梅国桢欲"舍开府"的想法，袁宏道以为"舍不得"。他把知县和开府放在天平上称量了一番：从社会地位论，二者尊卑不同，知县低三下四，终日如牛马奔劳，而开府位高权重，迎来送往皆是王公贵人；开府的子孙后代都能蒙受恩荫，世代荣华富贵。最重要的是，"既不妨饮酒，又不妨好色，又不妨参禅"，这是知县完全不可想象的自由。然而，真的是这样吗？不见得，不过是生活在别处，互相羡慕罢了。其实，袁宏道之辞官，如果说得直白一些，就是因为做官妨碍了他饮酒、好色和参禅，这三方面代表了一种自由闲适的生活，换句话说，袁宏道想做自由闲适的官，可世上哪里有这样的官呢？或许只存在于想象中吧。

尺牍最后，袁宏道为李贽的艰难处境鸣不平。在他的心目中，理想的世界应该是兼收并蓄的，李贽应该被那个时代听见和尊重，可惜，那个时代不能包容李贽这样的思想家，正如不能包容一个二十八岁就悬车致仕的知县一样。

孙心易〔一〕

一月住西湖，一月住鉴湖〔二〕，野人放浪丘壑〔三〕，怡心山水，一种闲淡，不敢轻易向官长言〔四〕，恐无端惹起人归思，冷却人宦情，当奈何！

弟前路未知向何处去，唯知出路由路而已〔五〕。山行之忙，忙于作官，草草奉复〔六〕。不多及。

（《袁中郎全集》卷二二）

注释

〔一〕孙心易：袁宏道在吴县时的上司孙成泰，字允交，号云衢、景蜃，嘉兴府平湖（今属浙江）人。万历五年（1577）进士，知湖广道州，改邵武知府，二十二年改苏州同知，二十三年擢知府，偶与上官忤，拂衣归。后入为刑部员外郎，迁江西饶州知府、北直大名府知府，擢分巡道副使，以忤抚臣归。工书法，精于篆、隶。《（嘉庆）嘉兴府志》卷五八有传。

〔二〕鉴湖：即镜湖，又称长湖、庆湖、贺监湖，在今浙江绍兴市南、会稽山北麓。由于水清如镜，故称鉴湖。

〔三〕野人：村野之人，是自谦之称。

〔四〕官长：官吏，这里指收信人。

〔五〕出路由路：出远门时，很难预料会遇到什么情况，往往身不由己。

〔六〕奉复：敬辞，指回复书信。

点评

此牍为万历二十五年（1597）在会稽作，是袁宏道在游山途中写给过去的上级孙成泰的回信。

从史书记载来看，孙成泰的几次辞官，都与得罪上级有关，据说他精工书法，大概也是一个像袁宏道一样直率、有才气的文人。宏道写给他的这封信简洁凝练，活泼自如，缀以诙谐之语，读来令人绝倒。尺牍第一段，宏道简述了自己近来游踪，辞官刚两个月，就遍游西湖、鉴湖，属实令人羡慕，尤其是对孙成泰这种困于樊笼的官僚来说。因此，宏道说，山水之乐"不敢轻易言"，唯恐"惹起人归思，冷却人宦情"，这一"不敢"，反而比千言万语、细致描摹更能摄人心魄，文字背后仿佛有袁宏道的窃笑，想必孙官长展信读之，亦当欣然而笑。

尺牍第二段，则回应了孙成泰对自己"前路向何处去"的关怀。袁宏道以"出路由路"作答，尤堪回味。人生就像行路，有的人计划行程，只走规划好的路线，这路线或是别人为他规划的，或是大多数人都走的；而有的人则信马由缰，不为前路预备，只是一味走下去，只要有路就走，即使没路也不妨趟出一条来。袁宏道或许就属于后者。一句"出路由路"，饱含人生智慧。当一个人看透了功名利禄的本质，选择自由适意的人生时，无数的道路将在眼前展开。"山行之忙，忙于作官"，两种人生，一笔勾连，同样是忙，作官是为名利忙，为他人忙，而山行是为快乐忙，为自己忙。

陈正甫〔一〕

近日挈卢遨辈〔二〕，竦身云清，偶尔飞锡至此〔三〕，问此下界人，始知为尊兄国土〔四〕。既尔狭路相逢，不得不为作三日留。城外净室乞一间，须净而香乃可，不则打扫斗山上书室也〔五〕。留歇大约不过三日，即往齐云〔六〕，率勿令人知〔七〕。

（《袁中郎全集》卷二二）

注释

〔一〕陈正甫：陈所学，字正甫，号志寰，承天府景陵（今湖北天门）人。万历十一年（1583）进士。历刑部主事、徽州知府、山西督学等，官至户部尚书。时任徽州知府。从政之余究心佛禅，为李贽所推重。袁宏道曾为其《会心集》作序，称其为"深于趣者"。

〔二〕挈：带领。卢遨：又名卢敖、卢生，相传为秦时人，官博士，后游北海求仙，得度成仙。事见《淮南子·道应训》。这里指隐士、方外人士。

〔三〕飞锡：佛教用语，执锡杖飞空，指僧人云游四方。《释氏要览》卷下："今僧游行，嘉称飞锡。此因高僧隐峰游五台，出淮西，掷锡飞空而往也。若西天得道僧，往来多是飞锡。"

〔四〕国土：领地，指歙县为陈所学所辖治之地。

〔五〕斗山：山名，在歙县境内，又名七星山，山冈连七，累如贯珠，山上有斗山书院。明代理学家湛若水曾讲学于此。

〔六〕齐云：齐云山，在安徽休宁县境，因遥观山顶与云平齐得名。亦称白岳。林木阴翳，景色秀丽。

〔七〕率：皆，都。

点评

袁宏道辞去吴县令一职后，游历东南名胜。万历二十五年（1597），他在到达歙县的前夕，写信给时任徽州知府的好友陈所学，请他帮忙安排房舍供他暂住三日。袁宏道在尺牍中对房舍条件提出了一些要求——要在"城外"，还要"净且香"。这对陈所学来说不是什么问题，陈知府利用职务之便，安排袁宏道住在七星山上斗山书院的房舍中，并邀请他和陶望龄与徽州诸儒讲谈学问。从这件小事，可以看出袁宏道对日常居住条件颇为讲究。这些讲究在中郎其他尺牍中也时有体现。

万历二十六年（1598），袁宏道还在辞官后的东南游览途中。他此时乘船走水路向西，正值汛期，江水湍急，于是决定暂时落脚真州（今江苏仪征），再做下一步打算。因为真州是老朋友李枧（字季宣）的家乡，自然熟门熟路，袁宏道便通尺牍一封与李枧，让他帮助租赁暂居之所："城内外宽净居，乞为仆觅一所。"（《李季宣》）对所租房屋，袁宏道唯一的要求是"宽净"，"净"这一点，我们从上一通尺牍就能看到，"宽"则是对住所面积的要求。从后来的尺牍看，李枳应该是为他安排了一处令他十分中意的住所。袁宏道在给两人共同的好友江盈科的尺牍中，汇报了自己居住在真州的日常生活，字里行间难掩喜悦心情："弟暂栖真州城中，房子宽阔可住。弟平生好楼居，今所居房，有楼三间，高爽而净，东西南北，风皆可至，亦快事也。"（《江进之》）

李枳给袁宏道安排的楼房有三间开阔明亮的屋子，清爽干净，四面通风，在这样的环境中，袁宏道感到心情愉悦，他自比陶潜、王绩，还认为这种"清福"来自上天的眷顾。可见，居住条件的好坏也会影响袁宏道的日常心情，说他有一定洁癖并不过分。

伯修（其四）

　　弟以二月初十日离无锡，与陶石篑兄弟看花西湖一月〔一〕，不忍极言其乐。复与石篑渡江，食湘湖莼菜〔二〕，探禹穴〔三〕，吊六陵〔四〕，住贺监湖十日〔五〕。又复从山阴道过诸暨〔六〕，观五泄〔七〕，留连数日，始从玉京洞归〔八〕。平生未尝看山，看山始于此。已又至杭，挈诸君登天目〔九〕，住山五日。天目奇胜，甲于西浙。又欲赴山中之约，因便道之新安〔一〇〕，为陈正甫所留〔一一〕，纵谈三日，几令斗山诸儒逃遁无地〔一二〕。已复道岩镇〔一三〕，客潘景升家〔一四〕，东西南北名士凑集者不下十余人，朝夕命吴儿度曲佐酒。拟即发足齐云〔一五〕，游竟从新安江顺流而下，将携家住南中过夏。

　　自堕地来，不曾有此乐。前后与石篑聚首三月余，无一日不游，无一游不乐，无一刻不谭，无一谭不畅。不知眼耳鼻舌身意何福〔一六〕，一旦至此，但恐折尽后来官禄耳。潘景升忒煞有趣，是丘大、袁三一辈人〔一七〕，已约同至杭，道苏之白下矣〔一八〕。西湖看花是过去乐，岩镇聚首是现在乐，与景升南游是未来乐。此后家何处客何处，总不计较，以世上事总不足计较也。丘大亦客南中，买居秦淮，弟已约为邻。

近来诗学大进，诗集大饶[一九]，诗肠大宽，诗眼大阔。世人以诗为诗，未免为诗苦，弟以《打草竿》《劈破玉》为诗[二〇]，故足乐也。石篑间一为诗，弟无日不诗；石篑无日不禅，弟间一禅。此是异同处。虞长孺兄弟是真高士[二一]，但其学问大有可商，每云悟后方可调心，神通出方是佛，大率为教典所误。僧孺颇有悟悔，只为执定己见，不肯虚心参访，不曾遇着一个大力量宗师，所以执药成病[二二]，然却是吾辈益友。于陈正甫处，得圆觉解[二三]，是圆觉解老兄耳。正甫道心切甚，但无奈太爷高[二四]，道低；太爷大，道小；太爷聪明，道痴。以此对面不相识。山中人已约至吴孝廉家，弟转首即会他，未知彼度我我度彼。吴观我去岁住山五月[二五]，眼尚医不好。观我不急自家眼[二六]，而急娘生眼[二七]，又自家一双光光眼不肯看人，而反欲借金篦于他手[二八]，不亦惑乎！法会兄弟近日精进如何[二九]？

（《袁中郎全集》卷二二）

〔一〕陶石篑兄弟:指陶望龄、奭龄,分别详见前《伯修(其二)》注释〔一〕、《伯修(其三)》注释〔一〇〕。

〔二〕湘湖莼菜:湘湖,在今浙江杭州萧山境内。莼菜,多年生水草,营养丰富,口感鲜美,是湘湖特产。南宋《嘉泰会稽志》记载:"萧山湘湖之莼特珍。"《(万历)萧山县志》记载:"莼出湘湖至美,较盛他产。"袁宏道《解脱集》卷一有《湘湖莼菜》诗。

〔三〕禹穴:在浙江绍兴东南会稽山,传说为大禹葬地,有禹陵和禹庙。

〔四〕六陵:在山阴县西南的宝山,为北宋徽宗和南宋六帝(高宗、孝宗、光宗、宁宗、理宗、度宗)的陵墓。

〔五〕贺监湖:即镜湖,一名鉴湖,见前《孙心易》注释〔二〕。唐贺知章曾任秘书监,天宝三载(744)告老还乡。唐玄宗以镜湖相赐,因此镜湖又称"贺监湖"。

〔六〕山阴、诸暨:均为明代县名,属绍兴府,在今浙江绍兴市及诸暨市。

〔七〕五泄:瀑布名。在今浙江诸暨市西。五条瀑布从五泄山上逐级飞泻而下,汇注成溪,故名。

〔八〕玉京洞:天然溶洞,亦名"白云洞",洞深数十里,岩石奇峭。在今浙江诸暨。

〔九〕天目:天目山,亦称浮玉山,在今浙江杭州西北部临安区境内,浙皖两省交界处。"天目"之名始于汉,因山有东西两峰，顶上各有一池，长年不枯，如双目望天，故名。

〔一○〕新安：歙县所辖地的别称。

〔一一〕陈正甫：陈所学，见前《陈正甫》注释〔一〕。

〔一二〕斗山：见前《陈正甫》注释〔五〕。斗山书院曾为明代理学家湛若水讲学处，《明儒学案》称："王氏之外，名湛氏学者，至今不绝。"文中所说斗山诸儒即指湛氏后学。

〔一三〕岩镇：即岩寺镇，在歙县西，今为黄山市徽州区治所。

〔一四〕潘景升：潘之恒（1556—1622），字景升，号鸾啸生、亘生、山史等。徽州府歙县岩寺（今属安徽）人，以输赀入南京国子监，三应乡试不举，遂以游山水、交名士、诗酒游宴、征歌度曲为生活。著有《涉江集》《亘史》《鸾啸小品》等。生平见《（康熙）歙县志》卷一○。之恒与宏道兄弟交善，宏道曾为其《涉江诗》作序，称其诗"清新超脱，不入近代蹊径，可谓奇极"。

〔一五〕齐云：齐云山，见前《陈正甫》注释〔六〕。

〔一六〕眼耳鼻舌身意：即佛教所说"六根"，对应"六尘"，色、声、香、味、触、法。

〔一七〕丘大：丘坦，见前《丘长孺》注释〔一〕。袁三：指袁中道，详见《家报（其一）》注释〔六〕。

〔一八〕白下：指南京。详见《李本建》注释〔七〕。

〔一九〕饶：丰富，多。

〔二○〕《打草竿》《劈破玉》：均为当时民间曲调名。《打草竿》，又名"打枣竿"，明万历至崇祯年间流行于北方，后传入南方，改名《挂枝儿》。明王骥德《曲律》："小曲挂枝儿即打枣竿。"《劈破玉》，流行于明中叶以后，一般九句五十一字，与《挂枝儿》相似，仅最后二句重叠一次，故能唱《挂枝儿》者，也能唱《劈破玉》。明万历本的《词林一枝》里收有多首《劈破玉》，其中《怨》《病》《哭》《嫁》等篇均极有情致。

〔二一〕虞长孺兄弟：指虞淳熙、虞淳贞。虞淳熙（1553—1621），字长孺，号德园。杭州府钱塘（今浙江杭州）人。万历十一年（1583）进士，授兵部主事。官至吏部稽勋司郎中，削职归。著有《虞德园先生文集》。曾为袁宏道《解脱集》作序。其弟淳贞，字僧孺，终身未娶，曾结庐灵隐寺侧，曰"猿狄居"。兄弟二人均学仙学佛，偕隐于南屏山回峰下。

〔二二〕执药成病：佛教语，比喻学佛之人执著于佛经文字，反而不明佛法，好像以药治病，把作为手段的抓药当成了目的，抓药本身就成了新的病。

〔二三〕圆觉解：对"圆觉"的解悟。圆觉，佛教语，指圆满无漏的觉悟。语见《大方广圆觉修多罗了义经》。从后文看，袁宏道对陈所学的圆觉解并不信服。

〔二四〕太爷：对知府、知县等官吏的尊称。这里是说陈所学做官妨碍学佛。

〔二五〕吴观我：吴应宾（1564—1635），字尚之，一字客卿，号观我。安庆府桐城（今属安徽）人。万历十四年（1586）进士，选翰林院庶吉士，授编修。以目疾告归，居乡四十载，闭门著述。天启初加左春坊左谕德兼侍读。著有《古本大学释论》《宗一圣论》等。生平见《（雍正）江南通志》卷一六四。

〔二六〕自家眼：比喻慧眼、法眼，指自身本具有的佛性。后文"光光眼"意思相同。

〔二七〕娘生眼：指凡人的肉眼。

〔二八〕金篦：一种治眼病的器具，形如箭头，用来刮眼膜。据说可使盲者复明。见《周书》卷四六《张元传》。

〔二九〕法会：为学习、讲说佛法而举行的集会。

点评

这篇尺牍作于万历二十五年（1597）的杭州。当时袁宏道刚辞去吴县知县一职，将家眷送往无锡暂居，自己则与陶望龄等朋友畅游于吴越山水之间。在杭州，袁宏道度过了一生中最愉快的时光，其间，他也写下了一生中最得意的诗文。

在袁宏道的尺牍中，写给宗道的尺牍总是字数最多，也往往是感情最真挚的。这一篇分三段，讲了三个层面的意思。第一段主要汇报自己二月以来的游踪，以及接下来的规划。在杭州、绍兴之间，登山临水，收获了许多平生未有之见闻；在新安宿斗山，"舌战群儒"，获得了精神上的愉悦；又客岩镇潘之恒家，会见四方名士，谈诗词，排筵宴，听小曲，优哉游哉，不亦乐乎。总之，就是充实而快活的一段时光。

在这期间，最令袁宏道快活的，莫过于和陶望龄的聚首畅谈，他称之为"自堕地来，不曾有此乐"，以至于害怕"折尽后来官禄"，如此快乐，真是难以言说，却又让中郎用语言准确地表达了出来。"过去乐""现在乐"与"未来乐"，构成了此在的意义世界，不须计较此后，只要活在当下。从吴县到无锡，再到杭州、绍兴、诸暨、新安……随着山水在视野中展开，宏道的胸襟也扩大了，四方名士的聚首、畅谈，碰撞出耀目的火花，昂扬的精神与饱满的元气终于倾泻淋漓，我们从字里行间读到了大欢乐、大自在。

　　尺牍的第三段自然写到了禅与诗，那是袁宏道获得"解脱"后一次全身心的升华与结晶，这些文字把一个光风霁月的灵魂投射在我们眼前、心上。论诗谈禅，臧否人物，宏道眼光比以往更加澄澈，他找到了《打草竿》《劈破玉》这些源于民间的歌唱，也寻觅到了拯救干渴生命的那一汪活水。在大自然的滋养下，在知己的感召下，袁宏道天生的灵性得到了最好的激发，发而为歌诗，为尺牍，为一切天然去雕饰的文字，为一缕浪漫的晶莹剔透的精魂。

王百谷〔一〕（其一）

　　方小白来〔二〕，已致一牍，遗之耶？抑尚未及投耶？本拟夜道姑苏〔三〕，不意为逻卒所得〔四〕，江侯以船逆之宝带桥〔五〕，至寒山痛饮而别〔六〕。闻曹以新遂不禄〔七〕，可伤！蘅斋聚首三人者〔八〕，亡其一矣。此翁无子，身后得无他虑，是人间第一快活事。但尚有一女，亦是业障〔九〕，男女有何佳处？徒为老年增几重累，至死犹闭眼不得，苦哉！前过白岳〔一〇〕，见求子者如沙，不觉颦蹙。仆亦随众命道士通词〔一一〕，但云某子已多，此后只愿得不生子短命妾数人足矣。闻者笑之，因书之并博足下一笑。

　　明日遂行，买棹恐亦无及〔一二〕，野人誓守丘壑不出矣。会晤之间，当在天宫佛土中邪？眼前事如牛毛，然今日牛毛，明日龟毛矣〔一三〕。唯有禅诵一事〔一四〕，近可以消遣时日，远可以乞果来生〔一五〕，不肖所以自励励足下者，惟此一事实，余二则非真。

（《袁中郎全集》卷二二）

注释

〔一〕王百谷：即王稚登（1535—1612），字百谷，号玉遮山人，常州府武进（今江苏常州）人。善书画，是当时最著名的布衣山人，"名满吴会间"。著有《王百谷集》十数种，其尺牍汇为《谋野集》。生平见李维桢《王百谷先生墓志铭》。袁宏道在吴县做官时，与王稚登过从甚密，结为忘年之交，去官后仍与其保持书信往来。

〔二〕小白：袁宏道与王稚登的共同好友。根据《夏日同龙君超、傅中执、萧季星、龚散木、彭长卿、崔晦之、小修、王小白泛舟便河，得桥字》诗，可知小白姓王，名里不详。

〔三〕姑苏：苏州的别称。

〔四〕逻卒：巡逻的士兵，这里指江盈科派去迎接袁宏道的人。

〔五〕江侯：江盈科，见前《江进之（其一）》注释〔一〕。宝带桥：别名"长桥"，在吴县长桥乡运河边，位于今江苏苏州境内。建成于唐元和十四年（819），相传由唐代苏州刺史王仲舒献出身上玉带而建，故名宝带桥。

〔六〕寒山：在吴县西，本支硎山之支峰。万历二十二年（1594），赵宧光曾隐居于此。

〔七〕曹以新：曹昌先（？—1597后），字子念，后以字行，更字以新。苏州府太仓（今属江苏）人，王世贞从甥，近体歌行酷似其舅，"四十子"之一。为人倜傥重诺，王世贞去世后，移居吴门，萧然穷巷，门无杂宾。事迹见《列朝诗集小传》丁集《曹山人子念》。不禄：死亡。古称士死为"不禄"，意谓不再享有俸禄。

〔八〕衙斋聚首：袁宏道任吴县县令时，曹昌先和王稚登曾到县衙看望他。《锦帆集》中有《县斋孤寂，时曹以新、王百谷、黄道元、方子公见过，有赋》诗。

〔九〕业障：佛教语，指妨碍修行的障碍，由前世的罪恶所造成。

〔一〇〕白岳：即齐云山，见前《陈正甫》注释〔六〕。

〔一一〕通词：传话，陈词，将神仙的意思传达给信众。

〔一二〕买棹：雇船。

〔一三〕龟毛：比喻有名无实的事物。《大智度论》卷一二："如兔角龟毛，亦但有名而无实。"

〔一四〕禅诵：佛教语，坐禅诵经。

〔一五〕乞果来生：乞求来世得到善的果报。

点评

此牍为万历二十五年（1597）作，是在发舟远游前写给好友王稚登的告别信。

在吴县的两年，袁宏道虽不堪其苦，却也没有放弃寻觅山水与知音，王稚登、曹昌先的出现，给了宏道以极大的精神慰藉。长洲与吴县一河之隔，一个叫"王小白"的人频繁地奔走于两县之间，为袁宏道与王稚登传送信件，互致寒暄。在袁宏道孤寂的时候，王稚登和曹昌先带着美酒来衙斋看望。除夕之夜，他们一同守岁，欢饮达旦。三人聚首的情景还历历在目，而今曹昌先却撒手尘寰，余下二人也即将分别，令人感伤。

谈及曹昌先身后无子，袁宏道并不觉得遗憾，反而认为"是人间第一快活事"，就连留下一女也认为是"业障"。在那个满世界充斥着"不孝有三，无后为大""无官一身轻，有子万事足"的时代，袁宏道竟然发出"男女有何佳处"的质问，简直要将卫道士们的胡子都气歪了，也随手打翻了"如沙"的"求子者"的签筒卦盘。且听中郎缓缓说道："徒为老年增几重累，至死犹闭眼不得，苦哉！"生儿育女有何好？从他们呱呱坠地开始，父母就套上了牢牢的枷锁，牵挂与担心伴随余生，哪里还能游山玩水、参禅学道呢？不过是梦幻泡影罢了。这一点袁宏道感同身受，他是父亲，同时也是儿子，他有作为父亲的牵挂，更有作为儿子的怨恨——既然父亲把他带到这个世界上，那就应该让他自由自在地活，为什么非要他背负修齐治平、光宗耀祖的使命呢？

可袁宏道所说的一切，曹昌先泉下有知，未必认同。实际上，曹昌先生前曾因老而无子，多方探寻生子良药，闻同乡沈明臣年七十而举子，便讨要秘方。然而，直到去世，曹昌先都没有实现愿望，想必他抱憾而终吧？正所谓，世人都晓神仙好，唯有儿孙忘不了。只有那白岳道士知晓袁宏道的心声："此后只愿得不生子短命妾数人足矣。"乍听起来未免狠毒，但抛开那些云遮雾罩的俗世情感，与其操劳一生，临死还忧心后代，不如无子无女，孑然一身，至死了无牵挂，反倒逍遥自在。

张幼于（其二）

读来教，一字一语具见真切，然非不肖本怀[一]。不肖岂习为令者[二]？一处剧邑[三]，如猢狲入笼中，欲出则被主者反扃[四]，欲不出又非其性，东跳西踯，毛爪俱落。主者不得已，怜而放之，仅得不死。习于令者，为若是耶？

至于诗，则不肖聊戏笔耳。信心而出，信口而谈。世人喜唐，仆则曰唐无诗；世人喜秦、汉，仆则曰秦、汉无文；世人卑宋黜元，仆则曰诗文在宋、元诸大家。昔老子欲死圣人[五]，庄生讥毁孔子[六]，然至今其书不废；荀卿言性恶，亦得与孟子同传。何者？见从己出，不曾依傍半个古人，所以他顶天立地。今人虽讥讪得，却是废他不得。不然粪里嚼查，顺口接屁，倚势欺良，如今苏州投靠家人一般[七]。记得几个烂熟故事，便曰博识；用得几个见成字眼[八]，亦曰骚人。计骗杜工部[九]，囤扎李空同[一〇]，一个八寸三分帽子[一一]，人人戴得。以是言诗，安在而不诗哉？不肖恶之深，所以立言亦自有矫枉之过。

公谓仆诗亦似唐人，此言极是。然要之幼于所取者，皆仆似唐之诗，非仆得意诗也。夫其似唐者见取，则其不取者断断乎非唐诗可知。既非唐诗，安得不谓中郎自有之诗，又安得以幼于之不取，保中郎之不自得意耶？仆求自得而已，他则何敢知？近日湖上诸作，尤觉秽杂，去唐愈远，然愈自得意。昨已为长洲公觅去发刊〔一二〕。然仆逆知幼于之一抹到底〔一三〕，决无一句入眼也。何也？真不似唐也。不似唐，是干唐律〔一四〕，是大罪人也。安可复谓之诗哉？

仆往赠幼于诗，有"誉起为颠狂"句〔一五〕，"颠狂"二字甚好，不知幼于亦以为病。夫仆非真知幼于之颠狂，不过因古人有"不颠不狂，其名不彰"之语，故以此相赞。如今人送富贾则曰"侠"，送知县则曰"河阳""彭泽"〔一六〕，此套语也。夫"颠狂"二字，岂可轻易奉承人者？狂为仲尼所思〔一七〕，狂无论矣。若颠，在古人中亦不易得，而求之释，有普化焉〔一八〕。张无尽诗曰"盘山会里翻筋斗，到此方知普化颠"是也〔一九〕。化虽颠去，实古佛也。求之玄，有周颠焉〔二〇〕，高帝所礼敬者也。玄门尤多，他如蓝采和、张三丰、王害风之类皆是〔二一〕。求之儒，有米颠焉〔二二〕，米颠拜石，呼为丈人，与蔡京书，书中画一船，其颠尤可笑。然临终合掌曰："众香国里来，众香国里去。"此其去来岂草草者？不肖恨幼于不颠狂耳，若实颠狂，将北面事之〔二三〕，岂直与幼于为友哉？

至于所说"吴侬不解语"〔二四〕，则尤与幼于无交涉。夫家伯修与王以明皆真切学佛人〔二五〕。伯修书本问学问，何故系之以园亭、歌儿？若曰吴中解禅语者惟此辈尔，夫园亭非有知之物，安得谓之解语？此所谓"言语道断，心行处灭"者也〔二六〕。此禅机也〔二七〕。以明书意同。夫吴中诗诚佳，字画诚高，然求一个性命的影子，百中无一，千中无一，至于文人尤难。何也？一生精力尽用之诗文草圣中也。幼于自负能谈名理〔二八〕，所名者果何理耶？他书无论，即如《敝箧》诸诵〔二九〕，幼于能一一解得不？如何是"下三点"〔三〇〕？如何是"扇子跳跨上三十三天"〔三一〕？如何是"一口汲尽西江水"〔三二〕？幼于虽通身是口，到此只恐亡锋结舌去。然则幼于尚不得谓之解语矣，况其不逮幼于者耶？仆自知诗文一字不通，唯禅宗一事不敢多让。当今劲敌〔三三〕，唯李宏甫先生一人〔三四〕。其他精炼衲子〔三五〕，久参禅伯〔三六〕，败于中郎之手者，往往而是。幼于不学禅，安得搀入其中，与虚幻荒唐之人交锋比势哉？夫不肖自知幼于，不必幼于之解语；齐语、楚语、闽语、倭语，处处乡谈土音不同，不必幼于之皆解。夫幼于之不解中郎语，犹中郎之不解幼于语也。天下事何必同而后快哉？王二先生往有好事者〔三七〕，造不根之言，故不肖于集中特一辩白，然如王，如曹〔三八〕，如公家兄弟〔三九〕，皆不肖所敬者，决不在不解语之列。信笔铺叙，不觉满纸，不肖近于颠矣。幼于既不爱颠，请以自赠如何？一笑。

（《袁中郎全集》卷二二）

注释

〔一〕本怀：自己的心迹，本意。

〔二〕习为令：通晓、娴熟于做县令。

〔三〕剧邑：政务繁重的郡县。

〔四〕反扃：从外面把门上闩锁上。

〔五〕老子欲死圣人：老子《道德经》中有"绝圣弃智，民利百倍"之语，《庄子·胠箧》篇中则进一步申说道："圣人已死，则大盗不起，天下平而无故矣。圣人不死，大盗不止。"

〔六〕庄生讥毁孔子：《庄子·胠箧》篇借盗跖之口批判圣人的仁义道德成了野心家、阴谋家的工具，《盗跖》篇直接指斥孔子为"鲁国之巧伪人""罪大极重"。《渔父》篇则借渔父之口批评了孔子礼乐人伦思想的狭隘，提出自然本真的主张。因而司马迁在《史记》中说庄子"诋訾孔子之徒，以明老子之术"。

〔七〕投靠家人：明清时江南一带的风气，指卖身权贵为奴，求得托身。清顾炎武《日知录·奴仆》："今日江南士大夫多有此风，一登仕籍，此辈竞来门下，谓之投靠。多者亦至千人。"

〔八〕见成：即现成。

〔九〕杜工部：指唐代诗人杜甫。

〔一〇〕囤（dùn）扎：即"扎火囤"，指设骗局诈取财物。李空同：李梦阳（1473—1530），字献吉，号空同，庆阳府安化县（今甘肃庆阳）人。弘治七年（1494）进士，官至江西提学副使。工书法，擅古文词，提倡"文必秦汉，诗必盛唐"，被视为明代复古派"前七子"的领袖。

〔一一〕八寸三分帽子：人人都可戴的帽子，比喻到处适用。

〔一二〕长洲公：指时任长洲知县的江盈科。见前《江进之（其一）》注释〔一〕。

〔一三〕逆知：预知，预料。

〔一四〕干：干犯，忤逆。唐律：一语双关，既指唐代律法《唐律》，又指唐诗格律。

〔一五〕誉起为颠狂：出自《锦帆集》中《张幼于》诗："家贫因任侠，誉起为颠狂。盛事追求点，高标属李王。鹿皮充卧具，鹊尾荐经床。不复呼名字，弥天说小张。"此诗夸张地描摹出张献翼狂放不羁的名士形象。

〔一六〕河阳：西晋潘岳曾为河阳令，颇有政绩，县中种满桃李花。后因以"河阳一县花"称赞官吏善于治理。彭泽：东晋陶潜曾为彭泽县令，不为薄俸五斗米而折腰见督邮，用以赞扬有气节。

〔一七〕狂为仲尼所思：孔子曾说："不得中行而与之，必也狂狷乎！狂者进取，狷者有所不为也。"语见《论语·子路》。

〔一八〕普化：唐末镇州普化禅师，师从盘山宝积，密受真诀，学成佛法。宝积圆寂后，普化云游四方，言行佯狂，后扛棺自化。事见《五灯会元》卷四《镇州普化和尚》。

〔一九〕张无尽：张商英（1043—1121），字天觉，号无尽居士，蜀州新津（今属四川）人。治平二年（1065）进士，官至尚书右仆射。商英深于佛法教乘，喜与僧徒众游，时人戏称"相公禅"。事迹见《五灯会元》卷一八《丞相张商英居士》。

〔二〇〕周颠：不知名字，建昌（今属江西永修）人，十四岁时患颠疾，疯言疯语，人称"周颠"。传说不畏水火，可数月不食，酒量惊人，曾预言陈友谅之败，朱元璋奇之，撰《周颠仙人传》记其事。洪武初乞食南昌，后不知所终。事迹见于《明史》卷二九九。下文"高帝"即朱元璋。

〔二一〕蓝采和：唐末五代时人，奇装异服，举止癫狂，寒暑不惧，道教"八仙"之一。事迹见于南唐沈汾《续仙传》。张三丰：名全一，一名君宝，号三丰，元末明初辽东懿州（今属辽宁）人。不修边幅，人称"邋遢仙"。云游四方，行踪不定，传说一日能行千里，不食五谷，过目不忘。明太祖、成祖曾多次寻访未果，不知所终。明天顺三年（1459）赐封"通微显化真人"，嘉靖四十二年（1563）加封"清虚玄妙真君"。事见《明史》卷二九九。王害风：王重阳（1112—1170），本名中孚，字允卿，金熙宗时应武举，易名世雄，字德威。入道后改名嚞，字知明，号重阳子，自呼王害风（意为疯子）。陕西咸阳人。金代道士，道教全真派创始人。著有《重阳全真集》。生平事迹见金源璹《终南山神仙重阳子王真人全真教祖碑》。

〔二二〕米颠：米芾（1057—1107），初名黻，字元章，号无碍居士、鹿门居士等，祖籍山西太原，徙湖北襄阳，晚年移居润州（今江苏镇江）。工书画，宋宣和时为书画学博士，擢礼部员外郎。行为狂放怪诞，曾拜奇石为兄，人称"米颠"。事迹见蔡肇《故南宫舍人米公墓志》。据蔡絛《铁围山丛谈》记载，米芾曾给蔡京写信，诉说流离颠沛之苦，说到一家十几口人挤在小船上，便随手在文中画了一只小船。明何良俊《语林》记载，米芾晚年学禅有得，临死前，遍请宾朋，举拂尘示众曰："众香国里来，众香国里去。"说完合掌而逝。

〔二三〕北面事之：表示臣服于人，或拜人为师。根据古礼，臣拜君、卑幼拜尊长，皆面向北行礼，因而居臣下、晚辈之位曰"北面"。

〔二四〕吴侬不解语：指万历二十三年（1595）袁宏道

在给宗道信中所说："吴侬可与语者，徐参议园亭，徐少卿歌儿耳。"后收于《锦帆集》卷三，刊刻后偶被张献翼看到，便对号入座，以为宏道看不起包括他在内的吴中人士。

〔二五〕伯修：袁宗道。详见《伯修（其一）》注释〔一〕。王以明：王辂。见前《王以明》注释〔一〕。

〔二六〕言语道断，心行处灭：佛教语，意谓真理只可意会不可言传，一说就错，一想就错。《摩诃止观》卷五上："言语道断，心行处灭，故名不可思议境。"

〔二七〕禅机：佛教禅宗语，讲授佛法时，启发弟子所用的超出逻辑思维范围的言辞、动作或事物。

〔二八〕名理：魏晋清谈家辨析事物名称与道理的是非同异。《三国志·钟会传》："博学精练名理。"

〔二九〕《敝箧》诸诵：指袁宏道《敝箧集》中《过古寺》《宿僧房》等禅理诗。袁宏道曾将此集赠予张献翼。

〔三〇〕下三点：佛教语，原本是古印度记录梵语的婆罗米文字中表示 i 的字母，写作"∴"（吐火罗文作"ccc"），故称"三点"。佛教借此以喻教义。如《涅盘经》以三点喻"三德"——法身德，解脱德，般若德。天台宗亦因以三点指空、假、中。三点恰好与汉字"下"的草书相似，故称"下三点"。

〔三一〕扇子跳踯上三十三天：禅宗话头，暗示佛法之不可思议。见《五灯会元》卷一三《越州乾峰和尚》："问：'十方薄伽梵，一路涅槃门，未审路头在甚么处？'师以拄杖画云：'在这里。'僧后请益云门，门拈起扇子云：'扇子踯跳上三十三天，筑着帝释鼻孔；东海鲤鱼打一棒，雨似盆倾。会么？'"

〔三二〕一口汲尽西江水：禅宗话头，据《祖堂集》卷五记载，唐代庞蕴居士曾问马祖："不与万法为侣者是什么人？"马祖答："待居士一口吸尽西江水，我则为你说。"以此暗示所问不可回答。庞居士于是恍然大悟。

〔三三〕勍（qíng）敌：能力相当的对手。

〔三四〕李宏甫：即李贽。见前《梅客生（其二）》注释〔一〇〕。

〔三五〕精炼：精研熟习，深谙（佛理）。衲子：指僧人。

〔三六〕禅伯：对有道僧人的尊称。

〔三七〕王二先生：指王稚登。见前《王百谷（其一）》注释〔一〕。

〔三八〕曹：指曹昌先。详见前《王百谷（其一）》注释〔七〕。

〔三九〕公家兄弟：指幼于及其兄凤翼、弟燕翼，时称"吴中三张"。

点评

这篇尺牍作于万历二十五年（1597），袁宏道写信回应了张献翼对自己过往言论的误解，也表明了反复古、求新变的诗文观念。全篇千余字，将对方的误解抽丝剥茧，有理有据，不卑不亢，体现出袁宏道高度的自信与坦荡的襟怀。

开头即奠定全篇基调，点明对方所说种种都"非不肖本怀"，接下来逐一驳论。先驳最离谱的"习为令"之说，为此不得不再次将过去"毛爪俱落"的狼狈之态咀嚼一回。接下来，就诗歌问题展开论辩。张献翼所追慕的前后"七子"在诗歌领域所掀起的复古思潮是当时的主流，但久之亦弊端明显，复古束缚诗人手脚，产生的无非是陈词滥调。袁宏道立志与之对抗，他强调每个时代都有属于自己时代的诗歌文章，只要是"见从己出，不曾依傍半个古人"，就是"顶天立地"，值得肯定的。若想扭转时代思潮，中规中矩往往于事无补，反而容易迅速沉寂，因此，袁宏道为了反复古，不惜矫枉过正，时潮拥护什么，他就反对什么，时潮反对什么，他就拥护什么，从而掀起了更有冲击力的波澜。或许正是这种极端之举，让张献翼心生不满。

针对张献翼指出的袁宏道"诗亦似唐人"，袁宏道本人毫不讳言，因为他开始学诗时，确实曾出入汉唐间，但这些都不是他的"得意之诗"。学诗，模仿古人诗，是为了掌握作诗的原理，学成后只有跳出藩篱，才能有真正的"得意"之作。此外，对于张献翼所反感的"誉起为颠狂"句、"吴侬不解语"句，袁宏道都一一作了回应。这些随手写下、信口说出的话，都不能太当真，就像禅宗话头一样，如果执著于文字，就无法领悟真谛。同样，如果对袁宏道说过的话、写过的文章过于较真，那么可以说中郎集中之文，几乎每句话都荒诞不经，都属于无稽之谈了。由此可见，张献翼与袁宏道确实是道不同，不相为谋，也就能理解，为什么袁宏道在吴县做了两年的官，基本没有见过这位当地名士了。

吴敦之〔一〕

东南山川，秀媚不可言，如少女、时花〔二〕，婉弱可爱。楚中非无名山大川，然终是大汉、将军、盐商妇耳〔三〕。

自春徂夏，游殆三月，由越返吴，山行殆二千余里。山则飞来、南屏、五云、南北高峰、会稽、禹穴、青口、天目、黄山、白岳。水则西湖、湘湖、鉴湖、钱塘江、新安江，而五泄为最胜〔四〕，在诸暨县百里外，百幅鲛绡〔五〕，自天而挂。洞则玉京、烟霞、水乐、呼猿之属，玉京奇甚。泉则龙井、虎跑、真珠之属。其他不记名者尚多。友则陶周望、公望〔六〕，虞长孺、僧孺〔七〕，王静虚〔八〕，皆禅友也，然皆禅而诗。汪仲嘉、梅季豹、潘景升、方子公〔九〕，皆诗友也，然皆诗而隽。就中唯周望与弟相终始，相依三月。僧则云栖、戒山、湛然、立玉〔一〇〕。云栖古佛〔一一〕，戒山法主〔一二〕，湛然、立玉禅伯也〔一三〕。其他琐琐者，固不暇辱纸笔。

所可喜者，过越，于乱文集中识出徐渭〔一四〕，殆是我朝第一诗人，王、李为之短气〔一五〕。所可恨者，杭州假髻太阔，绍兴搽粉太多，岳坟无十里朱楼〔一六〕，兰亭一破败亭子，袁中郎趣高而不饮酒，潘景升爱客而囊无一钱。其他浪游之趣，非笔所能描写，兄见帖自当会之〔一七〕。

弟游览诗章，近亦成帙，其中非惊人语，则嗔人语，嗔人者为人所嗔也。昨长洲公已觅去发刊〔一八〕。弟尝谓天下有大败兴事三，而破国亡家不与焉〔一九〕。山水朋友不相凑，一败兴也；朋友忙，相聚不及，二败兴也；游非其时，或花落山枯，三败兴也。弟兹游可谓兼之，岂非前生报缘哉！

（《袁中郎全集》卷二二）

注释

〔一〕吴敦之：吴化，字敦之，号曲萝生，黄州府黄安（今湖北红安）人。万历二十三年（1595）进士，授镇江府推官，官至户部主事。生平见董其昌《吴敦之传》。袁宏道生病请辞时，吴化曾前往探望，后二人多有文字往来。

〔二〕时花：应季开放的鲜花。

〔三〕大汉、将军、盐商妇：比喻楚中山水粗犷豪放，气势雄壮。与少女、时花气质正相反。

〔四〕五泄：瀑布名，见前《伯修（其四）》注释〔七〕。

〔五〕鲛绡：传说中南海鲛人所织的纱，入水不湿。泛指薄纱。这里形容瀑布薄如轻纱。

〔六〕陶周望、公望：陶望龄、奭龄兄弟。分别详见前《伯修（其二）》注释〔一〕、《伯修（其三）》注释〔一〇〕。

〔七〕虞长孺、僧孺：虞淳熙、淳贞兄弟。见前《伯修（其四）》注释〔二一〕。

〔八〕王静虚：王赞化，字静虚，山阴（今浙江绍兴）人，是与陶望龄兄弟一同学佛的居士。

〔九〕汪仲嘉：汪道会（1544—1613），字仲嘉，徽州府歙县（今属安徽）人，汪道昆从弟。诸生，与从兄汪道贯（仲淹）齐名，人称"二仲"。著有《小山楼稿》，未见传。生平见李维桢《文学汪次公行状》。梅季豹：梅守箕，字季豹，号文岳，宁国府宣城（今属安徽）人。诸生，有文名，与汤显祖、曹学佺、何白、潘之恒、屠隆等往来唱和。从子梅鼎祚最负时名。著有《居诸集》。生平见《（乾隆）江南通志》卷一六七。潘景升：潘之恒，见前《伯修（其四）》注释〔一四〕。方子公：方文僎，字子公，新安（今安徽歙县）人，穷困落拓，由袁中道荐与宏道做门客，为宏道料理笔墨，常随从出游。

〔一〇〕云栖：释莲池（1535—1615），法名袾宏，字佛慧，号莲池，以字行，称莲池大师。杭州府仁和（今浙江杭州）人，俗姓沈。隆庆五年（1571）至杭州五云山建寺，名云栖，故世称其"云栖袾宏"。净土宗第八代祖师。主张儒、释、道一致。结交当时名公巨卿，人称"法门之周孔"。著述由弟子整理成《云栖法汇》。事迹见《补续高僧传》卷五。戒山：释传如（1562—1624），字戒山，一作介山，嘉兴府武原（今浙江海盐）人。少年时投杭州昭庆寺出家，法名兴如，后改名传如。与紫柏达观交契。妖书案发，投案自首，与紫柏同囚。后冤白得解，赐《大藏》而还。晚年驻锡塘栖大善寺，世称"大善尊者"。著有《法华抒海》《楞严歇》等。传见《释氏稽古略续集》卷三《新续高僧传四集》卷六。湛然：释湛然（1561—1626），法名圆澄，字湛然，号散木。绍兴府会稽（今浙江绍兴）人，俗姓夏。少时补兵役，因受责而投天荒寺出家，为曹洞宗禅师，与地方缙绅名流陶望龄、叶宪祖、祁承㸁等多有交游。作有传奇《妒妇记》。生平见《新续高僧传四集》卷七。立玉：即游天目山立玉峰时所见僧人，不知来历。《解脱集》卷三《天目二》云："峰腰板屋二间，一头陀坐其中，悬破瓦釜，壁间挂一烟黄本，其行脚时所著论也。行迫，未及问其名字。"

〔一一〕古佛：过去世之佛，又称辟支佛。用于高僧的尊称。

〔一二〕法主：佛经中称释迦牟尼为法主，即佛法之主。

〔一三〕禅伯：对得道高僧的尊称。

〔一四〕徐渭（1521—1593）：字文长，号天池，晚号青藤。绍兴府山阴（今浙江绍兴）人。诸生，以教授生徒为生，屡应乡试不举。嘉靖三十七年（1558）入胡宗宪幕府，助胡抗倭。后胡因严嵩案下狱，文长忧惧发狂，数次自杀不死。后因杀继妻被下狱论死，得张元忭等救免。出狱后漫游各地，晚年贫病交加，尽卖藏书。文长奇才，诗文书画皆擅，曾自言书第一，诗次之，文次之，画又次之。著述为袁宏道所激赏，由陶望龄合刊为《徐文长三集》三十卷。生平见袁宏道《徐文长传》。文长论诗文主个性，反摹拟，迥异时流，对袁宏道有很大影响与启发。

〔一五〕王、李：指王世贞、李攀龙及其所代表的复古派。王世贞（1526—1590），字元美，号凤洲，自署弇州山人。苏州府太仓（今属江苏）人。嘉靖二十六年（1547）进士，万历间官至南京刑部尚书。著有《弇州山人四部稿》及《续稿》。生平见王锡爵《王公世贞墓志铭》。李攀龙（1514—1570），字于鳞，号沧溟。济南府历城（今山东济南）人。嘉靖二十三年（1544）进士，隆庆间官至河南按察使。著有《沧溟集》。生平见王世贞《李先生攀龙传》。以王世贞、李攀龙为领袖的一群文人继"前七子"之后，高举复古大旗，强调"文必秦汉，诗必盛唐"，史称"后七子"。《明史·文苑传》记载："攀龙才思劲鸷，名最高，独心重世贞，天下亦并称王李。"李攀龙死后，王世贞主盟文坛二十年之久。而此时距离王世贞去世已经七年之久。

〔一六〕岳坟：岳飞墓，在杭州西湖西北栖霞岭下。

〔一七〕帖：指书信。

〔一八〕长洲公：江盈科，见前《江进之（其一）》注释〔一〕。

〔一九〕不与（yù）焉：不参与其中，不包括在内。

这篇尺牍作于万历二十五年（1597），袁宏道在信中如数家珍地向同乡好友吴化讲述了自己辞官后三月间所历吴越山水之美，浪游之趣。

尺牍开头，先将东南山川与楚中名胜比较一番，一个如"少女时花"，一个如"大汉、将军、盐商妇"，本来抽象的山水之态，因人格化而变得亲切可感，声价立显，比喻之奇崛、恰切，令人拍案。袁宏道与山水的关系，从来不是分割的，不是一种人与物的相对而视，而是内心灵性与天地精神往来交流，是物与我浑然一体，不分彼此。因此，山水在他的笔下也成了有灵的生命，活泼可爱。

接着，袁宏道从"山""水""洞""泉""友""僧"六个方面，依次罗列所游胜景和伴游之人，美不胜收，乐不可言，令人应接不暇。精辟的品评，随手点缀其间，人与景物便立刻呼之欲出。

除了山水之乐，更让袁宏道感觉兴奋的，是发现了徐渭。这时，距徐渭去世已经四年了，可这个穷困潦倒了一生的奇才始终被埋没在故纸堆中。袁宏道游绍兴，夜宿陶望龄家中，挑灯夜读，一本破烂不堪的《徐文长集阙编》映入眼帘，他一边读一边赞叹，通宵达旦，折服于徐渭的奇思与文才。他甚至认为，当时叱咤风云的王世贞、李攀龙，在徐渭的衬托下都相形见绌，徐渭可谓有明以来"第一诗人"。袁宏道发现了徐渭，也发现了自己，他作《徐文长传》，把长久以来对诗歌与人生的感悟寄托在里面，传之久远。

袁宏道曾对兄长宗道说，吴越之游，"自堕地来，不曾有此乐"（《与伯修》）。这段经历，在袁宏道看来是接近完美的——时逢早春三月，草长花开，山水与朋友相凑，一路欢歌，没有官职的羁绊，没有家事的烦扰，所见皆世间奇胜，所伴皆人中豪杰，所思皆生死性命，兼得天时、地利、人和，无怪乎连他自己都感叹为"前生报缘"了。

李季宣〔一〕

世有耳甚热而目不识〔二〕，闻名若古人而生实同时者，若仆于兄是已。仆投冠西归〔三〕，江水如沸汤〔四〕，不可行，姑欲卜邻真州〔五〕。仆南中交游甚少，不得不告之尊兄。夫士未有道魏不见信陵〔六〕，入洛不投张华者也〔七〕。敬遣一介先之〔八〕。城内外宽净居，乞为仆觅一所。

（《袁中郎全集》卷二二）

注释

〔一〕李季宣：李枧（1547—1609），字季宣，号青莲，别号虹涧，扬州府仪真（今属江苏）人。万历元年（1573）领乡荐，谒选山东济阳令，后被诬辞官归。著有《摄山草》《青莲馆集》。《（道光）仪征县志》卷三六有传。枧能诗善文，豪饮，广结四方名士，与汤显祖、屠隆、李维桢交善。

〔二〕耳热：经常听人说，耳朵都磨热了，意谓久闻对方大名。

〔三〕投冠：辞官。详见《聂化南（其二）》注释〔六〕。

〔四〕江水如沸汤：江水像沸腾翻滚一般，指洪水泛滥。

〔五〕卜邻：想与对方为邻，指暂时居住。真州：江苏仪征的古称，今属扬州市辖区。

〔六〕信陵：即信陵君，战国时魏国安釐王异母弟，名无忌，封信陵君。礼贤下士，士人因而争相前往归附，有食客三千人。事迹见《史记·魏公子列传》。

〔七〕张华（232—300）：魏晋间名臣，晋惠帝时官至司空。著有《博物志》。生平见《晋书》卷三六。张华位崇望高，重视人才，喜奖掖文士，即使寒门子弟也为之延誉，当时许多人才都是经他称咏荐举而成名的，如陆机、陆云、左思、陈寿等。

〔八〕介：亦作"价"（读作介），派遣传递东西或传达事情的人。

点评

这篇尺牍作于万历二十五年（1597）夏，此时袁宏道已结束东南之游，到家眷所在的无锡与朋友告别，准备发舟返回公安。但归途中因洪水泛滥，不得已暂时就近卜居仪真。他写信给从未谋面却久仰其名的仪真名士李柷，希望对方能为他安排住处。

李柷和袁宏道一样做过知县，据说其人能豪饮，喜游历，好结交天下名士，有李太白之遗风，汤显祖曾为李柷撰《青莲阁记》，称其"殆青莲后身也"。李维桢《济阳令李公墓志铭》称："四方人士道真州，以不见李季宣为缺望。"可以想见，这样一个风流人物，必然会与袁宏道有相见恨晚之感，因此，宏道即使从未见过李柷，也能放心托付。他把李贽比作战国的信陵君、西晋的张华。

"闻名不如见面，见面胜似闻名。"对古人来说，这句话所蕴含的意义要丰富许多。人们常说"地标性建筑"，李贽堪称"地标性人物"，以至于到了仪真地界，不见李贽，就不能算真正到过仪真，难以想象，这个人的身上该具有怎样巨大的魅力！袁宏道果然与李贽颇合得来，他在给钱希言、江盈科的信中屡屡称赞李贽为"快士"，而且对李贽安排的住处也十分满意。凭借着满腹才华与英风豪气，袁宏道得以广交名士，四海为家，从自己的小世界中挣脱出来，拥抱更广阔的天地。

钱象先[一]

仆暂时卜居真州[二]。真州有友人李季宣[三]，快士也，颇消客子岑寂。而黄山诗侠潘耆[四]，以季子婚至古亭[五]；浪子丘大[六]，买居桃叶[七]，亦以次将至。子公与仆同形影[八]，相聚不必言。近日维扬亦有几隽人可与语者[九]。以兹袁生颇过快活日子，不致落莫。独恨东南风，不为我吹却钱郎至耳。

百谷无恙[一〇]，可喜可喜。数日前白下有人浪传恶信，仆惊愕，殊朦朦。讹言邪？染房耶[一一]？抑妒妇之口耶？可怪可怪！

曹以新后事[一二]，诸皆可略，但其遗文不可不为刊行。不然，亦当辑而藏之，免为酒瓹酸瓮所苦[一三]，是在百谷与吾兄耳。挽诗字字涕泪，仆当勉和。《解脱》为江令索刻[一四]，计当完矣。

（《袁中郎全集》卷二二）

注释

〔一〕钱象先:钱希言,字象先,又字简栖,苏州府常熟（今属江苏）人。少遇家难，徙居吴县。博览好学，刻意为声诗，王稚登力为延誉，又与袁宏道、江盈科游，遂有名于吴中，为汤显祖、屠隆所雅重。因不屑于干谒权贵，少不当意则谩骂诋訾，缙绅多避之，崇祯间以穷困卒。所著有《织里》《二萧》《樟亭》《荆南》等集。《（康熙）常熟县志》卷二〇有传。

〔二〕卜居：通过占卜选择居住地。

〔三〕李季宣：李枧，见前《李季宣》注释〔一〕。

〔四〕诗侠潘髯：即潘之恒，见前《伯修（其四）》注释〔一四〕。之恒作诗数千首，故称诗侠。

〔五〕古亭：湖北麻城的古称。据《（弘治）黄州府志》卷二记载，麻城县本汉西陵县地，属江夏郡。后周改曰亭州，隋改称麻城县。明代李贽定居麻城，常称其为"亭州""古亭"。

〔六〕丘大：丘坦，见前《丘长孺》注释〔一〕。

〔七〕桃叶：即桃叶渡，在南京秦淮、青溪两水合流处，因晋代王献之送其爱妾桃叶于此，作《桃叶歌》三首而得名。这里指丘坦在南京卜居。

〔八〕子公：方文僎，见前《吴敦之》注释〔九〕。

〔九〕维扬：扬州府别称。《尚书·禹贡》："淮海惟扬州。"庾信《哀江南赋》："淮海维扬，三千余里。"后截取二字以为名。明初曾置维扬府，后改扬州府。

〔一〇〕百谷：王稚登，见前《王百谷（其一）》注释〔一〕。

〔一一〕染房：牵涉房帏之事。王稚登为吴中风流文人，与名妓交往甚多。最知名的是秦淮名妓马湘兰（见钱谦益《列朝诗集小传·闰集》），这里或许指的就是关于他们的谣言。

〔一二〕曹以新：曹昌先，见前《王百谷（其一）》注释〔七〕。

〔一三〕为酒瓿酸瓮所苦：被拿去覆盖酒坛醋缸，比喻著作的价值不为人所认识，白白埋没。典出《汉书·扬雄传》："今学者有禄利，然尚不能明《易》，又如《玄》何？吾恐后人用覆酱瓿也。"

〔一四〕《解脱》：即《解脱集》，初由江盈科刊刻于万历二十五年（1597），收录了袁宏道辞去吴县令后游历山川所作的诗文尺牍及杂著。江令：即江盈科。见前《江进之（其一）》注释〔一〕。

点评

这篇尺牍作于万历二十五年（1597），是写给好友钱希言的回信。此时袁宏道正暂居仪真。

钱希言是吴中文士，袁宏道在做县令时，对其诗颇为拔识。宏道曾称许钱希言"富才情，诗律精工"，由此感慨"吴中骚客如林，后进之士意必有高才博学、埋名草泽者，然余未之见矣"（《阅曹以新王百谷除夕诗》）。宏道还曾写信给时任苏州府推官的朱一龙，推荐钱希言："若钱希言，则吴中后来俊才，名不及诸公，而才无出其右者。明公观诗，当自知之。"（《朱司理》）袁宏道的逢人说项令钱希言感激，他自称"不肖获奉使君周施，所尝称国士者"（《锦帆集序》）。这篇尺牍也体现出袁宏道与钱希言的相知。

在信中，袁宏道向钱希言诉说近况，言及诸友散后各自去向，告诉对方自己一切都好，无须惦念。一句"独恨东南风不为我吹却钱郎至"，蕴含多少情愫！大约是钱希言前信述及王稚登无恙，袁宏道感到可喜，说明有关王稚登生病之类的传言不实。尺牍最后，提到了曹昌先的后事，雁过留声，人过留名，袁宏道最在意的还是曹昌先的遗文，因其乏嗣，责任就落在这些后死的朋友身上。写诗，作文，不仅是抒写胸怀，还有着对于不朽的追求，袁宏道生前就迫切地整理、刊刻自己的诗文集，原因正在于此。

江进之（其四）

弟暂栖真州城中[一]，房子宽阔可住。弟平生好楼居，今所居房有楼三间，高爽而净，东西南北，风皆可至，亦快事也。又得季宣为友[二]，江上柳下，时时纳凉赋诗，享人世不肯享之福，说人间不敢说之话，事他人不屑为之事，颇觉受用过陶元亮、王无功日子[三]。天盖见弟两年吃苦已甚，故用此相偿，不然，何故暴得清福如此哉？

近日读古今名人诸赋，始知苏子瞻、欧阳永叔辈见识真不可及[四]。夫物始繁者终必简，始晦者终必明，始乱者终必整，始艰者终必流丽痛快。其繁也，晦也，乱也，艰也，文之始也。如衣之繁复，礼之周折，乐之古质，封建、井田之纷纷扰扰是也[五]。古之不能为今者也，势也。其简也，明也，整也，流丽痛快也，文之变也。夫岂不能为繁，为乱，为艰，为晦，然已简安用繁？已整安用乱？已明安用晦？已流丽痛快，安用聱牙之语、艰深之辞[六]？辟如《周书》《大诰》、《多方》等篇[七]，古之告示也，今尚可作告示不？《毛诗》《郑》、《卫》等风，古之淫词媟语也[八]，今人所唱《银柳丝》

《挂针儿》之类〔九〕，可一字相袭不？世道既变，文亦因之，今之不必摹古者也，亦势也。张、左之赋〔一〇〕，稍异扬、马〔一一〕，至江淹、庾信诸人〔一二〕，抑又异矣。唐赋最明白简易，至苏子瞻直文耳，然赋体日变，赋心益工，古不可优，后不可劣。若使今日执笔，机轴尤为不同〔一三〕，何也？人事物态，有时而更，乡语方言，有时而易，事今日之事，则亦文今日之文而已矣。卢楠诸君不知赋为何物〔一四〕，乃将经史海篇字眼尽意抄誊，谬谓复古，不亦大可笑哉！

作字时，适案上有赋，故偶及此，不知话之长也。《解脱》诗已刻完〔一五〕，末后二卷谨录上，幸早录成之。

（《袁中郎全集》卷二二）

注释

〔一〕真州：江苏仪征古称。

〔二〕季宣：李枳，见前《李季宣》注释〔一〕。

〔三〕陶元亮、王无功：东晋的陶渊明和隋唐间的王绩，二人最终都弃官归隐田园。

〔四〕苏子瞻、欧阳永叔：宋代苏轼和欧阳修。宋代辞赋家以古文手法作赋，创造了散文化的"文赋"之体，成熟于欧阳修、苏轼之手。欧阳修的《秋声赋》、苏轼的前、后《赤壁赋》均为文赋佳作。

〔五〕封建、井田：指西周时期的分封制和井田制，在这样的制度下，诸侯国具有很强的独立性，容易形成割据势力，导致战争不断。因此说其"纷纷扰扰"。

〔六〕聱（áo）牙：文辞艰涩，读起来不顺口。唐韩愈《进学解》："周诰殷盘，佶屈聱牙。"

〔七〕《周书》《大诰》、《多方》：《尚书》中从《泰誓》到《秦誓》三十二篇，记载西周创立之事，称为《周书》，其中《大诰》是周公东征前的动员文告，《多方》是周公对各诸侯国君以及殷商旧臣的训话。其文原本的性质就是告示。

〔八〕《毛诗》《郑》、《卫》：《诗经》传至汉代有鲁、齐、韩三家，均立于学官，此外有毛亨、毛苌所传称为"毛诗"，流传于民间，由东汉郑玄作笺。后三家诗亡佚，《毛诗》却久传不衰，故后世以《毛诗》称《诗经》。《诗经》中有《郑风》《卫风》，记录了郑、卫之地热情奔放的婚姻爱情民歌，被后世儒家学者批判，如孔子曾说"郑声淫"（《论语·卫灵公》），朱熹评价说："郑卫之乐，皆为淫声。"（《诗集传》卷四）淫词媟（xiè）语：亦作"淫词亵语"，淫荡猥亵的言辞。

〔九〕《银柳丝》《挂针儿》：都是当时民间流行的歌曲小调名。《银柳丝》又作《银纽丝》，元代时已经流行全国，沈德符《万历野获编》、王骥德《曲律》等都有记载。《挂针儿》又名《挂真儿》，最早见于宋元戏文中，当是取材于民间流行的小曲，经文人加工成曲牌，元高明《琵琶记》、明高濂《玉簪记》、李开先《宝剑记》中均有此曲牌。

〔一〇〕张、左之赋：指张衡《二京赋》、左思《三都赋》之类作品，是东汉魏晋时期都城赋的代表。

〔一一〕扬、马：西汉时期的辞赋家扬雄、司马相如。扬雄崇拜司马相如《子虚》《上林》诸赋，作《甘泉》《羽猎》等赋，都是汉大赋的典范之作。

〔一二〕江淹、庾信：江淹是南朝宋、齐间辞赋家，其《恨赋》与《别赋》是抒情骈赋的典范。庾信是由南朝梁入北朝西魏的辞赋家，他创作的骈赋如《枯树赋》《伤心赋》《哀江南赋》等，"集六朝之大成，而导四杰之先路"（《四库全书总目》卷一八〇）。

〔一三〕机轴：亦作"机杼"，本指织布机上的筘，织布时每条经线都要从筘齿间穿过，比喻诗文的构思、风格和体裁。

〔一四〕卢楠：卢楠（1507—1560），字少楩，又字次楩、子木，号浮丘山人。大名府浚县（今属河南）人。富家子，入赀为太学生。恃才傲物，曾被诬入狱，平反后遍游吴会，与王世贞等交。善诗赋，骚赋甚受王世贞称赏，列其为"广五子"之一。生平见王世贞《卢楠传》。

〔一五〕《解脱》：即《解脱集》，见前《钱象先》注释〔一四〕。

点评

这篇尺牍是万历二十五年（1597）袁宏道寓居仪真时所作。

尺牍以赋体为例，阐发了文章与其他事物共有的发展规律，说明从古到今，文章不是一成不变的，而是由繁杂到简明、由古质到流丽的过程，是适应每个时代语言、情感、思潮发展现实的载体，不必厚古薄今，更不必是古非今，因而从根源上否定了摹拟、复古的合理性。

袁宏道之所以发出这样一番议论，是其来有自的。当时文坛的主流仍是前后七子所倡导的文艺观，七子派提出的"唐无赋""宋无诗"的论断，对当时的文人产生了巨大影响，袁宏道针锋相对地提出"古不可优，后不可劣"，认为无论古今，诗文创作的意义都在于沟通情感、抒发情志、记录生活，是以人为中心的活动。古人的生活方式与今人不同，古人的思维方式也与今人有异，就连方言土语都大不一样，怎么能用古人的文学反映今人的生命呢？像卢楠这样的摹古者不明白这个道理，那么他们的摹古不仅无助于今人，反而是一种倒退。

袁宏道能够用发展的眼光看待诗文，这在当时属于逆潮而动，其胆识与自信都是令人钦佩的。即使在今天，从整个文学史发展的历程来看，袁宏道所提出的这些观点都极具启发意义。文学是时代精神的反映，所谓"世道既变，文亦因之"，与刘勰《文心雕龙》中提出的"时运交移，质文代变""文变染乎世情，兴废系于时序"等命题异曲同工。不过，在这种种变化中，有没有不变的东西呢？如果文学应该不断变化，每一代人又该如何确定变化的方向呢？这些都值得我们不断思考。

答陶石篑编修〔一〕

得来札，知两兄在家参禅〔二〕。世岂有参得明白的禅？若禅可参得明白，则现今目视、耳听、发竖、眉横，皆可参得明白矣。须知发不以不参而不竖，眉不以不参而不横，则禅不以不参而不明，明矣。

（《袁中郎全集》卷二三）

注释

〔一〕陶石篑：陶望龄，详见前《伯修（其二）》注释〔一〕。望龄时任翰林院编修。

〔二〕两兄：指陶望龄、奭龄兄弟。奭龄生平见前《伯修（其三）》注释〔一〇〕。参禅：佛教禅宗术语。指专注于某一个对象，通过反观内心，明心见性的一种修行分法。禅，又译作禅那、驮衍那、持阿那，由梵文 Dhyāna、巴利文 Jhāna 音译，意译为静虑、思维修习。

点评

这是《瓶花斋集》所收尺牍的第一篇，作于万历二十六年（1598），这年四月，袁宏道补任顺天府学教授，短暂的"解脱"之后，复归"樊笼"了。

　　此时陶望龄正与弟弟陶奭龄居家学佛，袁宏道写给陶望龄的这封信主要讨论的是参禅的方法问题。袁宏道认为，参禅以无法为法，换句话说，就是禅不必参。禅宗关于修行有许多法门，参禅打坐只是其中一种，但无论哪一种法门，其终极目的只有一个，就是悟。在袁宏道看来，参禅是参不明白的，佛法就像"目视、耳听、发竖、眉横"，是自然而然的，是从来如此的，佛法就在那里，不因为人参禅而显现，也不因人不参禅而隐藏。袁宏道曾与伯修说过，陶望龄学佛最大的问题是"为闻见所累"，所谓"闻见"，既包括日常生活中各种琐事，也包括学佛过程中的读经、听讲等等。一般都会认为，后者会让人处于一种氛围下，更利于早日领悟佛法真谛，其实并非如此，禅宗创立之初，强调"不立文字"，就是为了避免学者陷入文字的泥淖，纠缠于逻辑思维，从而忘记了佛性自足，不断错过直抵佛位的契机。

　　袁宏道正是看到了陶望龄的症结所在，才以"禅不必参"的极端说法回应，目的是破除对方心中执念，提醒望龄佛法就在那里，"不以不参而不明"。正如六祖慧能的那首偈语所示："菩提本无树，明镜亦非台。本来无一物，何处惹尘埃。"

答陶石篑〔一〕（其一）

石篑寄伯修书云〔二〕："近日看《宗镜录》〔三〕，可疑处甚多。即如'三界唯心''一切惟识'二语〔四〕，三岁孩儿说得，八十岁翁翁行不得〔五〕。又问伯修：'此事了得了不得〔六〕？'"

记去岁此时，正与兄登天目〔七〕。今弟走驴灰马粪中〔八〕，而兄亦闭门读书，虽较之弟少为安闲，而离索之苦当倍于弟几十分也〔九〕。读来书，极知真切。但既云"唯心"，一切好恶境界皆自心现量也〔一〇〕，更何须问行与不行？此何异牛肚中虫，计量天地广狭长短哉？夫三岁孩儿说得，此是三岁孩儿神通也；八十岁翁行不得，此是八十岁翁衰颓也，于本分事何涉〔一一〕，而自作葛藤耶〔一二〕？

了事、不了事，此在当人，但不知兄以何为了。若以不疑为了，则指屈、项伸、鼻高、眼低，种种可疑者甚多。若石篑又谓指屈、项伸、鼻高、眼低，此是当然，原不足疑，则世间举无可疑者矣。若以不怕死为了，世间自有一等决烈男子，甘刃若饴者矣，可俱谓之了生死乎？且夫怕死者，为怕痛也。痛可怕，死独不可怕乎？又怕死后黑漫漫，无半个熟识也。今黑夜独坐尚可怕，何况不怕死后无半个熟识乎？弟于怕死怕阎罗虽不敢预期，然怕痛怕黑夜独坐则已甚矣。兄纵不彻，决不以怕痛怕黑夜为有碍于道明矣，何独至于死而疑之？孔子曰："道不远人，人之为道而远人，不可以为道。"〔一三〕所谓远人者，远人情也。知人情之道，则知兄之证圣〔一四〕，与一切人之为圣人久矣，又安问了不了哉？

　　小说载，一担夫为圣僧肩行李入山，途中问曰："观公威德，与佛何别？"圣僧曰："佛自在，我却不自在。"担夫乃耸肩疾走而言曰："你看我有甚不自在？"圣僧具天眼者〔一五〕，即实时见夫相好具足〔一六〕，因合掌作礼，取行李自肩。行未数步，担夫忽念："彼从万劫修来〔一七〕，尚未成佛，我乃凡夫，安得诳尔〔一八〕？"念未既，圣僧见担夫威光顿灭〔一九〕，因诃之曰："尔依前不得自在矣，速荷担去！"此语浅率，大有妙义。愿兄着眼〔二〇〕，无作退心担夫也。笑笑。

注释

〔一〕陶石篑：陶望龄，见前《伯修（其二）》注释〔一〕。

〔二〕伯修：袁宗道，见前《伯修（其一）》注释〔一〕。此段引用"石篑寄伯修书"中文字，当为后来补入，用于交代尺牍背景，不是正文内容。

〔三〕《宗镜录》：见前《伯修（其三）注释》〔八〕。

〔四〕三界唯心，一切唯识：《宗镜录》卷二引佛经云："三界唯心，万法唯识，此是所证本理，能诠正宗。"又云："一切唯识，识如幻梦，但是一心，心寂而知，目之圆觉。"意思是世间一切诸法，皆由一心、八识而存在显现。

〔五〕三岁孩儿说得，八十岁翁翁行不得：意谓知易而行难。典出《五灯会元》卷二鸟窠禅师与白居易语。唐段成式《酉阳杂俎》续集卷四中，唐代高僧释道钦也有类似说法。

〔六〕了事：透彻地领悟（世间一切诸法，包括生死之事）。

〔七〕天目：天目山，见《伯修（其四）》注释〔九〕。

〔八〕驴灰马粪：指明代京师肮脏污秽的街道。对此屠隆曾描述："燕市带面衣，骑黄马，风起飞尘满衢陌。归来下马，两鼻孔黑如烟突。人马屎和沙土，雨过淖泞没鞍膝。"（《在京与友人》）

〔九〕离索：离开同道好友，独自居处，形容孤单寂寞之态。

〔一〇〕现量：佛教因明学术语，即感觉，是感觉器官（心识）对于事物个别属性（表象）的直接反映，尚未达到思维的分别活动（概念）。《因明入正理论》："此中现量，谓无分别。

若有正智于色等义、离名、种等所有分别，现现别转，故名现量。"

〔一一〕本分事：即把握当下，做该做的事，不生烦恼心。

〔一二〕自作葛藤：比喻纠缠于啰唆的语言文字，陷入繁冗的逻辑思维。

〔一三〕"道不远人"句：出自《礼记·中庸》第十三章。这里是想说，佛法不离人之常情。

〔一四〕证圣：佛教语，指断尽烦恼，证得圣果。

〔一五〕天眼：佛教"五眼"之一，又称天趣眼，能透视六道、远近、上下、前后、内外及未来等。

〔一六〕相好具足：相貌庄严，趋于圆足，指显现出佛相与灵光。

〔一七〕万劫：形容时间极长，经历了种种磨难。佛经称世界从生成到毁灭的过程为一劫。

〔一八〕安得讵尔：犹言这怎么可能。讵，岂。

〔一九〕威光：指佛的灵光。

〔二〇〕着眼：注意，从某方面考虑。

点评

这篇尺牍为万历二十六年（1598）在北京所作，是看了陶望龄给宗道的信后所写的回信。

尺牍主要讨论的是对于佛法的信心。袁宏道写信是为了回应陶望龄对于《宗镜录》中"三界唯识""一切唯心"两句的疑虑和困惑，陶望龄认为这两句话说起来容易，但切身实践起来十分困难，由此对自己能否以佛法超脱生死的信念产生游移。袁宏道正是针对这种游移展开了讨论。

针对陶望龄所提出的第一个疑惑，袁宏道没有直接进入问题，而是从提问的方式入手，指明其思维本身的错误。他指出，在陶望龄的潜意识里，存在着"行"与"不行"的分别心，导致了对禅宗根本问题的忽视，却纠缠于对细枝末节的钻研上。对于修行者来说，思考"行得"与"行不得"，就像"牛肚中虫，计量天地广狭长短"，没有必要，更不可能。针对陶望龄所提出的第二个问题，也就是如此"可疑处甚多"，还能否"了事"，袁宏道层层递进地予以回答：首先，有怀疑不一定不了事，相反，在不疑处生疑，才能体会自然而然的可贵；其次，怕死、怕痛、怕黑不代表不了事，反而因为有所恐惧，才更加珍惜生命；最后，了事关键在于"知人情之道"，该疑惑就疑惑，该怕死就怕死，该怎么生活就怎么生活，佛法就在日常生活之中，不离平常人情。总之，能否了悟，关键在于自己。了悟，是水到渠成的，是不可思议的，因此也不必追问。

最后，袁宏道讲了一个故事，说明是佛还是俗众，往往就在一念之间，关键在于怎样保持这一念的精进。通过这个故事，袁宏道劝勉陶望龄"无作退心"，可谓意味深长。

答梅客生〔一〕（其一）

饥急于名，饱急于乐，口腹急于身体，欲不教学何可得〔二〕？且教学则永无大官之望，亦无长在仕途之望，不唯官闲，而心亦闲，可以一意读书也。

（《袁中郎全集》卷二三）

注释

〔一〕梅客生：梅国桢，见前《家报（其一）》注释〔七〕。

〔二〕教学：教育、培养学生，指此年补顺天府学教授。这几句是说自己为了养家糊口出来做官。

点评

这篇尺牍作于万历二十六年（1598）。

尺牍上来就直言"饥急于名，饱急于乐，口腹急于身体"，这是一句大实话，也是今天看起来没什么问题的话，但在袁宏道那个时代，能说出这样坦率、现实的话，是需要一番胆量的。真话不易讲，尤其当这真话与社会主流价值观相违背的时候。但袁宏道讲出来了，讲得那么自然，那么淡定，却那么振聋发聩。

中国古代文人中，有以蔑视功名利禄而载入史册，为世人传颂者，如陶渊明，他"不为五斗米折腰"，已经成为历代文人效仿的榜样；也有热衷于名利而隐居起来，屡召不起以博得大名者，即所谓"终南捷径"；更有满口"治国安邦"，打着"经世济民"旗号，做着沽名钓誉、敛财勾当者。而袁宏道毫不讳言，他做官就是为了混口饭吃，如果说有什么更高的追求，不过是官职闲散，有时间读书罢了。袁宏道始终诚实，他考科举、做知县，源于年少时做官的理想；他辞去知县，是深感吏道缚人，不是为隐士之名；他再次做官，是为了养家糊口，因此也不觉得可耻。这些理由，虽然平凡得接近庸常，但无不坦坦荡荡，洒洒落落。在袁宏道的率真面前，一切虚伪的东西都显得面目可憎。

袁宏道的这番话，也反映了晚明那个时代的风气转移，名利、饥饱，不再难以启齿，人的欲望得到了前所未有的肯定。这是与程朱理学所主导的社会意识完全不同的气象。袁宏道参与时代，也被时代塑造。

答梅客生（其二）

仆谓丘、李二兄之病〔一〕，正病在识上作活计耳〔二〕，非识不足也。长孺解作墨客及游冶儿〔三〕，西卿历官甚老成，此等皆从识上淘汰得出，谓之无识，仆不信也。

来书云："实实有佛，实实有道，实实要学。"甚妙，甚妙。仆谓官与冶客即佛位也，故曰实实有佛。解作官作客即佛道也，故曰实实有道。然官之理无尽，冶客荡子之理亦无尽，格套可厌〔四〕，气习难除，非真正英雄，不能于此出手，所谓"日日新，又日新"〔五〕者也，岂卤莽灭裂之夫所能草草承当者哉〔六〕？故曰实实要学。如此注解，不知可当温陵、长水不〔七〕？

宋儒有腐学而无腐人，今代有腐人而无腐学。宋时讲理学者多腐，而文章事功不腐；今代讲文章事功者腐，而理学独不腐。宋时君子腐，小人不腐；今代君子、小人多腐。故仆谓当代可掩前古者〔八〕，惟阳明一派良知学问而已〔九〕。其他事功之显赫，若于肃愍、王文成辈〔一〇〕；文章之灿烂，若北地、太仓辈〔一一〕，岂曰无才？然尚不敢与有宋诸君子敌，遽敢望汉、唐也？

徐文长病与人^{〔一二〕}，仆不能知，独知其诗为近代高手。若开府为文长立传^{〔一三〕}，传其病与人，而仆为叙其诗而传之，为当代增色多矣。

（《袁中郎全集》卷二三）

注释

〔一〕丘、李：丘坦和李长庚。丘坦生平见前《丘长孺》注释〔一〕。李长庚（1572—1641），字酉卿，号孟白，黄州府麻城（今属湖北）人，梅国桢女婿。万历二十三年（1595）进士，授户部主事，历官三朝，官至吏部尚书，后因事忤思宗，削籍为民。与宏道交善，深受中郎赞誉，曾校阅《袁中郎先生合集》。

〔二〕在识上作活计：在"识"上下功夫。佛教中的"识"，指人的意识、心智、生命力、理智、分别能力。这里是说丘、李二人过于执著于"识"，而阻碍了学佛境界的提升。

〔三〕游冶儿：追求声色，寻欢作乐的放浪之人。指丘坦卜居金陵，纵情诗酒。后文"冶客"同。

〔四〕格套：指做官或做事的固定模式。

〔五〕日日新，又日新：语出《礼记·大学》，指不断反省，不断自我革新。

〔六〕卤莽灭裂：形容做事草率粗疏，语出《庄子·则阳》。

〔七〕温陵：李贽号温陵居士，见前《梅客生（其二）》

注释〔一〇〕。长水：宋代秀州高僧长水子璇，字仲微，号长水。初从本州洪敏法师学《楞严经》，后参琅琊山慧觉禅师有所悟，欲嗣其法。琅琊谓曰："汝宗不振久矣，宜历志扶持，以报佛之恩德，勿以殊宗为介也。"后住长水，以贤首宗旨释《楞严经》等经，盛行于世。事见《五灯会元》卷一二。

〔八〕掩：即掩夺，盖过，超越。

〔九〕阳明一派：指由王守仁开创的主张以"致良知""知行合一"为核心的儒学新体系，亦称"姚江学派"。

〔一〇〕于肃愍：于谦（1398—1457），字廷益，号节庵，杭州府钱塘（今浙江杭州）人。永乐十九年（1421）进士，宣德间官至兵部右侍郎，巡抚河南、山西。土木之变英宗被俘，坚守京师，奉郕王即位，任兵部尚书，率兵击退瓦剌，加封少保，总督军务。英宗复辟后被诬谋反死。弘治时追谥肃愍，万历中改谥忠肃。著有《于忠肃文集》。生平见薛应旂《于肃愍公传》。王文成：王守仁（1472—1529），字伯安，以其曾筑室阳明洞中，世称阳明先生。绍兴府余姚（今属浙江）人。弘治十二年（1499）进士，授刑部主事。正德十四年（1519）领兵平宁王之乱，嘉靖初擢南京兵部尚书，封新建伯，兼都察院左都御史，总督两广兼巡抚。卒赠新建侯，谥文成。所著辑为《王文成公全书》。生平见王世贞《新建伯王文成公传》。

〔一一〕北地：李梦阳，见《张幼于（其二）》注释〔一〇〕。李梦阳的籍贯庆阳汉代时属北地郡，因此人称"李北地"。太仓：王世贞，太仓人，见前《吴敦之》注释〔一五〕。

〔一二〕徐文长：徐渭，见前《吴敦之》注释〔一四〕。病与人，指徐渭的狂疾和他一生坎坷的经历。

〔一三〕开府：指梅国桢，见前《家报（其一）》注释〔七〕。

点评

这篇尺牍作于万历二十六年（1598），是袁宏道与梅国桢论学佛、论文章之作。

梅国桢来信说："实实有佛，实实有道，实实要学。"这三个"实实"，真实不虚，可见他确实感受到了佛与佛法的真实，感到了学佛的重要性和必要性。但袁宏道不以为然，他对这三个"实实"作了一番全新的阐释。袁宏道认为，人人都处于佛位，日常生活中，无论是官员，还是嫖客，他们的位置就是佛位；在日常生活中各安其位，能够无怨无悔，就是证得佛道；日常生活，各行各业的道理无穷无尽，要真正破除"格套"与"气习"，必须是真正英雄，而且要不断更新思想，当然需要不断学习。这样的阐释，想必不是梅国桢的本意，但必然会对梅国桢有所启发。袁宏道一向反对从文字中领悟佛法，也认为不必在丛林中修行，与其学道，不如悟道，究竟如何悟道？应该在日常生活中不断体会，在俗世当中寻求解脱。

袁宏道的思想是在时代思潮和个人际遇的综合作用下形成的，其中阳明学的影响不可忽视。明代中叶以后，阳明心学的影响流播甚广，宏道距阳明不过几十年，自然氤氲其中。从这篇尺牍来看，宏道是服膺阳明之学的，而且其所思所想与一生行实若合符契，堪称"知行合一"。

　　尺牍最后，提到了为徐渭立传之事。梅国桢曾对宏道说："文长吾老友，病奇于人，人奇于诗。"（袁宏道《徐文长传》）作为徐渭的同乡、老友，梅国桢对徐渭一生的总结切中肯綮，因此，袁宏道希望由梅国桢来完成这篇传记，但后来梅国桢似乎没有为徐渭立传，或许是没有时间，或许是没有兴趣。文长之"奇"，则被袁宏道生动地描绘出来，传记虽"不甚核"，却堪称传神、传世之作。

与陈正甫提学〔一〕

弟别后无他可述，所得意事，无如南中聚诸快友，往返数月；所不得意事，无如到京不见社中兄弟〔二〕。然毕竟苦不胜乐。京师朋友多，闻见多，虽山水之乐不及南中，而性命中朋友则十分倍之矣。校文之职〔三〕，比之五马〔四〕，体貌更觉严重〔五〕。然职之难称，有甚于守令者。庸谈陈诂〔六〕，千篇一律，看之令人闷闷，未若审单口词之明白易省也〔七〕。旧案可黜也〔八〕，而才士或有一日之短；令甲宜遵也〔九〕，而千里之足多出于泛驾之马〔一〇〕。故公而服人者〔一一〕，百不一见也。

近日士习尤觉薄恶〔一二〕，宽则如慈母之养骄子，必且聚党犯上〔一三〕；严则学校有体，过为摧折〔一四〕，恐亦恶伤其类〔一五〕。未若百姓之法行而知恩，德行而知畏也。

汪参知会时作何语〔一六〕？学问比常当亦长进否？幸示及。

（《袁中郎全集》卷二三）

〔一〕陈正甫提学：陈所学，见前《陈正甫》注释〔一〕。时任山西按察使司提学使。

〔二〕社中兄弟：万历二十二年（1594）至二十三年（1595），三袁等于北京都门结社，为诗酒禅悦之会，参与者有汤显祖、陈所学、王图、萧云举、王一鸣、陶望龄、董其昌、鲁乐同、杨庭筠等。入社者均为同年、同官或同乡，故以兄弟相称。

〔三〕校文之职：指宏道所任顺天府学教授一职，掌教诲训导考核管理生员。校勘与教授文章应是分内之事，故称"校文之职"。

〔四〕五马：指知府。陈所学曾任徽州知府。

〔五〕体貌严重：地位高，仪容举止威严庄重。

〔六〕庸谈陈诂：平庸陈旧、老套呆板的文章。

〔七〕单口词：即单辞，亦作"单词"，指诉讼中无对质无证据的单方面言辞。语出《尚书·吕刑》："今天相民，作配在下，明清于单辞。"孔安国传曰："听讼当清审单辞。单辞特难听，故言之。"

〔八〕旧案：旧有的条例。

〔九〕令甲：法令的首篇或头条，泛指法令。

〔一〇〕泛驾之马：不服从驾驭的马。比喻不循旧规，敢于创新的人。

〔一一〕公而服人：公正而令人信服。

〔一二〕士习：读书人的风气。薄恶：道德浮薄，不淳朴敦厚。

〔一三〕聚党犯上：拉帮结派，冒犯上位。

〔一四〕摧折：挫折打击。

〔一五〕恶伤其类：忌讳、厌恶伤害其同类的行为。

〔一六〕汪参知：汪可受（1559—1620），字以虚，号静峰，黄州府黄梅县（今属湖北）人。万历八年（1580）进士，授金华知县。历礼部主事、员外郎、郎中、吉安知府等，官至兵部左侍郎兼都察院右佥都御史。著有《道心亭说》《下车草》。《（雍正）湖广通志》卷五二有传。汪可受曾从李贽学佛，与袁氏兄弟为论学好友。时任江西右布政使，元代称布政使为参知政事，故称汪参知。

点评

这篇尺牍作于万历二十六年（1598），袁宏道写信给好友陈所学交流近况。

一年前在徽州聚首畅谈的情景还历历在目，转眼一年后，二人都有了新的仕途，陈所学迁任山西督学，袁宏道补任顺天府学教授。宏道感叹南中和北京的差异，但比来比去，北京毕竟还是胜过南中，因为"京师朋友多，闻见多，虽山水之乐不及南中，而性命中朋友则十分倍之矣"。当朋友与山水不可兼得的时候，袁宏道更看重朋友，尤其是那些志同道合、能相与探讨性命的朋友。袁宏道在尺牍中经常抱怨京师生活之苦，环境之差，却因难以割舍京师的朋友而强忍留任。随着时间的流逝，山水的兴致会慢慢减退，美色的诱惑也会渐渐消失，只有朋友的真情历久弥新，让人回味。如在给陶望龄的尺牍中，宏道曾感慨："青山白石，幽花美箭，能供人目，不能解人语；雪齿媚眉，能为人语，而不能解人意。盘桓未久，厌离已生，惟良友朋，愈久愈密。"与伯修尺牍也说："凡朋友相对时，觉甚容易，别后甚难为情。何况学道人又以友为性命者乎？"

对于府学教授一职，袁宏道做起来虽然轻松，却并不顺意。学生们千篇一律的作业，让他感到无聊，八股文的离析经典、陈词滥调，也让他感到无奈。最后谈到士习薄恶，人心不古，与知县治理百姓相比，府学管理学生更为棘手，轻了不行，重了也不行，实在令人无所措手足。相信对于这些，作为地方督学的陈所学也是感同身受的。北京任职时期的袁宏道，相比于此前多了一些沉稳，少了一些锋芒，从这些尺牍中可见一斑。

答陶石篑（其二）

寄来诗文并佳，古胜律，律胜文，至扇头七言律尤为奇绝。昔白乐天谓元微之"近日格律大进，当是熟读吾诗"[一]，兄或者亦读仆诗邪？

徐文长老年诗文幸为索出[二]，恐一旦入醋妇酒媪之手[三]，二百年云山便觉冷落，此非细事也。

弟近日始遍阅宋人诗文。宋人诗，长于格而短于韵，而其为文，密于持论而疏于用裁。然其中实有超秦、汉而绝盛唐者，此语非兄不以为决然也。夫诗文之道，至晚唐而益小，欧、苏矫之[四]，不得不为巨涛大海。至其不为汉、唐，人盖有能之而不为者，未可以妾妇之恒态责丈夫也。

弟比来闲甚，时时想像西湖乐事[五]，每得一景一语，即笔之于书，以补旧记之缺。书成可两倍旧作，容另致之。

（《袁中郎全集》卷二三）

注释

〔一〕白乐天：白居易。元微之：元稹。

〔二〕徐文长：徐渭，见前《吴敦之》注释〔一四〕。

〔三〕入醋妇酒媪之手：意即将书当作覆盖醋坛酒瓮的盖子，比喻埋没和浪费。

〔四〕欧、苏：欧阳修、苏轼。

〔五〕西湖乐事：指万历二十五年（1597）春，袁宏道与陶石篑兄弟看花西湖一月，参见前《伯修（其四）》。《解脱集》卷三《西湖》游记等，亦详记其事。

点评

这篇尺牍作于万历二十六年（1598）的北京，是袁宏道收到陶望龄近作诗文后的回复，顺带谈论了徐渭及宋人诗文等话题。

从同时期的一系列尺牍来看，袁宏道在北京任职期间，曾借助学校藏书，用功阅读了大量的唐宋诗人别集，如《答梅客生开府》："邸中无事，日与永叔、坡公作对。"又如《与冯琢庵师》："宏近日始读李唐及赵宋诸大家诗文，如元、白、欧、苏，与李、杜、班、马真足雁行，坡公尤不可及。宏谬谓前无作者，而学语之士乃以诗不唐、文不汉病之，何异责南威以脂粉？"这次集中阅读相当于"补课"，标志着他从年轻气盛时"信腕信口"作诗，开始向"学"转变。作诗不应该仅仅依靠天赋，天赋总有用尽之时；还应扎根于悠久的诗歌传统中汲取养分，才能保持旺盛的创作生命，这是袁宏道逐渐开始领悟的道理。

陶望龄在结识袁宏道后，诗风发生了明显转变，以至于宏道怀疑其"或者亦读仆诗"。翻检陶望龄集，不少诗作确实有刻意效仿中郎诗者。但实际上，"惟恃聪明"（钱基博语）的挥洒只适用于袁宏道，陶望龄未必学得来、学得好，以至于清人朱彝尊评价陶望龄"兼惑公安之论"，东施效颦，结果"白沙在泥，与之俱黑"（《静志居诗话》）。陶望龄比袁宏道年长七岁，却在佛禅和诗文方面像学生一样跟随宏道，他不仅自己学"公安派"作诗，还拉上弟弟一起学，且看陶奭龄的一首《入青口效中郎体》："入青口，青口山何瘦。崖柴腹背邻，凹凸肩尻凑。皮肤脱尽骨独存，拔起地中捎云根。"（《赐曲园今是堂集》卷一）俚俗不堪，令人尴尬。袁宏道以而立之年成为当时诗坛新秀，独领一派，自然有其天才卓异与个人魅力，同时，也必须承认时代风向的关键作用，甚至可以说，是时代借着中郎之口，发出了自己的声音。

袁宏道以发展的眼光看诗文，我们也应以发展的眼光看袁宏道，他的一生是不断变化的，未必永远停留在"独抒性灵，不拘格套"的年纪。

兰泽、云泽两叔〔一〕

长安沙尘中〔二〕，无日不念荷叶山乔松古木也〔三〕。因叹人生想念，未有了期。当其在荷叶山，唯以一见京师为快。寂寞之时，既想热闹；喧嚣之场，亦思闲静。人情大抵皆然。如猴子在树下，则思量树头果；及在树头，则又思量树下饭。往往复复，略无停刻，良亦苦矣。

尊叔虽居深山，实享天宫之乐，不可不知。双桂树下，酒瓮如人，树皮如蟒，黄山青色〔四〕，万片飞来，更不知有寒暑之易，及人间恩爱别离之苦。由此观之，虽得一官，亦当掉臂不顾明矣〔五〕。

（《袁中郎全集》卷二三）

注释

〔一〕兰泽、云泽：宏道堂叔，据袁中道《珂雪斋文集》卷一二《书云泽先生遗事》记载，云泽为其叔祖松峰公之仲子，名锦，云泽是其别号，与宗道、宏道、中道虽叔侄，犹兄弟。工文藻，不获一第。然心情旷逸，爱松竹，嗜饮，虽不谈禅，心深信之。兰泽，生平不详，或为云泽长兄。

〔二〕长安：指北京。

〔三〕荷叶山：宏道出生和成长之地，在今湖北荆州公安县孟家溪镇东，中有荷叶山房、乔木堂、梅花奥、骑羊渴、万松林、珊瑚林等景观，其叔兰泽有十亩莲池于其间。见袁中道《荷叶山房消夏记》《游荷叶山居记》等。

〔四〕黄山：在公安县境内。据《公安县志》载，黄山位于公安县东南七十里。山上土石皆黄，故称黄山。又称谢山、金华山等。

〔五〕掉臂不顾：形容毫无眷恋。见前《王以明》注释〔四〕。

点评

这篇尺牍作于万历二十六年（1598），是在北京做官的袁宏道写给家乡两位堂叔的信。

袁宏道少年时，曾"望官如望仙"；等到做了县令，又"如猢狲入笼中"。他也曾日夜企盼到京师首善之都，这次有机会到北京做官，又不时怀念起家乡幽静的山林来了。从反反复复的出入探索之中，他悟出了人性中的普遍道理："寂寞之时，既想热闹；喧闹之场，亦思闲静。"袁宏道把自己在喧嚣热闹和闲静寂寞之间的徘徊，形象地比喻为猴子对树上果和树下饭的贪欲，这正是人所与生俱来的动物性，美其名曰"生活在别处"，其实就是循环往复、无穷无尽地对"下一处"的念想，就是欲壑难填，就是这山望着那山高。

京师风沙大，官气重，不自在，难生存，但古往今来涌向京城的人趋之若鹜，袁宏道也不能免俗。或许是一种对权力的仰望，一种"外围"对"中心"的向往。可当他真的置身京城，蓦然发觉没有归属感，京城那么大，却没有一处属于自己的天地，京城那么多人，却都和自己一样，喧嚣而孤独。他忽然开始羡慕起来没有走出过家乡的那些人，他们的世界简单而纯粹，"双桂树下，酒瓮如人，树皮如蟒，黄山青色，万片飞来，更不知有寒暑之易，及人间恩爱别离之苦"。何曾想，家乡的人或许还羡慕他呢？

　　人生总是充斥着各种各样的诱惑，但生命有限，不可能一一体验，更不可能面面俱到，它可以滋生患得患失的痛苦，也可以成为提升人生境界的契机。因此，毅然决然地遵从内心的声音，对那些危险的诱惑要敢于"掉臂不顾"，此之谓知足常乐。

与李龙湖〔一〕

小修帖来〔二〕，知翁在栖霞〔三〕，彼中有何人士可与语者？生在此甚闲适，得一意观书。学中又有《廿一史》及古名人集可读，穷官不须借书〔四〕，尤是快事。近日最得意，无如批点欧、苏二公文集〔五〕。欧公文之佳无论，其诗如倾江倒海，直欲伯仲少陵〔六〕，宇宙间自有此一种奇观，但恨今人为先入恶诗所障难，不能虚心尽读耳。苏公诗高古不如老杜，而超脱变怪过之，有天地来，一人而已。仆尝谓六朝无诗，陶公有诗趣〔七〕，谢公有诗料〔八〕，余子碌碌无足观者。至李、杜而诗道始大，韩、柳、元、白、欧，诗之圣也〔九〕；苏，诗之神也。彼谓宋不如唐者，观场之见耳〔一〇〕，岂直真知诗何物哉？

（《袁中郎全集》卷二三）

注释

〔一〕李龙湖：李贽，因在麻城龙湖隐居讲学而得名。生平见前《梅客生（其二）》注释〔一〇〕。据容肇祖《李贽年谱》，万历二十六年（1598）春，焦竑迎李贽至南京，为精舍以居。

〔二〕小修：袁中道，详见《家报（其一）》注释〔六〕。

〔三〕栖霞：栖霞山，指代南京。

〔四〕穷官：指宏道所任顺天府学教授一职。

〔五〕欧、苏二公文集：欧阳修《六一居士集》、苏轼《东坡集》。

〔六〕少陵：杜甫。

〔七〕陶公：陶潜。

〔八〕谢公：谢灵运。

〔九〕韩、柳、元、白：韩愈、柳宗元、元稹、白居易。

〔一〇〕观场：即矮人观场，矮人看戏，因看不见，只能随人喝彩，比喻只知道附和别人，自己没有主见。

点评

这篇尺牍作于万历二十六年（1598），是与李贽论诗之作。李贽此时正在栖霞山访袁文炜（即僧死心），并在山中避暑。袁中道在游历东南途中写信告知袁宏道这一消息。

李贽对比自己小四十多岁的袁宏道赞赏有加，引以为忘年知己，袁宏道也一直服膺李贽，对其思想观点十分看重。在这封信中，袁宏道极力称赞以欧阳修、苏轼为代表的宋诗，有向李贽寻求同气的意思。

袁宏道认为，欧阳修与唐代韩愈、柳宗元、元稹、白居易都是"诗之圣"，其诗文是"宇宙间一种奇观"；苏轼是"诗之神"，是"有天地来，一人而已"。这与王世贞及其追随者排诋宋诗的观念形成了鲜明的对抗，在复古思潮成为文坛主流的时代，文人深信"文必秦汉，诗必盛唐"，而唐以后的诗不足为训。袁宏道正是针对这种偏激的看法，通过标举欧、苏，证明宋代也有能与"诗圣"媲美的大诗人，也有能和唐诗不相上下的诗歌，进而让人能顺理成章地相信，明代也必将产生属于自己时代的伟大诗人，由此，复古派的一系列主张与实践就不再有说服力，诗歌也就能走上健康的发展道路了。

诚然，复古派有其偏颇与局限，而袁宏道极力为宋诗张目，也不无偏颇之嫌。不过，矫枉不得不过正，这是任何一个矫正风气的人都不能不正视的通则。

与江进之廷尉〔一〕

廷尉之改，弟有三快：出入无禁，宾客到门不诃，弟与兄得长聚谈，一快也；酒坛诗社，添一素心友，二快也；暇时便可从臾究竟无生〔二〕，失官得佛，兄亦何恨？三快也。

前梅中丞书来云〔三〕："江进之之品格如此，不能免忌者之口，冤哉！"弟谓进之纵不得吏部，不思世间尚有作教官者乎？为蚓为龙，谁大小？个中事，兄勘破已久，宁复置胸怀间哉？

扇头诗奇进，白肌元骨〔四〕，世人蔽锢已久，当与兄并力唤醒。近日宰官中有识此意者，虽曾中时诗之毒，然一呼即觉，不至如往时诗人，被狂酒鸩杀，尚自以为琼浆甘露也。

旅中得谢在杭在彼〔五〕，当不寂寞，三弟亟称在杭胸次爽洁，气味自当投合也。兄闻报便当北发，携家眷从陆为便。

（《袁中郎全集》卷二三）

注释

〔一〕江进之：江盈科，见前《江进之（其一）》注释〔一〕。万历二十六年（1598）大计后，江盈科从长洲知县先报迁吏部考功主事，旋调任大理寺正。大理寺正为掌管刑狱之职，秦、汉时称廷尉正。

〔二〕从臾：亦作"从谀"或"从恿"，即怂恿。无生：佛教术语，涅槃之真理，谓没有生灭。

〔三〕梅中丞：梅国桢，见前《家报（其一）》注释〔七〕。

〔四〕白肌元骨：指江盈科诗有白居易、元稹的风格，这是公安派所仰慕和追求的诗歌旨趣，这种风格通俗、写实，便于抒写性灵。

〔五〕谢在杭：谢肇淛（1567—1624），字在杭，号武林，福州府长乐（今属福州）人。万历二十年（1592）进士，除湖州府推官。二十七年移东昌府推官。天启间累官至广西左布政使。平生游宦南北，交游广泛，著述甚丰，有《小草斋集》等。生平见《明史》卷二八六。

点评

这篇尺牍作于万历二十六年（1598）。这年九月，铨选江盈科调任大理寺正。据袁中道《江进之传》记载，江盈科在长洲知县任满后，本应调升吏部主事，却因"有人中伤之"，而改调大理寺。江盈科作《闻报改官》二首寄袁宏道，诗中有"无心更与时贤竞，散发聊便卧上皇"等句,表露出灰心、归隐之意。宏道回信表达安慰,激励他振作起来,相与力矫时弊。

袁宏道在劝慰他人时,常用诙谐幽默的语言,此处即为一例。尺牍上来先不说改官对江盈科有什么影响,反而先说对自己有诸多好处,即"三快",这些好处抓住了大理寺正这一官职的关键特点,就是"闲"。因为官闲,二人才能经常聚谈,才能饮酒结社,才能随时学佛。这些看似调侃之语,实际上是借己身为他人说法,也说到了江盈科的心坎里。尺牍第二段,袁宏道引用江扇头诗中"为蚓为龙谁小大"之句,进一步打破其内心对于官位大小的分别心,接着,借评诗唤醒他扭转诗风的初心。袁宏道更深层的意思,是希望江盈科能够借助官位所带来的话语权,传播他们的诗文观,扩大公安派的影响。

在袁宏道的劝慰和激励之下,江盈科放弃了归隐之念,毅然北上赴任。有许多人为江盈科感到惋惜和不平,而江盈科却说:"自吾为诸生时,望不及此。及为吏,治繁剧处,耳目纷挐,心思营怦,头须为白。幸不遭褫逐,承乏廷尉。廷尉事省,吾素有述作之志未竟,今可如愿,吾志毕矣。"(袁中道《江进之传》)别人眼中的"冤哉"之事,在江盈科看来却是幸事,因为利用闲职之便完成"述作之志",才是他认为更值得追求的人生价值。

江盈科与袁宏道的友情真挚而持久,除了诗文观念上的相投之外,人生观、价值观上的默契也是重要的因素。在汹涌的时代浪潮中,袁、江二人同舟共济,成为晚明诗坛的弄潮儿。

答谢在杭司理〔一〕

三弟盛称在杭胸怀如月〔二〕，诗思如水，酒态如春。每踞石临流，未尝不思及兄。如人从杭州来，眉目髭须，皆说西湖，今三弟满面皆谢司理矣。江进之才识甚超〔三〕，交游中少见其比。两佳人聚首一城〔四〕，皆以瓠落〔五〕，亦异日一段佳话。弟恨先去，不与七贤之数〔六〕。

小刻较前稍有增定，寄上请教。天气稍温，筛旌可北〔七〕，良晤有期，不多及。

（《袁中郎全集》卷二三）

注释

〔一〕谢在杭：谢肇淛，见前《与江进之廷尉》注释〔五〕。

〔二〕三弟：袁中道，见前《家报（其一）》注释〔六〕。

〔三〕江进之：江盈科，见前《江进之（其一）》注释〔一〕。

〔四〕聚首一城：指谢肇淛与江盈科此时同在仪真。江盈科《雪涛阁集》卷三有《真州除夕》诗，可知万历二十六年（1598）年末，江盈科在仪真，次年正月即北上赴任。

〔五〕瓠（hù）落：空廓的样子，比喻材大不能为时所用。语出《庄子·逍遥游》："魏王贻我大瓠之种，我树之成而实五石，以盛水浆，其坚不能自举也。剖之以为瓢，则瓠落无所容。非不呺然大也，吾为其无用而掊之。"

〔六〕七贤：即"竹林七贤"。这里以"七贤"美称谢、江等人，表达自己不能前来相聚同游的遗憾。

〔七〕筛旌可北：指谢肇淛将北上进京，参加戊戌大计。

点评

这篇尺牍作于万历二十六年（1598）冬，是袁宏道托江盈科转交给同在仪真的谢肇淛的信。

这年冬天，袁中道结束了东南之游，辞别江盈科、谢肇淛等人，回到北京，向袁宏道极口称赞谢肇淛的文章与为人，而江盈科的"扇头诗"应该就是中道帮助转交给宏道的。袁宏道从未见过谢肇淛，却久闻其名，尺牍没有任何一句直接描写，却用间接而奇妙的比喻，把谢肇淛的形象烘托得十分到位。说谢肇淛"诗思如水，酒态如春"，此第一层妙；说人们从杭州归来，"眉目髭须，皆说西湖"，而中道"满面皆谢司理"，以此形容袁中道赞扬谢肇淛时眉飞色舞的兴奋情状，此第二层妙。如此二妙，可以想见谢肇淛本人之风流倜傥何似，仰慕之情跃然纸上。这一类比喻，在袁宏道的尺牍中在在可见，如《答王以明》中，以"渴鹿之奔泉"比喻读书之乐；又如《张幼于》中描写爱官之人"若夺其官，便如夺婴儿手中鸡子，啼哭随之"，等等，丝毫不让人感到生硬或刻意，而能体味出一种流动、活泼的情态。袁宏道的比喻，不是简单地捏出某个意象，而是营造一种喻体氛围，把意象放入意象群中，又把意象群放置于喻体氛围，让读者不自觉地跟着作者的笔触想象，仿佛身临其境，这才是比喻这种修辞手法的最高境界。

与沈伯函水部〔一〕

冬间寒气甚厉，京城如雪窖，冷官如寒号虫〔二〕。每一出门，眉须皆冻。远山、春草数辈〔三〕，面皴皮裂，诤语满室。若得量移〔四〕，便当图南，不能兀兀长守此也。

南郡地暖，以使君之尊临之，如居第六天中〔五〕。然在兄丈亦有小苦。江水虽浩莽，殊无意致，六桥、三竺之想〔六〕，那能一刻去胸中？一苦也。民俗朴鄙，酒甜而浊，酸涩之态，见于筵宴，二苦也。歌儿皆青阳过江〔七〕，字眼既讹，音复干硬，三苦也。又楚之言，酸也愁也，其山水所产之人，多牢骚不平；而其客于斯地者，亦多化而为愁，如仲宣、子美皆然〔八〕。兄才士而多情者也，能不为俗所移邪？

（《袁中郎全集》卷二三）

注释

〔一〕沈伯函水部：沈朝焕（1558—1616），字伯含，号太玄。杭州府钱塘（今浙江杭州）人。万历二十年（1592）进士，二十五年授工部都水司主事，累官至福建布政司参政。著有

《沈伯含集》。生平见高出《沈公行状》。此牍作时，朝焕正在工部主事任上，榷荆州税。

〔二〕寒号虫：又名"鹖旦"，外形如蝙蝠而大，冬眠于岩穴中，睡时倒悬其体。

〔三〕远山、春草：《三朝北盟会编》卷五四载："（吴）敏有侍儿曰远山，美姿容，通文理。敏每为文，使供笔砚之役。"《诚斋杂记》卷上载："白乐天有姬善舞，名春草。"这里借指宏道侍妾。

〔四〕量移：唐代时因罪远谪的官吏，遇赦酌情改近地安置。这里指职位迁换。

〔五〕第六天：佛学术语，欲界之天有六重，第六天称"他化自在天"，为欲界之最上。此界天众自己不用变化出欲乐来享用，却能随意受用其他天人化现出来的欲境。

〔六〕六桥：杭州西湖苏堤上的六座桥。三竺：杭州灵隐山飞来峰东南的天竺山，有上天竺、中天竺、下天竺三座山，合称"三天竺"，简称"三竺"。

〔七〕青阳过江：指戏曲青阳腔，又称"池州腔"，明嘉靖年间，江西弋阳腔传入安徽池州青阳，与当地戏曲声腔相结合而产生。

〔八〕仲宣、子美：王粲、杜甫。东汉末王粲字仲宣，曾至荆州依刘表，作《登楼赋》，为言愁之作。杜甫字子美，晚年流落荆州，寄人篱下，愁肠百结。

这篇尺牍作于万历二十七年（1599）的北京，收信人沈朝焕正在袁宏道的家乡荆州一带征税，暂居沙市。

尺牍第一段是对冬季京师生活的描摹。作为南方人的袁宏道，在天寒地冻的北京，只能畏缩于屋中，除了寒冷，北京的干燥气候也让他难以消受。以至于想立刻离开这种环境，到四季如春的南方做个地方官。而此时的沈朝焕，正在袁宏道所羡慕的环境中，沙市是宏道一直以来理想的卜居之所。可是，尺牍第二段，袁宏道反而替沈朝焕分析起对方的"小苦"来。第一苦，就是沙市山水不如其家乡钱塘有韵味，难免思乡之苦；第二苦，在于民风、美酒比不上钱塘；第三苦，说到楚地盛行的青阳腔鄙俗，令人生厌，不如昆腔婉转可人。最后，提到楚语酸愁，故楚地自古文人多愁苦之言。

细味这些"苦"，并非真苦，不过是袁宏道的游戏之语，是基于地域差异而对老友的一番调侃，以排遣京师生活的苦闷。两人远隔万里，一个人在冰天雪地里冻得瑟瑟发抖，一面忍受着满室谇语，一面呵着僵硬的双手读书、写信；另一个人则沐浴着温暖的微风，乘舟缓缓行于浩渺的长江之上，舟中排列着美酒佳肴，听歌儿度曲，间赋楚骚。谁是真苦，谁是假苦，岂不一目了然了吗？

与李子髯〔一〕

尊嫂之变〔二〕，出自意外，可伤，可伤！弟一岁之内，三肠并裂〔三〕，其痛尤甚。幸尔道力稍坚，不至摧残。令姊儿女情深〔四〕，近亦稍觉轻减。禅那颇通贝典〔五〕，一室之内，所见非焚香面佛，即垂髻安禅者。世间儿女情态，家计生策，不唯不到眉，亦复不到唇齿间矣。终日见人死，何以不怕死？兄勉之。

（《袁中郎全集》卷二三）

注释

〔一〕李子髯：李学元，见前《李子髯》注释〔一〕。

〔二〕尊嫂：指李学元之妻。变：变故，这里指死亡。

〔三〕一岁之内，三肠并裂：指去年宏道之子开美夭折，侍妾某去世。此时又闻学元之妻的讣告。

〔四〕令姊：李学元之姊，宏道之妻，卒于万历三十五年（1607），见袁宏道《祭李安人文》。

〔五〕禅那：宏道与李安人之女，生于万历十五年（1587），十四岁时夭折，性沉静，通佛法。见袁中道《袁氏三生传》。贝典：佛经，因古印度用贝叶写佛经而得名，也叫贝叶书。

　　这篇尺牍作于万历二十七年（1599），是袁宏道写给刚刚经历丧妻之痛的小舅子李学元的安慰信。

　　至亲的去世，总会让人感到悲痛，往时朝夕相处的人忽然永远消失在生活中，可那些记忆都还深深地印在生者的脑海里，只能随着时间的流逝和记忆的衰退抹平悲痛。对于袁宏道来说，目睹死亡、思考死亡都是经常的事，在经常的"练习"下，他从悲痛中走出来所需的时间越来越短，所受到的"摧残"也越来越轻。在宏道的影响下，家庭中的氛围也呈现出佛堂般的安详。宏道的女儿名唤禅那，这个名字体现了他对佛禅的爱好，也预兆了女儿的命运。

　　据袁中道《袁氏三生传》记载，禅那自幼年起就受到佛法的熏习，想要受戒出家，但宏道夫妇没有允许，对她说："儿女身，且适人，不得具戒也。"于是禅那厌恶自己的女身，每次拜佛就祈祷早死。十四岁那年，遂得不治之症，从容死去。禅那的早逝，不能说不是受到独特的家庭氛围的影响。从这件事，可见袁宏道所说世情不到眉间、唇齿间并非虚言。

　　"终日见人死，何以不怕死？"袁宏道一直对死亡保持着敏感而客观的观察，他坦言自己怕黑，怕痛，怕死，于是才不断地思索对死的恐惧，不断地接近于超脱生死的境界。学道者和不学道者的区别就在于是否怕死，在于是否时刻把生死当作头等大事，袁宏道以此劝勉李学元，意味深长。

答王百谷（其一）

一穷广文[一]，骑高骨马[二]，兀兀东华道上[三]，有何情致，而芬王先生口齿邪[四]？残冬至春，燕地特寒，处温室中，如猬入壳。强出拜客，须眉皆冰，手足僵冷，披而入门，妻儿大笑，以为琉璃光如来出世[五]。一室之内，堕指裂肤[六]，谇语谩骂[七]，不肖若不闻也者。方且挥毫命楮[八]，恣意著述，每一篇成，跳跃大呼，若狂若颠，非诚不改其乐[九]，聊以宽啼号之妻子也。

南有堂前既添竹鹤[一〇]，此犹第六天中[一一]，添得宝树及伽陵鸟[一二]，奈何向铁围山人道邪[一三]？不肖往在吴，一鹤忽飞来衙斋[一四]，丹顶长啄，狎之甚驯[一五]。及病将归之前一日，鹤忽长鸣飞去，似有知者。然自今日谭及，亦几谈虎矣[一六]。

（《袁中郎全集》卷二三）

注释

〔一〕广文："广文先生"简称，泛指清苦闲散的儒学教官。典出《新唐书·郑虔传》："（玄宗）更为置广文馆，以虔为博士……时号郑广文。在官贫约甚，澹如也。"袁宏道时任国子监助教，故有此比。

〔二〕高骨马：瘦骨嶙峋的马匹，一般为清官的坐骑。欧阳修《六一诗话》引诗云："县古槐根出，官清马骨高。"用来形容官况萧条。

〔三〕兀兀：形容劳苦不息的样子。东华：东华门。明代中央官署设在紫禁城东华门内，因以借称中央官署。

〔四〕芬王先生口齿：意思是得到王先生的称赞。芬，香，此处作动词用。

〔五〕琉璃光如来：即药师琉璃光如来，东方净琉璃世界教主。身如琉璃，内外明彻。这里以断取手法谐喻"须眉皆冰"的形象，即全身挂满冰雪，晶莹闪亮的样子。

〔六〕堕指裂肤：极其寒冷，以至于手指冻掉，皮肤冻裂。

〔七〕谇（suì）语：斥责，责骂。

〔八〕挥毫命楮（chǔ）：指开始写作。楮，树名，皮可用来制纸，故用以指代纸张。

〔九〕不改其乐：用颜回乐道之典。语出《论语·雍也》："一箪食，一瓢饮，在陋巷，人不堪其忧，回也不改其乐。"这里指乐于此道（著述）。

〔一〇〕南有堂：王稚登的堂号，在其家乡长洲县长春巷，取《诗经》"南有樛木"之意。王稚登有《南有堂诗集》。

〔一一〕第六天：佛教术语，为欲界之顶上。详见《与沈伯函水部》注释〔五〕。

〔一二〕宝树：佛经谓珍宝所成之树林，指极乐净土的草木。《无量寿经》有："四方自然风起，普吹宝树，出五音声，雨无量妙华。"这里比喻南有堂之竹。伽陵鸟：即迦陵频伽（梵语 kalavinka 音译），佛经中的一种神鸟，其声音美妙动听，婉转如歌，胜于常鸟。《妙法莲华经》云："山川岩谷中，迦陵频伽声，命命等诸鸟，悉闻其音声。"这里用来比喻南有堂之鹤。

〔一三〕铁围山：佛教术语，又名斫迦罗山、铁轮山，佛教认为南赡部洲等四大部洲之外，有铁围山，周匝如轮，以铁围成，故名。袁宏道以"铁围山人"比喻自己此时身心受缚，如居铁围山中。

〔一四〕衙斋：衙门里供官员燕居之处。

〔一五〕狎：亲近。

〔一六〕谈虎：即谈虎色变，语出《二程遗书》卷二："真知与常知异。常见一田夫，曾被虎伤。有人说虎伤人，众莫不惊，独田夫色动异于众。若虎能伤人，虽三尺童子莫不知之，然未尝真知。真知须如田夫乃是。"此处用藏词手法，取"色变"之义，意思是回忆起当时情景，为之动容。

点评

这篇尺牍写于万历二十七年（1599）初春的北京。尺牍中多样的修辞手法、令人目不暇接的典故运用，充满趣味感和文学性。全文前后两段形成鲜明对比，苦寒与乍暖，拘束与自由，喧闹与幽静，充满动人的张力。

北京漫长、寒冷的冬季，令南方人袁宏道狼狈不堪。已是开春时节，而北京却依然严寒刺骨，一出门就"须眉皆冰，手足僵冷"，让人根本没有吟诗作赋的心情，只能猬缩于家中，忍听妻儿啼号。眼前的不快让袁宏道不时怀想起故乡的春天，与朋友在万物复苏、满眼青翠中欢饮唱答，如梦如幻。且看他同一时间写给妻弟李学元的尺牍："斋头杨柳青翠，若在眼前。入春以来，醉树下几回？同社几人？作诗文几篇？此皆弟时时形于梦想者。京师此时，霜风尚割人，地皮枯裂，山无寸毛，非厚貂不得出，真辜却好时节也。"（《答李元善》）此时的南方，早已"杨柳青翠"，文人们可以出门踏青，欣赏美景，行酒吟诗；而北京却依然寒风凛冽，寸草不生，不穿厚貂根本无法出门，江南的生活只能"形于梦想"。袁宏道内心的落差可想而知。

如今，袁宏道只能遥遥地羡慕王稚登的闲散生活，回想吴中之鹤，似能通晓人情，别是一般滋味；而这样的生活竟也能"芬王先生口齿"，说明王山人也艳羡着中郎的高官厚禄，诗酒人生。这或许也是一种"围城"之困吧。

答梅客生

一春寒甚，西直门外〔一〕，柳尚无萌蘖〔二〕。花朝之夕〔三〕，月甚明，寒风割目〔四〕，与舍弟闲步东直道上〔五〕，兴不可遏，遂由北安门至药王庙〔六〕，观御河水〔七〕。时冰皮未解〔八〕，一望浩白，冷光与月相磨，寒气酸骨。趋至崇国寺〔九〕，寂无一人，风铃之声与猧吠相应答〔一〇〕。殿上题额及古碑字，了了可读。树上寒鹊，拍之不惊，以砾投之亦不起，疑其僵也。忽大风吼檐，阴沙四集，拥面疾趋，齿牙涩涩有声〔一一〕，为乐未几，苦已百倍。数日后，又与舍弟一观满井〔一二〕，枯条数茎，略无新意。京师之春如此，穷官之兴可知也〔一三〕。冬间闭门，著得《广庄》七篇〔一四〕，谨呈教。

（《袁中郎全集》卷二三）

注释

〔一〕西直门：明代北京内城九门之一，元代称和义门，明时更此名。

〔二〕萌蘖（niè）：草木萌动，长出新芽。

〔三〕花朝:即花朝节,南方以农历二月十五为百花生日,称花朝。《梦粱录》卷一:"仲春十五日为花朝节,浙间风俗,以为春序正中,百花争放之时,最堪游赏。"

〔四〕割目:寒风刺痛眼目。

〔五〕舍弟:指袁中道。见前《家报(其一)》注释〔六〕。东直:东直门,明北京内城九门之一,在东北方位。元代称崇仁门,明时更此名。

〔六〕北安门:明代皇城七门之一,在北面城墙正中,清代改称地安门。药王庙:指北京城内东药王庙,又称小药王庙,为万历三年(1575)太监冯保所建,神宗题匾额"敕建福世普济药王庙",遗址位于今东直门内大街北侧。见明沈榜《宛署杂记》。

〔七〕御河:明代北京外护城河,又称外金水河。袁宏道所观应为东护城河北段与北护城河。当时由东药王庙沿北护城河可直达崇国寺。

〔八〕冰皮:水面上的冰,如水之皮。

〔九〕崇国寺:遗址在今北京市西城区护国寺街。元代始建,初名崇国寺(北寺)。明宣德年间改名大隆善寺,成化年间改称大隆善护国寺。清康熙年间修缮后,改名护国寺,又称西寺。

〔一〇〕风铃:佛殿、宝塔等建筑檐下悬挂的铃,风吹时摇动发出响声。猧(wō):小狗。

〔一一〕涩涩:象声词,因寒冷打战,牙齿摩擦的声音。

〔一二〕满井：满井村，位于北京北郊东直门外，其地因有一口古井，"井高于地，泉高于井，四时不落"，故称"满井"（刘侗《帝京景物略》卷一）。袁宏道于是年早春游览满井，并写下《满井游记》。文中形容井水波光粼粼，清澈见底，水光闪亮如镜。

〔一三〕穷官：指宏道所任顺天府学教授一职。

〔一四〕《广庄》七篇：万历二十六年（1598）冬作，其书旨在推演扩大《庄子》之义，包括《逍遥游》《齐物论》《养生主》《人间世》《德充符》《大宗师》《应帝王》等七篇。

点评

这篇尺牍作于万历二十七年（1599）早春的北京。写下这封信不久之后，袁宏道创作了《满井游记》，可与对读。其实这封信何尝不是一篇精彩的游记呢？如果细细对读，会发现它相当于《满井游记》的另一种写法。

袁宏道笔下的冬季北京，可以是"苦已百倍""略无新意"的；也可以是"鲜妍明媚""娟然如拭"（《满井游记》）的。在此信里，袁宏道说："京师之春如此，穷官之兴可知也。"而在《满井游记》中，袁宏道却说："夫能不以游堕事，而潇然于山石草木之间者，惟此官也。"哪一个才是真实的袁宏道呢？都是。只不过，在给朋友的信中，更多的是心里话与生活本来的样子，而在游记中，进行了艺术加工和境界升华。不同的文体，适合不同的场景，也适合写不同的心境。

读读这篇写给梅国桢的尺牍，了解袁宏道当时的萧索心境，不但丝毫不妨碍《满井游记》在中国散文史上的魅力，反而让我们看到，袁宏道是如何在平淡处发现美，在苦涩中寻找乐趣的。好的文学总是给人以希望，即使这希望是在"为乐未几，苦已百倍"的境遇下写出来的。

答沈伯函〔一〕

荆商之困极矣。弟犹记少年过沙市时〔二〕，嚣虚如沸，诸大商巨贾，鲜衣怒马，往来平康间〔三〕，金钱如丘，绨锦如苇〔四〕。不数年中，居民耗损，市肆寂寥。居者转而南亩〔五〕，商者化为游客〔六〕，鬻房典仆之家，十室而九，而当事者时欲取羡于额外〔七〕，屡盈屡溢，若之何不病且呕也？

今兄灼见弊源，大破旧习，不耗国，不厉民，此正荆民更生之时，而中官之虎而翼者至矣〔八〕。穷奇之腹，复何所厌？垂危之病，而加之以毒，荆人岂有命哉！楚人悍而喜乱，今又激之，噫！此天下大可忧事也。所望调停其中，使饥虎不至于暴横，而商贾不至生心者，唯在吾兄及当事诸大老耳。

时事如此，将何所托足？虽江河为泪，恐不足以尽贾生之哭也〔九〕。客冬闭门〔一〇〕，著书二种〔一一〕，呈教。

（《袁中郎全集》卷二三）

注释

〔一〕沈伯函:沈朝焕,见前《与沈伯函水部》注释〔一〕。时任工部主事,榷荆州税务。

〔二〕沙市:即今湖北荆州沙市。

〔三〕平康:唐代长安有平康坊,为妓女聚居之地,亦称平康里。这里泛指妓院。

〔四〕绨(tí):一种光滑厚实的丝织品。

〔五〕南亩:农田,这里指务农。

〔六〕游客:离家客居他乡谋生的人。

〔七〕取羡于额外:在赋税定额之外,征收额外的钱财。

〔八〕中官之虎而翼者:指湖北税监陈奉,在荆州横征暴敛,令百姓苦不堪言。据《明史》卷三〇五《陈奉传》记载:"万历二十七年二月,命征荆州店税,兼采兴国州矿洞丹砂及钱厂鼓铸事。奉兼领数使,恣行威虐,每托巡历,鞭笞官吏,剽劫行旅。商民恨刺骨,伺奉自武昌抵荆州,聚数千人噪于途,竞掷瓦石击之,奉走免。"

〔九〕贾生之哭:即"贾生涕"。汉文帝时,贾谊曾上《治安策》陈政事,中有"臣窃惟事势,可为痛哭者一,可为流涕者二,可为长太息者三"之语。后以"贾生涕"形容忧国伤时的心情。

〔一〇〕客冬:去年冬天。

〔一一〕著述二种:指《广庄》和《瓶史》。

这篇尺牍作于万历二十七年（1599）的北京，是与进士同年、时任工部主事沈朝焕讨论矿税的信。

从万历二十四年（1596）起，神宗皇帝为了填补庞大的内廷开支，开始派遣身边太监到各地以"开矿""榷税"为幌子大肆敛财，这些太监的权力不受约束，所经之地，横征暴敛，民不聊生，袁宏道的家乡也未能免遭荼毒。尺牍首先描绘了湖北商市在繁重的税收之下日益凋敝的景象，短短几年，商人就从"鲜衣怒马""金钱如丘"到"鬻房典仆""十室九空"，可见当时税收政策的弊病之深。当此之时，正需要有人挺身扭转时弊，与民休息，袁宏道将这希望寄托在沈朝焕身上。可是，还没等荆商振作，万历二十七年（1599）二月，神宗皇帝就派遣亲信太监陈奉到湖广监理矿税。陈奉胁迫官吏，恣行威虐，坑害商贾，强抢民财。这些暴行令袁宏道感到痛心，尺牍字里行间流露出对家乡商贾及百姓的同情，以及对暴戾恣睢者的痛恨。痛恨归痛恨，皇帝身边的人谁也惹不起，位卑言轻的袁宏道只能希望那些有良知的高官能够从中调停，让事态不至于发展到无可挽回。然而，这些担心无济于事，情怀再殷切，也挡不住翻云覆雨，生灵涂炭。

后来，袁宏道所担心的"饥虎暴横""商贾生心"全都发生了。陈奉在从武昌去荆州的路上，被数千商民围攻，由此牵连许多官员和百姓。武昌民变之后，苏州、景德镇、临清等地也相继发生民变，对抗、驱逐甚至殴打、杀死税监。不过，这些反抗丝毫没有影响矿税的征收，矿税政策一直到万历四十八年（1620）神宗皇帝驾崩才被废止，其间各种悲剧层出不穷，令人发指。袁宏道似乎已经预见了这些，他慨叹："时事如此，将何所托足？"故只能闭门著述，聊以解忧了。

答陶石篑（其三）

盛使来〔一〕，得兄书，读之快人。放翁诗〔二〕，弟所甚爱，但阔大处不如欧、苏耳〔三〕。近读陈同甫集〔四〕，气魄豪荡，明允之亚〔五〕。周美成诗文亦可人〔六〕。世间骚人全不读书，随声妄诋，欺侮先辈。前有诗客谒弟，偶见案上所抄欧公诗，骇愕久之，自悔从前未曾识字。弟笑谓真不识字，非漫语也。

《广庄》是弟去冬所作，《瓶史》乃今春著得者，俱附上请教。《徐文长传》虽不甚核，然大足为文长吐气。往曾以老年著述托孙司李〔七〕，久不得报，恨恨。兄幸令侍者录一纸送司李处，渠当留意矣。

（《袁中郎全集》卷二四）

注释

〔一〕盛使：对别人仆役的尊称，又称"盛价""盛介"。

〔二〕放翁：陆游（1125—1210），字务观，号放翁，越州山阴（今浙江绍兴）人。嘉泰年间官至宝章阁待制。著有《剑南诗稿》《渭南文集》。事迹见《宋史》卷三九五本传。陆游被誉为南宋"中兴四大家"之一，今存诗九千余首，其诗众体兼备，意境闳肆，自出机杼，充满爱国忧民之情。

〔三〕欧、苏：欧阳修、苏轼。欧诗众体兼备，风格多样，有转变一代诗风之功，苏轼曾评其"诗赋似李白"（《六一居士集叙》）。苏诗今存二千七百余首，"本似李、杜，晚喜陶渊明"（苏辙《亡兄端明子瞻墓志铭》），其诗境界开阔，气势磅礴，笔力雄健，耐人深思。

〔四〕陈同甫：陈亮（1143—1194），字同甫，人称龙川先生，婺州永康（今属浙江）人。绍熙四年（1193）进士，授建康军节度判官厅公事，未到任而卒。著有《龙川文集》《龙川词》。事迹见叶适《陈同甫墓志铭》。陈亮诗文直抒胸臆，慷慨激昂；词境磅礴，不作妖媚语。

〔五〕明允：苏洵（1009—1066），字明允，号老泉，眉州眉山（今属四川）人。后人将其与其子苏轼、苏辙合称为"三苏"。著有《嘉祐集》。生平见欧阳修《苏明允墓志铭》。苏洵文章"不为空言而期于有用"（《荐布衣苏洵状》），气势夺人，语言犀利，旁征博引，呈现出奇雄高古的风格。

〔六〕周美成：周邦彦（1056—1121），字美成，自号清真居士，钱塘（今浙江杭州）人。曾任提举大晟府。著有《清真集》。《宋史》卷四四四有传。邦彦之诗独辟蹊径，似韩愈、李贺，其文"经史百家之言，盘曲于笔下，若自己出"（楼钥《清真先生文集序》），其词卓然自成一家，被誉为"二百年来，以乐府独步"（陈郁《藏一话腴》）。

〔七〕老年著述：指徐渭晚年所著诗文。孙司李：孙应时，承天府钟祥（今属湖北）人，时任绍兴府推官，袁宏道曾委托其搜寻徐渭诗文。司李，亦作"司理"，府推官的别称。

点评

这篇尺牍作于万历二十七年（1599），是与陶望龄论诗之作。

在北京任职期间，袁宏道利用顺天府学和国子监藏书，广泛阅读了唐宋人文集，顿生相见恨晚之感。他在写给师友的信中，屡屡提及这种感受，如前举与冯琦、梅国桢等信，又如《答王以明》："近日始学读书，尽心观欧九、老苏、曾子固、陈同甫、陆务观诸公文集，每读一篇，心悸口呿，自以为未尝识字。"在这封写给陶望龄的信中，他对这些宋代文人进行了比较，认为放翁诗的境界在开阔处不如欧、苏，又认为陈亮的诗文气象可与苏洵比肩。单从尺牍看，宋诗极大地打开了袁宏道的眼界，也让他自愧不如。但如果考察他系统阅读宋诗的动机，就会发现，这是一次有针对性的阅读行为——正是为了矫复古派"文必秦汉，诗必盛唐""唐后无诗"等言论之枉，对"世间骚人"的"随声妄诋，欺侮先辈"的拨乱反正。在前面所选袁宏道写给张献翼的尺牍中，有一句话道出原委："世人喜唐，仆则曰唐无诗；世人喜秦、汉，仆则曰秦、汉无文；世人卑宋黜元，仆则曰诗文在宋、元诸大家。"

尺牍又依次提及搜寻、整理徐渭诗文之事。徐渭被袁宏道从故纸堆中发现，是偶然，也是必然，袁宏道曾高度评价徐渭："其诗尽翻窠臼，自出手眼。有长吉之奇而畅其语，夺工部之骨而脱其肤，挟子瞻之辨而逸其气。无论七子，即何、李当在下风。"(《冯侍郎座主》) 徐渭是袁宏道手里的一把利剑，剑锋所指，正是复古派摹拟蹈袭的弊病。

答谢在杭〔一〕

葡萄园之乐〔二〕，至今未减，不意尊兄遂有此苦。弟谓此公最嫌人作乐〔三〕，每于世间乐人，加意摧折。观兄今岁事〔四〕，与弟昨岁所遭〔五〕，即可知已。世间富贵功名之人，快意尽多，此公殊不见怪，独一一作达之人〔六〕，罚之恐后，乃知乐之一字，其福倍于功名富贵远矣。吾兄岂以一二俗情上事，而遂改弦易辙耶？努力自爱，无过苦恼。

（《袁中郎全集》卷二四）

注释

〔一〕谢在杭：谢肇淛，见前《与江进之廷尉》注释〔五〕。

〔二〕葡萄园之乐：指万历二十六年（1598），袁宏道兄弟发起成立蒲桃社（葡萄社），在京西崇国寺谈禅论诗。谢肇淛在北京大计候命时，曾参与诗社活动。

〔三〕此公：指上天，天公。

〔四〕今岁事：指谢肇淛因得罪知府陈经济，戊戌大计失利，故而于万历二十七年（1599）平级远调东昌推官。可刚到任，就得知儿女在奔赴东昌途中因翻船而夭折的消息。

仕途的跌宕与丧子之痛令他意志消沉，苦恼万分。见《小草斋集》卷一四《得儿女道亡耗二首》《齐中杂诗十首》等。

〔五〕昨岁所遭：指万历二十六年（1598）三月，宏道之子开美夭折。

〔六〕作达：任性放达，不加拘束。

点评

这篇尺牍作于万历二十七年（1599），是袁宏道给谢肇淛的回信。

万历二十六年（1598）戊戌大计，因受上司的中伤，谢肇淛从湖州推官平级调任东昌推官。位于山东西部的东昌，对闽人谢肇淛来说需要离家万里。且祸不单行，他刚到衙署，就得知儿女在途中遇难的噩耗。谢肇淛悲痛欲绝，他一方面要在新的环境下安顿，另一方面又反复咀嚼丧子之痛，回忆过去的时光。在这期间，他写下了许多感伤的诗歌，如"衙斋初遣使，迟汝到彭城。只讶无消息，那知隔死生。离颜空入梦，乍语错呼名。孤客零丁日，啼鸟夜夜声"（《小草斋集》卷一四《得儿女道亡耗二首》其二）。

谢肇淛生性孤傲，不善曲阿，可工作内容偏偏是迎来送往、点头哈腰。因此，在东昌推官任上的谢肇淛，和在吴县令任上的袁宏道一样，每天都经受着精神折磨。此间诗作，颇有消沉退缩之意，如"苦被征官累，驱驰只骨存。冲泥披露莽，投宿向山村。土榻寒难寐，银鞍险易翻。不知五斗米，销尽几人魂"（《小草斋集》卷一四《入秋淫雨弥日，忽节使夜至，同诸官送迎跋涉百里，怅然口占二首》其一）。

　　同样作为父亲，同样做过地方基层官吏的袁宏道，深切地同情和理解谢肇淛的悲痛与艰辛。他安慰谢肇淛说，这都是天公弄人，而且越是任性放达之人，上天越是无所不用其极地捉弄，反而那些随波逐流之辈，能够安享功名富贵。与顺从本心的快乐相比，功名富贵都是浮云，以此劝慰谢肇淛不要过于悲伤和灰心，要努力自爱。

答王百谷（其二）

闻近况甚适，又言将有岱宗之游[一]。仆来岁亦将乞假而南，或得与杖屦相值[二]，亦佳事也。江令君每会必剧谈[三]，近复留心性命，长安中得此良友，殊不寂寞。仆宦意甚阑，又如作吴令时矣。自思口腹无几，身世受用亦无几，安能劳碌事此生乎？青毡虽闲[四]，要亦有拜客及不情应答之苦，终不若山居之稳贴也。

凉鞋便可充远游履，谨拜赐。忆昔吏吴时，曾向小平头言及[五]，足下犹复记持不忘，王先生真长者也。

（《袁中郎全集》卷二五）

注释

〔一〕岱宗：泰山，因其居五岳之首，为诸山所宗，故称岱宗。

〔二〕杖屦相值：即相遇。

〔三〕江令君：江盈科，见前《江进之（其一）》注释〔一〕。时任大理寺正。剧谈：畅谈。

〔四〕青毡：比喻清贫的生活。这里指官俸微薄的顺天府学教授。

〔五〕平头：奴仆所戴的头巾，指代奴仆。

点评

这篇尺牍作于万历二十七年（1599）的北京，与老友王稚登交流近况。

本年三月，袁宏道升任国子监助教，仍是清闲多暇的教职。不过，他对做京官的兴趣也不大，"宦意甚阑，又如作吴令时矣"，归根到底，就是不愿意劳碌，即使清闲得仅剩下"拜客"和"应答"，他也以为甚苦。加上对北京气候的不适应，袁宏道又盼望着回到南方生活。在这一时期的尺牍中，他频繁提到"稍转即图改南"(《李龙湖》)、"稍得转部，便图改南"(《又焦弱侯座主》)，又说南方"山水清佳""人士朴雅"，故有"卜居之志"，可见他对南方自然风光与人文气息的青睐。

王稚登的生活让袁宏道羡慕不已——没有官职的束缚，没有家眷的牵累，游踪不定，飘然若仙。反观自己，为了口腹之欲，寄居北方，顿生厌恶之感。在北京的两年中，袁宏道靠着性命朋友度日，差可抵消这类消极情绪。王稚登随信附赠的"凉鞋"十分有趣，也意味深长，这或许就是传说中的"谢公屐"，它代表着游历山水与隐遁山林的理想。凉鞋之馈，唤起了袁宏道的吏吴记忆，想必也唤起了他辞官远游的初心。如今，当他又踏入纷扰的俗世，为了养家糊口而委屈自己的本心，这时，老友从遥远的南方传来消息，言及将登临岱宗，一览众山。袁宏道枯坐衙斋，凝视着案头的那双凉鞋，思绪不禁飞回了洞庭、天目、雁荡、西湖……

答黄无净祠部〔一〕

弟往在邸，尝语伯修曰："今时作官，遭横口横事者甚多，安知独不到我等也？今日吊同乡，明日吊同年，又明日吊某大老〔二〕，鬼多于人，哭倍于贺，又安知不到我等也？"以是无会不极口劝伯修归，及警策身心事，盖深虑朝露之无常〔三〕，石火之不待〔四〕。不幸而不待者果不相待，痛哉！

然伯修有甚深慧，中阴当得自由〔五〕，但未尽漏人〔六〕，未免添一番苦耳。以弟观之，眼前数十年内，所余几何，纵复得之，有何光景？若不力学，皆是添业之日〔七〕。程途有分〔八〕，资粮早办〔九〕，便为得计，去之迟速，可勿论也。后事赖诸长兄得办，虽复骨肉，何以加此？弟将以仲春前后，迎至三辅〔一〇〕，水道迂缓，从陆程为便。讣至之日，家祖母遂亦长逝〔一一〕，此情可知。临书莽莽，不文不次〔一二〕。

〔一〕黄无净祠部：黄大节，字斯立，号无净，赣州府信丰（今属江西）人。万历十四年（1586）进士，授太常博士。时任礼部祠祭司署郎中事主事。宏道长兄宗道之丧，全赖在京友人帮助料理。

〔二〕大老：资深望重的大官。

〔三〕朝露之无常：早晨的露水，太阳一出就被蒸发了。比喻生命短暂，不能久存。

〔四〕石火之不待：以石敲击，迸发出的火花，其闪现极为短暂。比喻事物无常，生命短暂。

〔五〕中阴：佛教语，指轮回中死后、生前的过渡状态，其间虽离形躯，仍有五阴（色、受、想、行、识）。佛教认为中阴身如小儿，以七天为一期而生于本处，共有七期四十九天，这一时间段亡者的灵魂叫中阴。

〔六〕尽漏：漏刻的水滴尽，比喻死亡。

〔七〕添业：增加罪孽。

〔八〕程途：路程，比喻修行达至觉悟、解脱的过程。

〔九〕资粮：钱粮，为人生存之本，故佛教用以比喻善根功德。

〔一〇〕三辅：汉代治理京畿地区的三个职官——京兆尹、左冯翊、右扶风的合称。这里指京师附近之地。

〔一一〕家祖母：指袁氏兄弟的庶祖母余氏，生于正德十年（1515），卒于万历二十八年（1600）。生平见袁宏道《潇碧堂集》卷一五《余大家祔葬墓石记》。

〔一二〕不文不次：书信用语，意思是没什么文采，也不详说了。

点评

这是收在《瓶花斋集》的最后一篇尺牍，作于万历二十八年（1600），袁宏道此时正在公安家中。

本年三月，袁宏道升任礼部仪制司主事，四月，兄宗道升任右春坊右庶子，都是好事，可接着不幸不断发生。先是女儿禅那夭折，宏道携中道南下回公安，仲冬月二十五日，庶祖母余氏卒，当天又接到长兄宗道的讣告，得知宗道已于九月在任上"恙极而卒"，其后，又传来好友潘士藻去世的消息。接连不断的噩耗反复捶打袁宏道兄弟的内心，宏道的悲痛心情可想而知。由于宏道和中道已于八月离京，宗道的丧事全靠在京诸友人代为料理，当讣告传至公安时，已经过去三月有余，袁宏道立即写信给黄大节等人，表达对京中诸友的感谢，也表达了面对生死无常、志于学道的紧迫心情。

其实，袁宗道也是生死心切，但迫于生计，不得不在仕途上快马加鞭。京官劳苦不易，宗道总能苦中求乐，可内心也会矛盾。他在去世前两年，曾给朋友写信说："不佞畏怖生死，发心参学，今又十年，老冉冉至矣。"（《答友人》）可惜天不假年，不久之后，袁宗道刚刚升官，就死在了任上。作为宏道性命之学的启蒙老师和亲密手足，袁宗道的溘然长逝对宏道刺激很大，从此宏道对世情更加灰冷、悲观，他发心专注于修行，立志究明生死之道。宏道在人生观方面是"早熟"的，他早就厌倦官场的氛围，二十九岁就辞官远游，参禅悟道。因此，他对官场中发生的一系列人事变故格外敏感，他曾委婉地劝说宗道离开官场，宗道也曾有过激烈的思想斗争，总想着以后有机会，没想到生命这么快就到了尽头。

从"今日吊同乡，明日吊同年，又明日吊某大老"，到吊女儿，吊兄长，吊朋友，袁宏道感到了切己之悲，不一定哪日就轮到自己，越发急迫地学道，以解决生死之惧。每个人何尝不是这样呢，生死不到眼前，总觉得还有时间，还有机会。

龚惟学先生〔一〕（其一）

　　某此回得请〔二〕，甚快，今年粗了匡山〔三〕，此外别无分毫想。儿孙，块肉耳；田舍，邮也〔四〕；身体手足，偶而已〔五〕。皆不足安顿计较。客居柳浪馆〔六〕，晓起看水光绿畴，顿忘栉沐。晨供后，率稚川诸闲人〔七〕，杖而入村落。日晡，棹小舟以一桡划水，多载不过三人。晚则读书，尽一二刻，灯下聚诸衲掷十法界谱〔八〕，敛负金放生〔九〕。暇即拈韵赋题，率尔倡和，不拘声律。闲中行径如此，聊述之去牍，以当一夕佳话也。

（《袁中郎全集》卷二五）

注释

　　〔一〕龚惟学：龚仲敏（1547—1602），字惟学，号逊亭，又号夹山，宏道三舅，万历元年（1573）举人，官嘉祥、太原、岚县知县。曾主修《嘉祥县志》。为李贽、焦竑所赏。

　　〔二〕得请：指告病请归得到批准。万历二十八年（1600）七月，宏道奉差往河南周藩瑞金王府掌行丧礼。次年迎兄宗道灵柩，以哀痛得病，上疏告归。

　　〔三〕匡山：即庐山。

〔四〕邮：驿站。指田舍只能供人短暂停留，不能长久拥有。

〔五〕偶：灵魂的寄居体。

〔六〕柳浪馆：袁宏道自北京回公安后的隐居之所，因在柳浪湖畔，故称柳浪馆。

〔七〕稚川：晋葛洪的字，葛洪好神仙，死后，人以为成仙。道家传说稚川为仙都，为稚川真君所居。这里指隐遁田园之人，因为龚仲敏好仙道，所以用此典。

〔八〕十法界谱：画有十法界的图谱，作为游戏之具。十法界是佛教术语，在《法华经》中分别指地狱界、饿鬼界、畜生界、阿修罗界、人界、天界、声闻界、缘觉界、菩萨界和佛界。

〔九〕敛负金放生：把输者的钱收集起来，买来别人捉住的活鸟、活鱼等，放归自然。

点评

尺牍作于万历二十九年（1601）的公安。钱伯城先生系年为万历二十八年（1600），但尺牍中提到"某此回得请""今年粗了匡山"，袁宏道是在万历二十九年奉使河南事竣后，上京复命途中顺便游览庐山的，后迎兄宗道灵柩于仪真，以哀痛得病，上疏告归。故尺牍应系于此年。详见沈维藩先生《袁宏道年谱》。

袁宗道的突然去世，加深了袁宏道的退隐之意。他还频繁写信给黄辉、陶望龄、顾天埈、李腾芳等好友，劝他们退隐。他甚至一改此前"人情必有所寄，然后能乐"（《李子髯》）的说法，重新认为："回首往日孟浪之语最多，以寄为乐，不知寄之不可常。"（《李湘洲编修》）

为了隐居，袁宏道在城南买得三百亩洼地，建柳浪馆，与中道及僧人共居于此。明明是自己的园地，偏说"客居"，蕴含了袁宏道对人生无常的深刻思考。暂时居住不意味着长久拥有，正如他的诗句"年年山易姓，事事水催澜"（《潇碧堂集》卷六《竹林为官谷物，今属小修，四岁中凡易三主矣。余频年兴作，故后半以自箴，仍用前韵》）所体悟的无常。尺牍描绘了在柳浪湖居完整一天的生活：早晨起来欣赏湖光山色，晨供过后，到村落中散步，夕阳西下，与二三知己泛舟湖上，夜晚灯下读书，闲时随意酬唱。交际圈子简单纯粹，身边无非同志闲人，在这样的生活环境下，袁宏道获得了内心的平静与自在。

龚惟学先生（其二）

　　闻岚地寒甚[一]，而尊殊不以为苦。悬鞭彻棘[二]，浩浩然如处花林醘国[三]。此其地则寒，而民则暖，何怪尊之乐之也？然为岚计，则愿必世百年[四]；为主人计，则顾得一内擢[五]，稍释拮据之苦，优游二三长者之间，课山水之奥，结当来之缘[六]，种花赋诗，随口即讴，此亦生人之至乐，而某与遁庵翁负弩先驱者也[七]。夫尊岂恋恋一官者哉？虽然，白香山七十致政[八]，自以为达；陶彭泽八十日为令[九]，自以为苦。两人者所遇不同，其趣未始不一也。

　　某近来始知损事之乐。所谓损事者，非独人事，田宅子女皆是也。小穷则小乐，大穷则大乐。衣食仅充，余则施之，是为损事要法。盖有一分余，则有一分兴作图度[一〇]，小余则造房治产，大余则为孙子计，无所不至。宅则欲柏欲楠，田则欲膏欲沃，又或谋之不可知之枯骨，以幸其长且久，此无他，资有余而心为之驱使颠倒也。宗少文云："吾已知富不如贫，贵不如贱。"[一一]始以为矫谈[一二]，今乃信之。往曾与黄平倩言[一三]，但看长安街夜半时，古庙冷铺中，乞儿丐僧，齁齁如雷吼；而白髭老贵人，拥绵下帏，乞一合眼而不可得，则宗少文之言验矣。

（《袁中郎全集》卷二五）

注释

〔一〕岚地：太原府岚县（今属山西），龚仲敏时任岚县知县。

〔二〕悬鞭彻棘：这里指将县中治理得很好，没有刑罚诉讼。彻，通"撤"。

〔三〕花林醑（xǔ）国：鲜花如林、美酒如海的国度。醑，美酒。

〔四〕必世百年：（为岚县考虑）必须经过三十年乃至上百年的治理，才能实现儒家所谓"仁政"理想。《论语·子路》："如有王者，必世而后仁。"孔安国注："三十年曰世，如有受命王者，必三十年仁政乃成。"

〔五〕内擢：升调到京城做官。

〔六〕结当来之缘：结缘佛法，为来世得度创造条件。当来，将来。

〔七〕遁庵：龚仲庆，宏道四舅，详见前《龚惟长先生（其一）》注释〔一〕。负弩先驱：县令身背弓矢走在前边去迎接，以示敬重。《史记·司马相如列传》："太守以下郊迎，县令负弩矢先驱。”

〔八〕白香山：指白居易，致仕后与香山僧人如满结香火社，自称香山居士。

〔九〕陶彭泽：陶潜，曾任彭泽县令。

〔一〇〕兴作图度（duó）：兴建，谋划。

〔一一〕宗少文：南朝宋隐士宗炳，字少文。按，“吾已知”句实际上是东汉隐士向长之语，出自《后汉书》卷八三《逸民列传·向长》：“读《易》至损、益卦，喟然叹曰：‘吾已知富不如贫，贵不如贱，但未知死何如生耳！’”

〔一二〕矫谈：掩饰真情的言论（以显示自己的清高不凡）。

〔一三〕黄平倩：黄辉，见前《伯修（其一）》注释〔一四〕。

点评

此篇作于万历二十九年（1601）冬，时在公安闲居，有归隐意。

袁宏道的这篇尺牍，揭示的正是人性中贪得无厌、对物质生活永不知足的一面。他的解决方法是：在满足基本生活需要之外，散尽余财，因为，只要有余财，就会耗费精力去使用它，从而带来无尽烦恼。表面上看，似乎因噎废食，但抛开字面，细味其理，不可谓不精辟。《易》有“损”“益”二卦，东汉名士向子平读至此，喟然叹曰：“吾已知富不如贫，贵不如贱，但未知死何如生耳！”损与益，是相反相成的，一味地求增益，最终反而亏损，这正是不知餍足的后果。

总之，袁宏道所谓"损事之乐"，就是在物质享受上不断克制与收敛，其目的正是为精神世界腾留出空间和可能性。他向来反感"忙"，提倡"闲"，小修称他"天性慵懒"，他自己也常说"懒于世事"。其实，"懒"的实质是不屑，不屑于为了"蜗角虚名"和"蝇头微利"而"着甚干忙"，袁宏道与他所激赏的苏东坡一样，有着旷达的名利观和人生态度。在他眼中，比起心事重重、难以安眠的"白髭老贵人"，心思纯粹、鼾声如雷的"乞儿丐僧"反而更快乐，更自由。因此，袁宏道认为，应当及时行乐，不必为子孙积攒钱财，更不必忧虑未来，这样方能臻于"洒脱"的境界。

黄平倩〔一〕（其一）

　　参山道中逢胡舍人〔二〕，得兄手书，其悉近况。此山奇绝，其石则昆仑、玄圃〔三〕，其宫室则祈年、未央〔四〕，其树则孔明庙前老柏也。匡山之胜〔五〕，以涧以瀑，其他不当香炉一峰〔六〕，五老差敌耳〔七〕。未知峨眉真能伯仲否也〔八〕。

　　学道之不利官久矣〔九〕，当事者之意，将以解官难诸大夫，此犹纵鱼于壑而放鸟于山，其谁不快？然弟亦有此言，谓既持释子戒，口断荤血，身断冶淫，心中断却了子孙田宅之想，诸皆可断，而官独不断，何以自解于天下也？当事者此举，未可谓非一番大炉冶也〔一〇〕。家之不可学道，犹官也。官有友而不暇，家则暇而孤，唯游可兼得之。弟意欲春秋入山谙访，冬夏则闭门读书而已。既已图出世一大事，而其肠胃所贮，若依然只俗子家物，何若不谈之愈哉？

　　古人学道贵密〔一一〕，不惟令人不觉其长〔一二〕，亦且不尽见己之是。即如布施一事〔一三〕，随分周邻里乡党则密〔一四〕，必名山大刹，通邑大都，则愚者骇，智者笑矣。

五度皆然〔一五〕，举一可例。吾辈所谓持戒精进，得无有不觉不知，堕此区宇者耶？此饮药而服忌，不若不饮之愈也。弟近来痛省此病，故言及此，所谓腊月扇子〔一六〕，恐南地寒暄不常耳。

（《袁中郎全集》卷二五）

注释

〔一〕黄平倩：黄辉，见前《伯修（其一）》注释〔一四〕。黄辉当时辞官归家，学佛以自遣。然有时望，与郭正域、顾宪成齐名。

〔二〕胡舍人：胡应台，时任中书舍人，详见后《陶周望宫谕》注释〔七〕。

〔三〕昆仑：昆仑山。玄圃：传说中昆仑山顶的神仙居处，中有奇花异石。玄，通"悬"。

〔四〕祈年：即祈年宫，秦惠公时所造，故址在今陕西省凤翔县南。未央：即未央宫，汉高帝所建，故址在今陕西西安的长安故城内。

〔五〕匡山：即庐山。

〔六〕香炉：香炉峰，在庐山之北。奇峰突起，状似香炉，气霭若烟，有如焚香，故称。

〔七〕五老：五老峰，在庐山东南。五峰耸立，如五位席地而坐的老翁，故名。

〔八〕峨眉：峨眉山，在今四川峨眉山市西南，以有山峰相对如蛾眉，故名。因黄辉是四川人，故宏道随口相问。

〔九〕学道之不利官：指黄辉因崇信佛教，喜与僧徒往来，引起当权者不快，遂退官家居。

〔一〇〕炉冶：冶炼。

〔一一〕密：不公开，保密。

〔一二〕长：优势，正确。

〔一三〕布施：原指布散、施舍财物给别人。佛教传入后，以"布施"为梵文 Dāna（檀那）的意译词，特指向僧侣施舍财物或斋食。

〔一四〕随分：随意，随便。周：帮助，接济。

〔一五〕五度：佛教术语，指五种修行的法门，即布施、持戒、安忍、精进、禅定。度，即梵文 pāramitā，音译为"波罗蜜多"，意为到达彼岸之上。

〔一六〕腊月扇子：禅宗语，农历十二月用不着扇子，喻指无用、累赘的言句知解。

点评

尺牍作于万历二十九年（1601），时黄辉为当道所忌，有告病归里之想。他致信袁宏道，诉说了近况，宏道复信表达劝慰。

袁宏道之萌生退意，除了兄长去世造成的打击外，也与执政者对以他们兄弟为首的蒲桃社成员的不满甚至忌恨有关。据沈德符《万历野获编》卷二七记载："己亥、庚子间，楚中袁玉蟠太史同弟中郎，与皖上吴本如、蜀中黄慎轩，最后则浙中陶石篑以起家继至，相与聚谈禅学，旬月必有会。高明士夫翕然从之。时沈四明执政，闻而憎之，其憎黄尤切。"黄辉引起了当时首辅沈一贯的不满，袁宏道也被视为怪异，陶望龄曾在与友人信中说："袁中郎礼部，天才秀出。蚤年参究，深契宗旨；近复退就平实，行履精严。然不知者或指目为怪罔，而疑仆不宜与游。"(《歇庵集》卷一六《与友人》)为了避祸，万历二十九年（1601），袁宏道托病，请求"回籍调理"。不久之后，果然出事——次年春，李贽被逮自杀于北京，张问达、冯琦等借机上疏暗攻黄辉、陶望龄等人，黄辉于是不得不"移病请急归"。

袁宏道在尺牍中委婉地表达了对黄辉高调学道的劝诫，他认为在官学道和在家学道都是不合适的，会招致他人的侧目甚至迫害，最稳妥的办法是在游历山水中学道。从宏道适时而退的想法和做法上，能够看出他对时局的敏感机警。

陶周望宫谕〔一〕

去年入匡山，今年入太和〔二〕，天目、洞庭〔三〕，直魁丘耳〔四〕。兄真解官去，弟来春当之西湖，偕游天台、雁荡〔五〕，便了却武夷、普陀诸约〔六〕。新其所常见，而证其所不至，亦快事也。

会胡太六〔七〕，知社中兄弟近益精进〔八〕。弟谓诸兄纯是人参、甘草，药中之至醇者。若弟直是巴豆、大黄〔九〕，腹中闷饱时，亦有些子功效也。

家父迫弟出，而弟懒于世事，性僻而疏，大非经世料材。弟又生计减少，数椽残茅，十亩秫田〔一〇〕，已付之妻儿管理，身口自足，无庸劳心仕途。弟客居村庐，四方道侣分餐而食，虽亲戚朋友亦不责弟以常礼，及告以风水田宅、往来酬答之事，弟公然一方外人也。然弟尚以为苦。出门虽敝衣踉跄，人必指曰某官人。数日一见妻子，或告曰，某篱落坏，儿子某废学。党中有不解事者至〔一一〕，言及乡里间不平之事，未免动念。若一离家，并前数事亦无，眼中得不常见烂熟人，虽俗亦快也。

静虚兄恐已归〔一二〕，所云顿除渐修〔一三〕，大非弟指，不知以何为修。若云蔬食断腥是修，则牛羊鹿豕亦蔬也。若云长夜不眠是修，则训狐〔一四〕、蝠、鼠亦不眠也。若云一念不起是修，则无想诸外道亦不起也。若云腾腾任运〔一五〕、不着不滞是修，则蛙鸣鸟语，亦腾腾任运也。《楞严经》云："一迷为心，决定惑为色身之内。"〔一六〕凡六根可摄持〔一七〕，皆身也；可分疏悟入〔一八〕，皆身见也〔一九〕。所云渐修，不知当从何处着手。静虚若未去，幸以此字示之。

（《袁中郎全集》卷二五）

注释

〔一〕陶周望宫谕：陶望龄，见前《伯修（其二）》注释〔一〕。当时陶望龄已从詹事府右谕德任上告归，谕德别名宫谕，故称。

〔二〕太和：即武当山。

〔三〕天目：天目山，见《伯修（其四）》注释〔九〕。洞庭：山名，在太湖中的东南部，有东、西二山，西洞庭山即古包山，东洞庭山今与陆地相连形成半岛，今属苏州吴中区。

〔四〕魁丘：小土丘。意思是与庐山、太和山相比，天目山和洞庭山相形见绌。

〔五〕天台、雁荡：天台山和雁荡山，分别见前《陶石篑（其二）》注释〔五〕、〔六〕。

〔六〕武夷：武夷山，位于今江西与福建西北部两省交界处武夷山市。秦汉以来，即为佛教、道教栖息之地，南宋朱熹曾在此讲学。普陀：普陀山，古称梅岑山，在今浙江省舟山市普陀区。普陀，梵语Potalaka的省音译，又译作补怛洛迦、普陀洛迦、布达拉。后人据《华严经·入法界品》，将梅岑山附会为善才参访观音菩萨的普陀洛迦山。

〔七〕胡太六：胡应台（1574—1644），字征吉，号泰六，长沙府浏阳（今属湖南）人。万历二十六年（1598）进士，授中书舍人，迁兵科给事中，转吏科，以直言忤时相，出为江西督学。累迁太仆卿、应天巡抚、两广总督、南京刑部尚书。以忤魏忠贤夺职。崇祯初起刑部尚书，以忤外戚乞终养归。袁宏道曾于万历二十六年（1598）前后结识新科进士胡应台，此时胡自京中来，故知在京为官的陶望龄、黄辉等人近况。

〔八〕社中兄弟：蒲桃社的成员。万历二十六年（1598），由袁宏道倡议，在京西崇国寺成立蒲桃社，又作"葡萄社"，主要活动是论学谈禅，成员有三袁兄弟、潘士藻、刘日升、黄辉、陶望龄、顾天埈、李腾芳、吴用先、苏惟霖等。

〔九〕巴豆、大黄：中药名，都是泻药，主治积食、便秘。

〔一〇〕秫（shú）：黏高粱。

〔一一〕不解事：不懂事理。

〔一二〕静虚：王赞化，见前《吴敦之》注释〔八〕。

〔一三〕顿除：突然消除。渐修：渐次修行（以达到觉悟境界）。禅宗中有顿悟、渐悟两种修行方法。

〔一四〕训狐：亦作"训胡"，鸺鹠的别称，猫头鹰的一种。

〔一五〕腾腾任运：无心无为，顺其自然。见于《宗镜录》卷二四："汝若悟此事了，但随时着衣吃饭，任运腾腾。"

〔一六〕"一迷为心"句：出自《楞严经》卷一，意思是把妄念迷情误认为心性，认为它就在众生的身体之内。

〔一七〕摄持：控制。

〔一八〕分疏悟入：通过辨别（六根）来觉知并证得。

〔一九〕身见：佛教术语，梵语 satkāya-drsti 的意译，音译作"萨伽耶见"。指执著于身体为实有，执著于所拥有的事物的错误观念。属于"五见"之一。

点评

这篇尺牍作于万历三十年（1602），与前一篇给黄辉的尺牍写于同时，内容也大体相似，是劝说陶望龄及时解官退隐。

告病归里后的袁宏道游兴不减，先是前往玉泉山勘察，后又随父亲游均州太和山，在山中会胡应台，问及京中友人的近况，得知社中兄弟因学佛而受到排挤，黄辉、陶望龄等人有退隐之意。袁宏道对此表示关心，因此托胡应台捎信给陶望龄等人，力劝其归隐保身。他现身说法，说自己没有经世致用之才，与世无争，同时也无心于利禄，不再往来酬答。但因为身在家乡，街坊邻居不免论短说长，家中儿女也频劳牵挂，不得自在，于是远走山中，避烂熟之人，才能获得真正的清净和快乐。

从尺牍看，这一时期的袁宏道曾对"渐修"之法提出质疑，尤其对诸如"蔬食断腥""长夜不眠""一念不起""小不着不滞"等具体做法表示异议。他认为所谓"渐修"都是无从下手的空谈。袁宏道曾在《珊瑚林》中指出："佛喻五阴之中,决无有我,辟如洗死狗相似,洗得止有一丝毫,亦是臭的,决无有不臭者,此喻绝妙。今学道者,乃在五阴中作工夫,指五阴光景为所得,谬矣。"执著于消除"五阴",就意味着有"五阴"之念,就会离解脱更远,得不到佛智。总而言之,袁宏道不同意王赞化的"渐修",而主张顿悟,在日常生活中领悟禅机,以无心作事,而不是通过反生活、反人性的修行。

萧允升庶子〔一〕

海内交游〔二〕，如兄丈之于不肖兄弟有几〔三〕？夫世有肤交〔四〕，有骨交〔五〕，有气交〔六〕。骨交则荆、聂之俦也〔七〕。气交者气味相合，如水之于盐〔八〕，自非性命相期〔九〕，胡以至此！若兄丈之于先伯修是已〔一〇〕。

忆壬辰之岁〔一一〕，弟初获交于诸道友，先兄踞坛而坐〔一二〕，念方、则之丈论难叠出〔一三〕，足为千载一时〔一四〕。曾未几何〔一五〕，而东零西散，念方既已下世，先兄继之，射堂秋月〔一六〕，有若隔世，人生会合，何可常也！

弟已绝意仕进，而家父意尚果〔一七〕，然未便驱弟出山〔一八〕。庵居柳浪湖〔一九〕，长杨万株，柏千本〔二〇〕，湖百余亩，荷叶田田，与荇藻相乱；树下为团瓢〔二一〕，茶瓜莲藕，取给有余。弟又不常居乡，才了匡山，便入太和〔二二〕，解夏后〔二三〕，入衡岳〔二四〕，遇缘则住，不则去，亦足以乐而待死矣。知兄信我，漫一及之〔二五〕，不可为不知者道也。

注释

〔一〕萧允升：即萧云举，详见前《伯修（其一）》注释〔二三〕。云举时任右庶子。

〔二〕海内：即四海之内，全国范围内。交游：交际，结交朋友。

〔三〕兄丈：对年长于自己的朋友的尊称。

〔四〕肤交：交情不深的朋友，泛泛之交。

〔五〕骨交：过命的交情，可以为对方放弃生命。

〔六〕气交：同气相求、精神相通的知己。

〔七〕荆：指荆轲（？—前227）战国末期卫国人，燕太子丹奉为上客，为报主恩，入秦刺杀秦王嬴政，事败被杀。事见《史记·刺客列传》。聂：指聂政。战国时韩国人。严仲子与韩相侠累有仇，重金礼聘聂政刺杀侠累，政以母在而不允。待母逝姊嫁，因感恩于知己，于是刺杀侠累，替严仲子复仇。事成之后，恐连累其姊，乃毁容自尽。事见《史记·刺客列传》。

〔八〕水之于盐：盐溶化在水里，比喻难分彼此。

〔九〕性命相期：以生命互相期许、约定。

〔一〇〕先伯修：指已经去世的长兄袁宗道。

〔一一〕壬辰：指万历二十年（1592）。

〔一二〕踞坛而坐：比喻居于主持者之位。

〔一三〕念方：李启美，字念方，一字成甫，南昌府丰城（今属江西）人。万历十四年（1586）进士，曾任翰林院检讨。著有《李太史集》。则之：王图，字则之，详见《伯修》

注释〔二二〕。

〔一四〕千载一时：一千年才有这么一个好时机。形容机会非常难得。语出晋王羲之《与会稽王笺》："遇千载一时之运，顾智力屈于当年。"

〔一五〕曾未几何：时间刚过去没多久。

〔一六〕射堂：古时习射的场所，亦指考试贡士之所。这里指袁宏道在进京参加会试期间，结识的一些道友，其中包括王图、萧云举、李启美等宗道的同年或同僚。秋月：袁宏道于万历二十年（1592）秋离京回乡，可以想见同道朋友在秋月之下聚首与告别的场景。

〔一七〕果：坚决，带有势在必行的意味。

〔一八〕未便：没有立即。

〔一九〕柳浪湖：袁宏道自北京回公安后的居住地，据袁中道《柳浪湖记》："郭外西南，柳湖与斗湖，一湖也。长堤间之，为大道，达于南门。其内为柳浪。柳浪，汇通国之水，穿桥入于斗湖，柳浪实湖也。"袁中道《中郎行状》："时于城南得下洼池，可三百亩，络以重堤，种柳万株，号曰柳浪。"

〔二〇〕桕（jiù）：乌桕，落叶乔木。种子外层可制蜡烛和肥皂，种子可榨油，叶可制黑色染料，树皮和叶均可入药。

〔二一〕团瓢：又作"团焦""团标"，圆形草屋。

〔二二〕太和：太和山，即武当山。

〔二三〕解夏：佛教语，谓僧尼一夏九旬安居期满而散去。这里借指夏天过去。

〔二四〕衡岳：南岳衡山。

〔二五〕漫：随意，没有拘束。及：提及。

点评

这篇尺牍写于万历三十年（1602）夏，袁宏道当时在公安柳浪湖闲居。

萧云举与袁氏兄弟交好，尤其与伯修意气相投。因此，这封信开头便追溯深厚的交情。回忆起十年前，刚刚考中进士的袁宏道随兄长入京，结识一众海内豪杰，大家围坐一起，激浊扬清，真可谓"千载一时"。转眼间，朋友们死的死，散的散，再也回不到那样的情境了。如果说，彼时的袁宏道还有一腔救世的热血，那么，如今都已化为悲凉，化为泡影。袁宏道在这一时期的尺牍中，屡屡提到其父逼他再度出仕，如《黄平倩庶子》："虽严亲尊命，屡以出相迫，然懒癖已成。"又如《陶周望官谕》："家父迫弟出，而弟懒于世事。"再如《潘茂硕》："家大人迫弟甚，入秋当强颜一出，辟之胡孙入笼，岂堪跳掷！"可以想象，袁父从始至终希望三个儿子能努力仕进，以弥补自己一生无功名的遗憾，尤其在伯修死后，这份希望自然落在了中郎身上。他或许也能理解父亲的心情，但他显然并不想因此而委屈本心。

中国古代文人常在仕与隐之间反复徘徊，袁宏道就是典型的一例。我们简单回顾一下他的官宦生涯：万历二十年（1592）袁宏道进士及第，二十三年除知吴县，二十五年辞职而去，二十六年赴京任职，二十八年告病隐居，三十四年复起京官，三十八年告病归里，旋即病逝。纵观这十六年的人生经历，三进三出，仕与隐各占一半，其中的纠结与矛盾不言自明。用袁中道的话说："中郎肝胆具足，实有用世之具，而天性慵懒，置之山水间则快，而置之朝市中则神情愀然不乐。"（《珂雪斋集》卷二三《报伯修兄》）不过，袁宏道真正兴起隐居之意，是在万历二十八年（1600）长兄宗道病逝之后。这一年袁宏道回到家乡，开始营造柳浪馆作为隐居之所，他在尺牍中频繁提及悠然自在的闲居生活。

从这篇尺牍看，柳浪湖占地百余亩，堤上栽种杨柳松柏，湖中荷叶相连，藻荇交横，筑草庐于树下，三餐自给自足，一派静谧自得的生活气息。袁宏道时而闲居，时而漫游，唯求自适自得，他叮嘱萧云举"不可为不知者道"，自得其乐，不足为外人道，颇有桃花源中人的口吻。

据《（康熙）荆州府志》记载："柳浪湖，袁中郎馆，柳阴河浪，春夏如碎锦云铺。董思白题馆额曰'抱瓮亭'。""抱瓮亭"原是袁宗道北京宅邸中的一处亭台，从"抱瓮"二字能够看出宗道的田园之思。宏道曾作《抱瓮亭记》，委婉地规劝宗道辞去劳神伤身的官职，退出"羊肠路险"的官场，真正过上抱瓮灌畦、自由自在的生活。遗憾的是，宗道至死也没能如愿以偿。高悬"抱瓮亭"的牌匾，寄寓着对宗道的思念，也蕴含着对自己的警醒。

冯尚书座主〔一〕

方春卿之命下〔二〕，凡在门下士，无不延颈举踵，且庆且慰者。无何而东朝建〔三〕，二十年廷臣所争而不可得者，一旦遂定。此虽主上独断，抑亦吾师之将顺者潜而速也〔四〕。某殊悭缘，不获一睹其盛。居常持镜自照，此等骨相，岂堪入甘肥场〔五〕？自分与吠蛤鸣蛙一体歌咏太平〔六〕，亦乐而甘之。唯师席日远，万万不能忘情。海内如师之爱门生，忘其百漏而取其一得者有几？某岂木石，而不自知？夫以某之拙似傲，懒似慢，虽同辈或不可堪，而师爱之惜之，终始如一日，某独何心，能不填胸刻腑也？自恨才力钝劣，不能建一奇，当一官，百负师门。唯诗文一事欲稍自振拔，山水性命之余，聊一发之，而质凡下，不合古辙，谨录记文数首、山行诗数篇尘览〔七〕，比于诙谈，得师破颜一笑足矣。惟师削而正之。然过此亦欲焚却笔研，人生精力几何，若为以有限之精神〔八〕，事此无益之伎俩也！即此是名根未尽，山中人不破此障，亦何异纷华世味也？毕竟诸缘皆易断，而此独难舍，或亦文人之业习耶？

去年游匡庐，今春登太和，皆奇奥之极。解夏后，复欲束装入衡岳〔九〕。海内奇山水，计十年可尽。择其地胜而人清者居之，俟师他日归来，某方策杖过东海，穷览邹、鲁之胜〔一〇〕，坐日观而扣云来〔一一〕，与师评天下山水佳绝处，以当卧游〔一二〕，此即某之所以上报知己者也。狂谈可笑之甚，唯师恕之。

先兄恤典〔一三〕，《会典》具载〔一四〕，谨遣小价上疏，伏念先兄讲读四年，竟以此卒。生平修谨，无纤毫过，讲明圣学，似亦朝贤之所许可，倘荷特恩，荫恤赠谥，皆例所有，是在尊师主持耳。然亦未敢必疏之当上否也〔一五〕。唯尊师裁之。

（《袁中郎全集》卷二五）

注释

〔一〕冯尚书座主：冯琦，见前《冯琢庵》注释〔一〕。冯琦时新任礼部尚书，且为宏道乡试主考官，故称"尚书""座主"。

〔二〕春卿之命：指万历二十九年（1601）十月擢冯琦为礼部尚书的任命。《周礼》以春官宗伯掌礼，后世因称礼部长官为"春卿"。

〔三〕东朝建：指万历二十九年（1601）明神宗立储之事。

东朝，即东宫。万历朝"国本之争"长达十五年之久，明神宗不喜长子朱常洛，而有意立宠妃郑贵妃之子朱常洵为太子，大臣与皇太后极力反对。直到万历二十九年，在李太后的干预下，明神宗做出让步，朱常洛才被册封为太子。

〔四〕将顺者潜而速：指冯琦在神宗立储一事中因势利导，发挥了关键作用。据《明史》卷二一六《冯琦传》记载，神宗下诏册立东宫后，司设监掌管仪仗的宦官借口费用不足，拖延不办。冯琦认为"今日礼为重，不可与争"，其堂弟户部主事冯瑗正押解饷银四万余两出京，冯琦立刻派人追还，解决了礼仪费用问题，使得册封典礼如期举行。

〔五〕甘肥场：肥美之地，指争名逐利的官场。

〔六〕吠蛤鸣蛙：鸣叫的青蛙，比喻浅薄喧闹的人。

〔七〕尘览：相当于说有污尊目，是请对方阅读的谦辞。

〔八〕若为：表示反问，怎能。

〔九〕衡岳：南岳衡山，在今湖南省衡阳市北。

〔一〇〕邹、鲁：邹国和鲁国，分别是孟子、孔子的故乡，在今山东一带。

〔一一〕日观：日观峰，又称介丘岩，在泰山玉皇顶东南，以适合观日出而得名。云来：传说东海外蓬莱仙岛的别称。

〔一二〕卧游：以欣赏山水画、游记代替游览。典出《宋书》卷九三《宗炳传》，南朝宋画家宗炳晚年老病，将毕生所见景物绘于居室之壁，自称"卧以游之"。

〔一三〕先兄：指袁宗道，万历二十八年（1600）冬在东宫詹事任上去世，从万历二十五年（1597）任皇长子经筵讲官算起，"讲读"刚满四年。卒赠礼部侍郎。恤典：朝廷抚恤已故官员的典例，一般包括辍朝示哀、赐祭、配享、追封、赠谥、树碑、立坊、建祠、恤赏、恤荫等。

〔一四〕《会典》：即《明会典》，明孝宗始修，弘治十五年（1502）修成。正德四年（1509）敕命李东阳等重校刊行。嘉靖间续修。万历四年（1576）敕命张居正总裁重修，十三年修竣，凡二百二十八卷，以六部官制为纲，以事则为目，分述明代开国至万历十三年间各行政机构的建置沿革及所掌职事。文中所指当为《万历重修会典》。

〔一五〕必：确定，肯定。

点评

作于万历三十年（1602）夏，是宏道为给亡兄宗道乞恤而写给礼部尚书冯琦的一封信，但并没有开门见山，而是先叙他言，全文可作三段看。

首先，宏道对座师升任礼部尚书表示祝贺，顺便赞扬了老师在立储一事上的果敢作为，同时为不能躬逢盛事、当面道喜表示遗憾和歉意。随之谈及自己不能在仕途上有所作为，愧对老师的爱惜与提携。接着话锋一转，提到近作诗文，不但没有了此前的自信与锐气，反而基本否定了这些诗文的价值，称之为"无益之伎俩"。这不能不令人联想到本年三月的李贽案，冯琦的上疏添了一把火，促成了黄辉、陶望龄的悲愤离去。如何想象，作为李贽的知己，冯琦的门生,黄辉、陶望龄的挚友,袁宏道的心情该有多么复杂呢？"焚却笔研"与其说是中郎的自我忏悔,不如说是他面对复杂时局的自我保护,否定过去的自己,才能与那些"异端异学"划清界限。

尺牍第二段叙说近日行踪,袁宏道有一个长远的计划,想十年之内遍游"海内奇山",这时的他,肯定不知道自己只剩下不到十年了。他还盼着能与老师一同"评天下山水绝佳处",他肯定也想不到冯琦两年后就去世了。如果中郎的生命再长一些,或许他能实现心愿。只是不管生命再长,也总会有遗憾。

尺牍第三段是为亡兄宗道请恤典,这属于礼部尚书冯琦的职权范围。不过,据史料记载,直到明光宗继位（1620）,才追赠袁宗道为礼部右侍郎。

答陶周望〔一〕

藻来〔二〕，具知真切矣。山居颇自在，舍弟近亦喜把笔。闲适之时，间亦唱和。柳浪湖上〔三〕，水月被搜〔四〕，无复遁处。往只以精猛为工课〔五〕，今始知任运亦工课〔六〕。精猛是热闹，任运是冷淡，人情走热闹则易，走冷淡则难，此道之所以愈求愈远也。弟学问屡变，然毕竟初入门者，更不可易。其异同处，只矫枉过直耳，岂有别路可走耶？据兄所见，则从前尽不是，而今要求个是处，此事岂可一口尽耶〔七〕？今日如此，明日又如此，才有重处〔八〕，随即剿绝〔九〕。今日之剿，在明日又重处矣。游山若碍道，则吃饭着衣亦碍道矣。如此则兄真如陈同甫所云〔一○〕，虽咳嗽亦不可者。道实碍人之物，人亦何用求道耶？

（《袁中郎全集》卷二五）

注释

〔一〕陶周望：陶望龄，详见前《伯修（其二）》注释〔一〕。

〔二〕藻：华丽的辞采，指对方的书信。

〔三〕柳浪湖：袁宏道在公安的隐居地。见前《萧允升庶子》注释〔一九〕。

〔四〕被搜：被通"披"，揭开。搜，搜索。意思是水面之上，月光遍照。

〔五〕精猛：专心致志。工课：佛教语，亦作"功课"，指每日按时诵经、参禅打坐。

〔六〕任运：听凭命运安排，顺其自然。

〔七〕一口尽：即禅宗话头"一口吸尽西江水"的省略，见前《张幼于（其二）》注释〔三二〕。

〔八〕重处：重复、相同的处境。

〔九〕剿绝：消灭。

〔一〇〕陈同甫：陈亮，见前《答陶石篑（其三）》注释〔四〕。后"虽咳嗽"一句出自《龙川集》卷二〇《与朱元晦秘书》其二："来谕便谓'做沂水舞雩意思不得，亦不是抱膝长啸底气象'，如此则咳嗽亦不可矣。"

点评

这篇尺牍作于万历三十年（1602），在尺牍中，袁宏道叙说了自己近来思想的转变，也对"游山碍道"等说法作出了回应。

乡居期间，袁宏道的思想发生了一些转变，首先就是从喜好热闹到接受冷淡。他说"人情走热闹易，走冷淡难"，人的本性是趋易避难，因此越追求热闹，离道越远。袁宏道曾向往"目极世间之色，耳极世间之声，身极世间之鲜，口极世间之谈"（《龚惟长先生》）的人生境界，认为"人情必有所寄，然后能乐"（《李子髯》），此时则有了另一番认识。他自言"世情觉冷"，对"粉黛"的追求和"青娥之癖"也稍有"清减"和"勘破"（《顾升伯修撰》《李湘洲编修》），那个曾高调宣称自己"好色"的袁中郎，如今彻底推翻了年轻时的豪言壮语，理性得令人难以置信。然而，袁宏道毕竟还是有所寄托，只不过转而寄情于山水和佛禅。他反思自己的学佛历程，总结出"学问屡变"的特点，其背后的道理正在于"矫枉过直"，正是这种"矫枉过直"，才成就了袁宏道学问与诗文的不同凡响。

袁宏道对"游山碍道"的说法不满，他把"游山"和"吃饭着衣"等量齐观，后者是人生存的必需，可见"游山"在袁宏道心中的分量之重。与其说"游山"重要，不如说以"游山"为代表的自然而然的生命状态对袁宏道来说重要。他反对"游山碍道"说，就是反对把道当作一本正经的目标去追求，反对假借学道的名义打乱日常生活的规律。禅宗讲求"不修而修"，袁宏道深得其精髓，既然道无处不在，何妨学道于山水之间呢？

袁无涯〔一〕

不肖诗文多信腕信口，自以为海内无复赏音者〔二〕，兄丈为之梓行，此何异疮痂之嗜〔三〕。幸谨藏之奥〔四〕，为不肖护丑，勿广示人也。至嘱，至嘱。

戊戌以后〔五〕，稍有著述，去僧忙，不及录寄，附去《广庄》及《瓶花集》诗各一册，余俟怡山还致之〔六〕。明春当偕家弟南行，或得相从虎丘道上也〔七〕。

（《潇碧堂集》卷一八）

注释

〔一〕袁无涯：袁叔度，字无涯，苏州府吴县（今属苏州）人。经营书坊书种堂，有书林白眉之誉。曾为宏道刊刻诗文集数种，称门人。以最早刊刻百二十回本《水浒全传》著称。

〔二〕赏音：知音。

〔三〕疮痂之嗜：原指爱吃疮痂的癖性，形容嗜好古怪、与众不同。《南史·刘穆之传》："邕性嗜食疮痂，以为味似鳆鱼。"

〔四〕奥：堂奥，房屋深处隐蔽的地方。

〔五〕戊戌：万历二十六年（1598）。

〔六〕怡山：即理顺和尚，字行中，号怡山，博通内外学，工诗文，兼通医学，圆龙律师法嗣。明崇祯元年（1628）住持大昭庆律寺禅堂。著有《昭庆十咏》。

〔七〕虎丘：山名，见前《梅客生（其一）》注释〔一五〕。

点评

这篇尺牍作于万历三十年（1602），为答谢袁叔度为其刊刻文集之事。

袁宏道多次自言诗文创作"信腕信口"，这是他用以矫正复古派诗风文风的一种方式，在强调"独抒性灵，不拘格套"的同时，他心里也很清楚这样做是"矫枉过直"，是为了"击破珊瑚网"，而不是说诗文可以不守规矩地任意创作。因此，在颠覆了世人束手束脚的诗文观、扭转了毫无个性的复古的诗风文风之后，这种"信腕信口"的方式就完成了历史使命，可以退出历史舞台了。袁宏道对此是很清醒的，因此，尺牍中对袁无涯"谨藏之奥""勿广示人"的叮嘱，不仅是自谦，也是对"信腕信口"所可能造成的流弊的一种警告。从袁宏道后期诗文尺牍中，我们也能看到他文学思想的自我"修正"，与其说是"修正"，不如说是对过往做法的"解释"，其用意是提示世人，袁中郎不可学，"公安派"不可学，一旦学了，就会陷入新的蹈袭摹拟的窠臼。

袁宏道一直在变，无论是学佛，还是作诗，唯一不变的，是对"真"的追求。什么是真？就是不断否定自己，不断剥掉社会所强加给人的伪饰，到自然中去，到广阔的天地间去。

王百谷（其二）

楚中绝无江南士人，但时有白足赤髭耳〔一〕。问王先生近况，亦复不晓。每思包山、天目之胜〔二〕，屐齿辄跃，遂欲买舟，便道访半偈主人〔三〕，而堂上白头往往见勒〔四〕，明年寻一佳题目东下〔五〕，当了此愿也。

王路鸠材僧入楚〔六〕，不能得杞梓梗楠之一〔七〕，不佞稍为区置〔八〕，仅获蒲柳下材数十株耳〔九〕。其实湘中富室，不能敌吴之婺人〔一〇〕。僧云东洞庭有陶朱、猗顿焉〔一一〕，且与百谷为戚，愿得百谷布施蜡花笺一幅，未识可否。山房数额〔一二〕，望老手一挥〔一三〕，便付去衲。

（《袁中郎全集》卷二五）

注释

〔一〕白足赤髭：泛指有道行的僧人。南朝梁慧皎《高僧传》卷二载："舍为人赤髭，善解《毗婆沙》，时人号曰赤髭毗婆沙。"卷一〇又载："始足白于面，虽跣涉泥水，未尝沾湿，天下咸称白足和尚。"

〔二〕包山：西洞庭山。天目：天目山，详见《答陶周望宫谕》注释〔三〕。

〔三〕半偈主人：王稚登的别号。

〔四〕堂上白头：对年迈父母的尊称。勒：强制，强迫（出来做官）。

〔五〕题目：借口，名义。

〔六〕王路鸠材僧：王路庵负责采集木材的僧人。鸠材，即"鸠工庀材"，召集工匠，准备材料。王路，见后《与王百谷》注释〔二〕。

〔七〕杞梓楩楠：杞木、梓木、黄楩木与楠木，产于荆楚之地，都是上等木材。《左传·襄公二十六年》曰："如杞梓、皮革，自楚往也。"《墨子·公输》云："荆有长松、文梓、楩楠、豫章。"

〔八〕区置：筹划购买。

〔九〕蒲柳：即水杨，入秋即凋零，质性柔弱。

〔一〇〕窭（jù）人：穷苦人。

〔一一〕陶朱、猗顿：陶朱即范蠡，与猗顿都是战国时期著名的富人。这里借指巨富之家。

〔一二〕额：厅堂正面悬挂的牌匾。

〔一三〕老手：这里指熟于书法而技艺精湛。

点评

这篇尺牍作于万历三十一年（1603）冬，向王稚登求题匾额。钱伯城先生系年于万历三十年（1602），不确。据袁中道《珂雪斋近集》卷一《游荷叶山居记》载，荷叶山居后堂板扉有万历三十一年宏道题词，曰："构小室之日，王路庵僧来辞，将归吴；附一纸，乞王百谷书额。……百谷老矣，未知健饮否。诸额未知何时见还。且未知此字到时，余室皆落否也。书此以俟。"

　　尺牍回忆了任职吴县时，与王稚登同游包山、天目的往事，游兴复燃，想要重游故地，重会故人，却迫于父亲的压力，无法付诸实践。袁宏道与王稚登已阔别数年，只能依靠王路僧往来吴、楚之间传书联络。此时宏道正在荷叶山构建楼阁，准备来年避暑之地，正逢王路僧归吴，便顺便给王稚登寄去书信，请求他为新构建筑题写匾额，尺牍的附启理应有这些楼阁的名称："门榜荷叶山房，次松风涧。堂榜净绿堂。斜月廊在堂之后，梅花之右，取李群玉诗也。花之西，葺小室曰梅花奥。"（袁中道《游荷叶山居记》）在收入别集时，附启连带这些富有意境的堂号廊名都被删去了，我们只能通过袁中道的记录一窥当时荷叶山居的美景。

萧允升祭酒〔一〕

山野姓名生涩〔二〕，分不宜入春明门〔三〕，以是虽有便邮，不敢辄通一字。九方之急千里〔四〕，犹千里之急九方也。以是舍弟虽在门墙〔五〕，亦不敢以一字道谢。不知射堂夕月〔六〕，西门春柳〔七〕，犹记往日周旋否〔八〕？屈指十年之间，故交落落，有若晨星，伯修墓上〔九〕，白杨几堪作柱，百念那得不灰冷也？

山中莳花种草，颇足自快。独地朴人荒，泉石都无，丝肉绝响〔一〇〕，奇士雅客亦不复过，未免寂寂度日。然泉石以水竹代，丝肉以莺舌蛙吹代，奇士以蠹简代，亦略相当，舍此无可开怀者也。此近日未尽习气也，遇有道者，不得不暴〔一一〕，以希忏悔〔一二〕。

（《袁中郎全集》卷二五）

注释

〔一〕萧允升：萧云举，见前《伯修（其一）》注释〔二三〕。云举时任国子监祭酒。

〔二〕山野：山村僻野，指自己。

〔三〕春明门：古长安城东三门之中门，是京城的代称。

〔四〕九方：九方皋，春秋时相马家，伯乐曾推荐他为秦穆公相马。千里：千里马。萧云举为国子监祭酒，负责选拔天下英才，故有此说。

〔五〕门墙：孔子弟子子贡把孔子高深的学问比做高高的宫墙，能得其门而入的人很少。语本《论语·子张》："夫子之墙数仞，不得其门而入，不见宗庙之美，百官之富，得其门者或寡矣。"后比喻师门。宏道之弟中道时为太学生，是萧云举的学生，故称门墙。

〔六〕射堂：见前《萧允升庶子》注释〔一六〕。

〔七〕西门：北京西直门。

〔八〕周旋：徘徊逗留。

〔九〕伯修：袁宗道，此时已去世三年。

〔一〇〕丝肉：乐器声和歌声。

〔一一〕暴：通"曝"，暴露。

〔一二〕忏悔：佛教语，梵文 ksama，音译为忏，意译为悔。佛教规定，出家人每半月集合举行诵戒，给犯戒者以说过悔改的机会。后成为自陈己过、悔罪祈福的一种宗教仪式。

点评

这篇尺牍约作于万历三十一年（1603）后，写给老友萧云举。

当时中道已然中举，准备参加次年春天的会试，萧云举为国子监祭酒，负责考核选拔全国举子。袁宏道与萧云举相识于万历二十年

（1592），那时，他刚刚考中进士，而萧云举是兄长宗道的同僚好友，意气相投。万历二十七年（1599），袁宏道入京任职，中道也进入太学读书，三袁与萧云举等友人结蒲桃社，极一时之盛。如今，十多年过去了，蒲桃社早已解散，故人寥落如晨星，宗道谢世，宏道退隐，袁氏兄弟中年纪最小的中道也即将参加春闱；萧云举则从未离开过国子监，从司业、右庶子，到祭酒、詹事，培养了不少人才。宏道写信给老友，既是感谢他一直以来对中道的教导与提携，也是诉说别后景况，表明心迹。他自称"山野姓名生涩"，消解了作为精英的身份意识，站在了与朝廷相对的民间立场，这是山居多年的袁宏道对自己的重新定位，十年里，他两度告归，近一半的时间都在山水中度过。

袁宏道对萧云举讲述了自己的百念灰冷，分享了寂寞却自得其乐的山居生活，或许这些对萧云举来说并不具有吸引力，因为萧云举是一个热心于事功之人。他三十三岁中进士，选翰林院庶吉士，三十六岁授翰林院检讨，十年后升左参赞，又九年间，历官国子监司业、右庶子，升祭酒、詹事。四年后升礼部右侍郎，教习庶吉士。又一年，改吏部右侍郎，充经筵日讲，官三品。万历三十八年（1610）主庚戌会试，拔韩敬、钱谦益等三百人……萧云举一步一步地成为朝中重臣，道德文章帝王师。

不过，萧云举应该对万历三十年（1602）前后那场政治风暴记忆犹新，李贽被逮自杀，蒲桃社溃散，社员好友纷纷出走，接着"妖书案"发，僧人紫柏达观与朝廷官员纷纷入狱，波诡云谲的气氛下，萧云举是如何度过的？他的内心是否有过挣扎？这些只能付诸历史的烟云了。

黄平倩（其二）

客岁附一纸[一]，托令弟转达[二]，正是小雪时节。后闻以入贺里旋[三]，此纸亦当浮沉矣[四]。弟近日此心真死矣，邑中颇有流寓者[五]，与之商榷甚快。小修近造亦奥[六]，非复别兄光景也。此事只求安心，便作官也好，作农夫也好，作侩儿市贾亦好。《杂花》五十三知识[七]，单明此义，如王、赵诸公[八]，以儒而滥僧，皆走别路者也。凡事只平常去，不必惊群动众，才有丝毫奇特心，便是名根，便是无忌惮之小人，反不若好名利人，真实稳安，无遮拦，无委曲，于名利场中作大自在人也。兄利根慧性，一拨便转，弟知兄从此放下千二百担子，胜去却通身枷锁也。

诗文是吾辈一件正事，去此无可度日者，穷工极变，舍兄不极力造就，谁人可与此道者？如白、苏二公[九]，岂非大菩萨？然诗文之工，决非以草率得者，望兄勿以信手为近道也。客冬见邸报[一〇]，得诗二章奉寄，久无便邮，今始得呈，然亦不知何时得过锦江也[一一]。

注释

〔一〕客岁：去年。

〔二〕令弟：黄辉之四弟黄熿，字昭质，号庭翠，顺庆府南充（今属四川）人，万历二十年（1592）进士，授户部主事，晋兵部武选司员外郎，擢汝南布政使参政。官至山东按察使。《（嘉庆）南充县志》有传。

〔三〕入贺：入朝贺岁。里旋：回乡。

〔四〕浮沉：指信件遗失。详见前《丘长孺》注释〔三〕。

〔五〕流寓：流落他乡居住的人。

〔六〕小修：袁中道，见前《家报（其一）》注释〔六〕。奥：精深。

〔七〕《杂花》：《华严经》别称。五十三知识：《华严经·入法界品》中，在文殊菩萨指导下，善财童子参拜听法的五十三位菩萨及高僧。知识，即"善知识"，佛教称能引发他人向上、增善去恶乃至证悟成佛的人。

〔八〕王、赵诸公：指王图、赵南星等"以儒滥僧"的学者。王图生平见详见《伯修》注释〔二二〕。赵南星（1550—1627），字梦白，号侪鹤，自号清都散客。京师真定府高邑（今属河北）人。万历二年（1574）进士，官至吏部尚书。东林党要员。天启中与邹元标、顾宪成号为"三君"，因忤阉党被诬放归，后谪戍代州。崇祯二年（1629）追谥忠毅。有《梦白先生集》。事迹具姚希孟《赵忠毅公墓志铭》。

〔九〕白、苏二公：白居易、苏轼，均为佛教居士。

〔一〇〕客冬：去年冬天。邸报：见前《冯琢庵师》注释〔二〕。

〔一一〕锦江：岷江分支之一，位于四川成都平原。传说蜀人用江水洗锦则颜色鲜艳，故称锦江。

点评

这篇尺牍作于万历三十三年（1605）春。此时袁宏道在公安，黄辉在四川南充故里，由于山水阻隔，通信不便，去年的信没有寄达，去年的诗也才寄出。

不像袁宏道早早退隐，黄辉直到万历三十年（1602）李贽被捕时，还对时局抱有希望，但礼科都给事张问达弹劾李贽的奏疏已然含沙射影："近来缙绅士大夫，亦有捧咒念佛，奉僧膜拜，手持数珠，以为律戒；室悬妙像，以为皈依；不遵孔子家法，而溺意禅教者。"（《万历野获编》卷十《黄慎轩之逐》）明显攻击的就是黄辉等一众信佛的士大夫。于是，黄辉马上"移病请急归，再召遂不复出"（同上）。袁宏道曾多次劝诫、安慰黄辉，这首尺牍也不例外。他告诉黄辉，学道之事"只求安心"，更要有"平常心"，同时应保持低调。他在此前的尺牍中也曾叮嘱黄辉"学道贵密"——自己心中有数就行，没必要说出来、表现出来，以免惊扰他人，被人嘲笑、嫉恨甚至迫害。从黄辉的经历来看，袁宏道说的这些都切中肯綮。

接着，袁宏道谈到诗文，他以"穷工极变"与黄辉共勉，同时也规劝黄辉决不可以把"草率""信手"当作"诗文之工"。诚然，袁宏道自言诗文"信口信腕",但他不是把"信口信腕"当作准则,而是为了冲破复古派的束缚而不得已的做法。一旦它成为一种导向和理论,就有滑向草率庸俗的危险。袁宏道所担心的诗风堕落终究还是发生了,钱谦益曾这样描绘"公安派"所造成的影响:"狂瞽交扇,鄙俚公行,雅故灭裂,风华扫地。"(《列朝诗集小传·丁集》)从文学发展的历史看,袁宏道及其追随者"带坏了"晚明的诗歌风气。此时的袁宏道也意识到了流弊,因此开始检讨自己诗文"刻露之病"(《叙曾太史集》),以此警示世人,但显然已力不从心了。

与友人〔一〕

数日来入沙头〔二〕，始知仁兄补官命下。一穷舍人〔三〕，携一千二百余利齿〔四〕，嚼长安尘沙，那得不饥？甚为仁兄虑之。弟明春决意泛舟北行，入西湖过夏，中秋夜可得共踏射堂佳月〔五〕，谈别后最得意事也。近日所与游者何人？个中事看得破不？兄明慧有余，而深沉不足，果于任而浅于几〔六〕。果于任，则易视天下事；而浅于几，则易视天下人，处世者之深忌也。昔苏翁之论张德远也〔七〕，曰："明于知君子，暗于知小人。"此古今高士通病，然自是不学之过。学则眼开，眼开则自不受瞒，可以应世，可以济世，可以出世。

应世者〔八〕，以世为应迹而应之者也，如周濂溪、庞道玄其人是也〔九〕，应亦出也。济世有三种：有以出为济者，佛图澄、陆法和、姚广孝之类是也〔一〇〕。有以应为济者，张子房、狄梁公、李邺侯等是也〔一一〕，辟则纯绵裹铁，不露锋刃。又辟则掷剑挥空，空轮不亏〔一二〕，至矣化矣。有以济为济者，汉、唐以来，建功立业，不有其身者皆是。然各有学术，各各开眼，不似今人冥行径趋〔一三〕，动而得过者比也。唯实参究，广诵读，多会人，可免此过。弟与兄同此病者，愿各努力。秋来偶读《实录》〔一四〕，见前辈诸大老，颇有其人，未有不学而能济世者。京师豪杰海也。世界如此之大，相识如此之多，岂无一二人与古先抗衡者？兄幸虚心求之，有则急以报我。

（《袁中郎全集》卷二五）

注释

〔一〕友人：各本均未注明，或为苏惟霖。惟霖字云浦，号潜夫，一作潜甫，荆州府江陵（今属湖北）人。万历二十六年（1598）进士。曾归隐龙湾。三十三年，补中书舍人。历监察御史、山西巡按，终河南按察副使。《（光绪）江陵县志》卷二七有传。惟霖之女嫁宏道之子岳年。袁中道《珂雪斋集》中有《送苏中舍云浦北上》，作于万历三十三年（1605）的沙市，内容即赋诗送苏惟霖赴京任中书舍人一职。

〔二〕沙头：沙市，今湖北省荆州市沙市区。当时袁中道在沙市居住。宏道晚年定居沙市。

〔三〕舍人：中书舍人。明代属内阁中书科，掌书写诰敕、制诏、银册、铁券等事，从七品。

〔四〕一千二百余利齿：指一家四十多口人，极言需要养活的家口之多。

〔五〕射堂佳月：指万历二十年（1592）中秋，袁宏道在北京贡院与诸位朋友聚首的场景。见前《萧允升庶子》注释〔一六〕。

〔六〕几：几微，预兆，隐微却重要之处。

〔七〕苏翁：苏云卿，四川广汉人，北宋末年隐士，人称"苏翁"。其布衣之交张浚官至宰相，邀其出仕，云卿拒绝后云游四海，不知所踪。《宋史》卷四五九有传。张浚（1097—1164），字德远，号紫岩，汉州绵竹（今属四川）人，南宋初名臣，政治军事均有建树，又能精研学问，著有《张魏公集》。《宋史》卷三六一有传。据《宋史·苏云卿传》记载，客问"德远何如人"，云卿答："贤人也。第长于知君子，短于知小人，德有余而才不足。"

〔八〕应世：佛教术语，指佛、菩萨随宜化身，教化世人。应迹：佛教术语，指佛、菩萨应众生之机缘而显现种种身，以济度众生。

〔九〕周濂溪：周敦颐（1017—1073），字茂叔，世称濂溪先生，官至知南康军。北宋理学家。程颢、程颐皆从之学。著有《濂溪集》。《宋史》卷四二七有传。庞道玄：庞蕴，佛教居士，详见《梅客生（其一）》注释〔四〕。

〔一○〕佛图澄：又称竺佛图澄（232—348），后赵时西域高僧，永嘉之乱时隐居山林，以观世态。后助石勒称帝，建立后赵。事迹见《高僧传》卷九。陆法和（？—558）：齐梁间隐士，居江陵（今湖北荆州）百里洲，曾助平侯景之乱，梁元帝时为郢州刺史，封司徒。梁亡后入北齐，齐文宣王拜为大都督，自称"荆山居士"。事迹见《北齐书》卷三二。姚广孝：即僧道衍（1335—1418），又号逃虚子，苏州府长洲（今江苏苏州）人。助燕王朱棣发动"靖难之役"，参赞军机，永乐间官拜资善大夫、太子少师。生平见朱棣《姚广孝神道碑》。

〔一一〕张子房：张良（？—前186），字子房，战国末年韩国人，助汉王刘邦赢得楚汉之争，封留侯。晚年随赤松子云游四海。生平见《史记》卷五五《留侯世家》。狄梁公：狄仁杰（630—700），字怀英，并州太原（今山西太原）人。唐武周时宰相，受诬被贬彭泽县令，后起为魏州刺史，平契丹之乱，复拜宰相。《旧唐书》卷八九有传。李邺侯：李泌（722—789），唐玄宗时任翰林待诏，因遭宰相杨国忠忌恨，归隐山林。安史之乱时，辅佐肃宗李亨，因被权宦李辅国等构陷，再次隐居衡山。唐代宗时召翰林学士，因受宰相元载、常衮排挤，外放地方。唐德宗时拜相，官至中书侍郎、同平章事，封邺县侯。《旧唐书》卷一三〇有传。

〔一二〕掷剑挥空，空轮不亏：幽州盘山宝积禅师语录，见《宗镜录》卷九八："譬如掷剑挥空，莫论及之不及，斯乃空轮无迹，剑刃无亏，若能如是，心心无知。全人即佛，全佛即人，人佛无异，始为道矣。"

〔一三〕冥行径趋：夜间走路任性而行，比喻盲目行事。

〔一四〕《实录》：一种官修史书体裁，一帝崩后，取其起居注、日历、时政记及诏令章奏等，按年月汇编而成的记录，存放于皇史宬中，一般很难得见。这里指的应为历代《实录》一类的史书。

点评

这篇尺牍作于万历三十三年（1605）。

这一年，袁宏道开始有复出之意，尺牍中说"弟明春决意泛舟北行""中秋夜可得共踏射堂秋月"云云，同一时期尺牍也多次透露这一消息，如《答吴本如仪部》："弟此时实当出，所以迟回者，实迂懒之故，非真不爱富贵也。……弟明春将从水程北来，秋清或得抵掌。"又如《刘行素仪部》："明春决意北发，或得领大教也。"关于再次出仕的原因，袁宏道在尺牍《潘茂硕》中云："家大人迫弟甚，入秋当强颜一出。"父亲的强迫或许是原因之一，但未必是主要原因，且看他劝说陶望龄的一番话："吾儒说立达，禅宗说度一切，皆赖些子暖气流行宇宙间，若直恁冷将去，恐释氏亦无此公案。苏玉局、白香山非彼法中人乎？今读二公集，其一副爱世心肠，何等紧切。以冷为学，非所闻也。"（《与刘云峤祭酒》）袁宏道一改此前冷眼旁观的姿态，希望能参与到时局中，说明他的胸中还有"暖气"，还有"爱世心肠"。

袁宏道认为古今学者有三种类型——应世者、济世者和出世者，其中济世者最不易得，在济世者中，又有以应为济、以济为济和以出为济三种类型。总而言之，袁宏道认为应世、济世和出世在本质上并无不同，做到极致，都是济世豪杰。然而，想做到济世，就必须要有自己的"学术"。这里的"学术"，可以是儒家、佛家、道家，是在各自世界努力成就。

　　袁宏道之所以在隐居六年后，忽然有意出山，除了"迫于父命""爱世心肠"外，或许还与时局变化有关。据史料记载，本年的乙巳京察，首辅沈一贯遭到猛烈的弹劾攻讦，沈氏虽全面获胜，但已有罢相的迹象。次年一月，沈一贯杜门乞归，不久即致仕。袁宏道正是敏锐地觉察到这一变化，才有意出山。

答吴本如仪部〔一〕

弟此时实当出，所以迟回者，实迂懒之故，非真不爱富贵也。孔子曰："富而可求也，虽执鞭之士，吾亦为之。"〔二〕又曰："爵禄可辞也，白刃可蹈也。"〔三〕将知爱富贵如此之急，而辞爵禄如此之难，弟亦何人，欲作孔子以上人耶？兄谓弟饥寒所迫，一惭不忍〔四〕，以此鞭弟，使乐就升斗则可；若云趁此色力〔五〕，勉就勋业，俟功成之后，渐谋绿野、香山故事〔六〕，须先与阎罗讲明始得，弟不作此痴想也。古人进退，多是水到渠成，愿兄亦勿置此念胸中。居朝市而念山林，与居山林而念朝市者，两等心肠，一般牵缠，一般俗气也，愿兄勿作分别想也。弟明春将从水程北来，秋清或得抵掌〔七〕。弟不能拍浮〔八〕，六安茶佳者，贮一二十瓶，供清谈中用，如何？

（《袁中郎全集》卷二五）

注释

〔一〕吴本如仪部：吴用先，字本如，一字体中，号余庵。安庆府桐城（今属安徽）人。万历二十年（1592）进士，授临川知县。召为礼部主事，迁员外郎，历浙江按察使、左布政使，以右副都御使巡抚四川，官至兵部侍郎总督蓟州。著有《寒玉山房集》。生平见《（乾隆）江南通志》卷一四六。

〔二〕"富而"句：出自《论语·述而》篇，孔子主要论述的是富贵与道的关系，认为只要合乎道，富贵就可以追求。

〔三〕"爵禄"句：出自《礼记·中庸》第九章："子曰：天下国家可均也，爵禄可辞也，白刃可蹈也，中庸不可能也。"原意是说中庸之难，在这里袁宏道断章取义，申说辞爵禄之难。

〔四〕一惭不忍：意思是不能忍受一时羞耻，反而能忍受终生蒙羞。语出《左传·昭公三十一年》："一惭之不忍，而终身惭乎？"唐王维《与魏居士书》云："近有陶潜，不肯把板屈腰见督邮，解印绶弃官去。后贫，《乞食诗》云：'扣门拙言词。'是屡乞而多惭也。尝一见督邮，安食公田数顷。一惭之不忍，而终身惭乎？"

〔五〕色力：源于佛教语，本指色身之力。这里用来指气力或精力。

〔六〕绿野、香山故事：指裴度、白居易功成身退，辞官归隐。绿野，唐裴度平叛有功，封晋国公。后因被朝臣排挤而隐退，在洛阳筑"绿野堂"，日饮酒作诗。香山，唐白居易以刑部尚书致仕，与香山僧如满结香火社，自号"香山居士"。

〔七〕抵掌：击掌，表示高兴。

〔八〕拍浮：游泳，指诗酒娱情。典出《世说新语·任诞》："毕茂世云：'一手持蟹螯，一手持酒杯，拍浮酒池中，便足了一生。'"

点评

这篇尺牍作于万历三十三年（1605），表明复出之意，并约吴用先明春相会。

前文已讲到，袁宏道之决意复出，主要与政局变化有关，则此处大讲"爱富贵"，实为一种调侃。他接连引用两句孔夫子的话，实际上都是断章取义，由此也可看出醉翁之意不在酒。袁宏道之所以用这样的话术，大概与吴用先来信所说内容有关，我们不知道吴用先说了什么，但从这篇尺牍中可以推知一二。

说宏道出山做官是为饥寒所迫，是为混口饭吃，他尚且能够接受；但如果说宏道想趁年富力强建功立业，功成而身退，他是不能苟同的。关键就在于，如今的袁宏道已经不再像那"在树下思量树上果，在树上思量树下饭"的猴子了，他通过六年的隐遁修行，明白了平常心的重要，明白了一切都不需强求，都是水到渠成的道理。身在庙堂而思江湖，与身在江湖而思庙堂，二者没有本质区别，都是不安其位的表现，都会带来无穷无尽的烦恼牵绊。

因此，吴用先的来信很有可能是以后者劝慰袁宏道，这引起了宏道的反感，他宁可以"爱富贵"解释自己复出的动机，也不愿被误解为这山望着那山高的"牵缠"与"俗气"。对内心真正清明透彻的人来说，"居朝市"与"居山林"没有区别，如袁宏道所说，只要"安心"，"便作官也好，作农夫也好，作侩儿市贾亦好"，即使在名利场中，也可以做"大自在人"（《黄平倩》）。

曾退如编修〔一〕

新郎君得意不？探明月者〔二〕，必于大香水海〔三〕，沙头固沟洫也〔四〕，岂能容许大铁网乎？虽然，南荒边地，乃得绿珠〔五〕，老杜云："若道巫山女粗丑，何得此有昭君村？"倾城之妖〔六〕，固未必择地也，笑笑。

献夫道足下当来〔七〕，果不？弟且迟青溪鹤待足下〔八〕，政恐未能割却被窝中恩爱耳。奈何！正欲寄讯，适小李蓬头云，将东见曾阁老〔九〕，便书一纸付之。

（《袁中郎全集》卷二五）

注释

〔一〕曾退如编修：曾可前（1560—1611），字退如，号长石。荆州府石首（今属湖北）人。万历二十九年（1601）进士，授翰林院编修。以父年高，请假家居三年。父丧，以哀毁卒。著有《石楠馆集》。生平见过庭训《本朝分省人物考》卷七九。可前作诗学"公安"一派，与袁宏道兄弟交善。

〔二〕明月：明月珠，又称夜明珠、随珠，因珠光晶莹似月光而得名。

〔三〕香水海：又称香海，据佛教传说，世界有九山八海，中央是须弥山，为八山八海所围绕。除第八海为咸水外，其他皆为八功德水，有清香之德，故称香水海。见《俱舍论》卷十一。

〔四〕沙头：即沙市，见前《与友人》注释〔二〕。

〔五〕绿珠：西晋石崇的宠妾，美而艳，善吹笛。这里指曾可前新纳的妾。

〔六〕妖：美艳。

〔七〕献夫：姓李，举人，余不详。《潇碧堂集》卷一二有《寿李母曹太夫人八十序》，即为李献夫之母祝寿文章，文中说："献夫高才，早有文誉，而其登贤书也，乃在强仕之后。""献夫妙年，已称场屋老手。"又说："献夫为人，开爽敏捷，果于任而敢于言。"可知李献夫四十岁以后才中举，擅作举业文章，为人直爽干练。

〔八〕清溪鹤：代指隐士生活。元代诗人周权《黄致和提点回自上京》诗有云："归来羡尔清溪鹤，犹带闲云守洞关。"

〔九〕阁老：本称内阁官员，这里是对曾可前的尊称。

点评

这篇尺牍作于万历三十三年（1605），此时袁宏道在公安，曾可前居沙市，宏道写信约可前同游，顺便调侃其纳妾之事。

袁宏道对朋友的"桃色新闻"异常感兴趣，听说曾可前新娶一妾，偏要明知故问"新郎君得意否"，接着便借新妇的容貌打趣，他先以将信将疑的语气问，都说探采夜明珠，要去大香水海，像沙市这样的穷乡僻壤，能出美女吗？接着仿佛自问自答地用绿珠和昭君之典，得出倾城美貌不一定要择地而生的结论。言辞放纵，丝毫没有顾忌，非亲熟好友怎能如此戏谑？袁宏道曾说："曾退如太史，与余同臭味，肝胆齿颊，若共有之，谬自为元白、欧梅不啻也。"（《寿曾太史封公七十序》）将自己与曾可前的关系比为元稹与白居易、欧阳修与梅尧臣，可见二人关系之密切。

袁宏道听说曾可前将到公安拜访，自然满心欢喜，以至于放缓进山的脚步以待，可是又忍不住调侃道："政恐未能割却被窝恩爱耳。奈何！"整篇尺牍围绕曾可前纳妾之事，一气呵成，读来轻松而愉快。让人不禁联想到中郎调侃汤显祖的"春衫小座"，调侃王稚登"与青娥生子"事等等，这些尺牍幽默率真，颇有意趣，体现了中郎本色。

答董玄宰太史〔一〕

燕中与诸君子周旋，如在旃檀林〔二〕，每焚香展帙，清言弥日，彼竖一义，此建一难，可谓不知老之将至。典刑既远〔三〕，西华道上〔四〕，顿尔落莫。辟如息佳木者忘其浓荫，一旦失去，始有红埃白日之感也〔五〕。不佞尝叹世无兼才，而足下殆奄有之〔六〕。性命骚雅，书苑画林，古之兼斯道者，唯王右丞、苏玉局〔七〕，而摩诘无临池之誉〔八〕，坡公染翰，仅能为枯竹巉石〔九〕，不佞将班足下于王、苏之间，世当以为知言也。

楚中文体日敝，务为雕镂，神情都失，赖宗匠力挽其颓〔一〇〕。高牙两过江干〔一一〕，不佞远伏林莽，息心望岫〔一二〕，既辱远觊〔一三〕，愧感实甚。六年梦想，失之一朝〔一四〕，殊惘然自恨也。

（《袁中郎全集》卷二五）

注释

〔一〕董玄宰太史：董其昌，生平见前《董思白（其一）》注释〔一〕。其昌于万历三十二年（1604）复官湖广提学副使，次年春赴楚。此前六年间，其昌奉旨以翰林院编修养病，故称"太史"。

〔二〕旃檀林：泛指佛寺。旃檀，亦作"栴檀"，梵语"candana"（旃檀那）的省音译，意译为与乐，即檀香木。产于南印度摩罗耶山，其山形似牛头，故名牛头旃檀。《慧苑音义》："旃檀，此云与乐，谓白檀能治热病，赤檀能去风肿，皆是除疾身安之乐，故名与乐也。"

〔三〕典刑：模范，榜样。指董其昌等志同道合的朋友。

〔四〕西华：西华门，明代皇城西门，与东华门相对。这里借指北京。

〔五〕红埃白日：尘土与太阳。红埃，红尘，飞扬的尘土。

〔六〕奄有：全部占有。

〔七〕王右丞、苏玉局：王维和苏轼。王维官至尚书右丞，世称"王右丞"。苏轼曾任玉局观提举，后世因以"玉局"称之。

〔八〕临池：刻苦练习书法，这里指书法。晋卫恒《四体书势》记载："弘农张伯英……临池学书，池水尽墨。"这里是说王维在书法方面没有名气。

〔九〕枯竹巉石：苏轼所擅作题材。这里是说苏轼的绘画题材较为单一。

〔一〇〕宗匠：技艺高超的工匠，这里是恭维董其昌在文章上造诣精深，为人所景仰。

〔一一〕高牙：牙旗，指代董其昌的车马侍从。

〔一二〕息心望岫：指遁世隐居。语出《南史·何点传》：

“豫章王嶷命驾造点，点从后门遁去。司徒竟陵王子良闻之，曰：‘豫章王尚望尘不及，吾当望岫息心。’”。

〔一三〕辱远觊：承蒙对方远道而来的惠赐。

〔一四〕六年梦想，失之一朝：指袁宏道自万历二十八年（1600）起告病归乡，隐居柳浪，有绝仕进意，至今六年，又将出仕，归隐山林的“梦想”就此破灭。实际上，此句一语双关。董其昌也在万历二十八年从湖广提学副使任上告病归养，本无心仕进，六年后又官复原职。“六年梦想”也属于董其昌。

点评

这篇尺牍作于万历三十三年（1605），此时袁宏道在公安闲居，董其昌赴楚督学。此牍是因董其昌过访不遇而写的复信，信中回忆当年禅悦之乐，并高度评价了董其昌的艺术成就。

尺牍首先回顾了在北京与诸士大夫聚坐谈禅的过往。万历二十二年（1594），袁宏道在京候选，因兄宗道引荐，与董其昌订交。据董其昌《画禅室随笔》卷四《禅悦》载：“及袁伯修见李卓吾后，自谓大彻。甲午入都，与余复为禅悦之会，时袁氏兄弟、萧玄圃、王衷白、陶望龄数相过从。”万历二十六年（1598）起，袁宏道入京做官，与董其昌往来甚密，曾有诗题“冬夜同黄平倩兄弟、董玄宰、家伯修、小修集顾升伯斋中剧谈偶成”（《瓶花斋集》卷二）。自伯修去世后，二人各奔东西，各自乡居，长达六年不曾见面。此间故旧凋零，物是人非，蓦然回首，顿生落寞之感。

袁宏道对董其昌的诗文、书画和佛学造诣都极为赞赏，认为他是与王维、苏轼不相上下的通人，甚至与他相比，王维的书法、苏轼的绘画都相形见绌。这样的评价并非虚言，董其昌在晚明的书苑画林地位显著，当时书坛有"邢张米董"之称，即其书法与邢侗、张瑞图、米万钟并列，书体兼有"颜骨赵姿"之美；绘画上以禅宗喻画，倡山水画"南北宗"论，创"华亭画派"。可见袁宏道的称赏并非过誉。

与李杭州〔一〕

东华一别〔二〕，盖八年所〔三〕。仁兄五马专城〔四〕，而弟犹碌碌丰草〔五〕，得无以迂缓见笑耶〔六〕？虎林〔七〕，名郡也。昔白太傅入洛阳〔八〕，犹云"江南忆，最忆是杭州"，足知杭之佳丽也〔九〕。然唐时为太守者，公事之余，放情山水，歌黛与烟岚共翠〔一〇〕，箫鼓与松风间作〔一一〕。苏和仲为守〔一二〕，每出游时，分曹征妓，鸣金聚食，杭人至今以为美谈。仁兄若能办此，弟当刻日东下，为有美堂中客也〔一三〕。笑笑〔一四〕。

适敝年友孝廉陶孝若看花六桥〔一五〕，附字奉讯〔一六〕。孝若佳士，将穷东南之胜，经始虎林耳〔一七〕，非有干于东诸侯者也〔一八〕。

（《袁中郎全集》卷二五）

注释

〔一〕李杭州：李文奎，福州府侯官（今属福州）人，万历二十年（1592）进士。文奎时任杭州知府，故称李杭州。

〔二〕东华：东华门，明代皇城东门，这里指代北京。

〔三〕所：用在时间词后，表示约数。

〔四〕五马专城：汉代太守乘坐的车用五匹马驾辕，因用五马代指太守一职。专城，成为一城之主，也指太守。典出汉乐府《陌上桑》："使君从南来，五马立踟蹰。……十五府小吏，二十朝大夫。三十侍中郎，四十专城居。"汉代以后，太守之称退出官制，隋初称州刺史，宋以后称知府、知州，明清时称知府。

〔五〕碌碌丰草：指隐居于柳浪馆。碌碌，平庸而无所作为。丰草，即丰草长林，指隐居之地。语出唐杜甫《进三大礼赋表》："臣生长陛下纯朴之俗，行四十载矣。与麋鹿同群而处，浪迹于陛下丰草长林，实自弱冠之年矣。"

〔六〕得无：恐怕。迂缓：行动迟缓，这里指不能很快在仕途上有所作为。

〔七〕虎林：杭州的别称。

〔八〕白太傅：唐代白居易，因其晚年以太子宾客分司东都，任太子少傅，故称白太傅。元稹有诗题《酬白太傅》。白居易于长庆二年（822）出任杭州刺史，四年任满离开杭州。开成三年（838）在洛阳作《忆江南》三首，其中一首忆杭州云："江南忆，最忆是杭州。山寺月中寻桂子，郡亭枕上看潮头。何日更重游？"

〔九〕佳丽：形容景物的美好。南朝齐谢朓《入朝曲》云："江南佳丽地，金陵帝王州。"

〔一○〕歌黛：歌女青黑色的眉毛，代指歌女。南朝梁何逊《日夕望江赠鱼司马》云："歌黛惨如愁，舞腰凝欲绝。"

〔一一〕笳鼓：笳声与鼓声。借指军乐。笳，古代北方民族的一种吹奏乐器，似笛。

〔一二〕苏和仲：即苏轼。苏轼一字和仲，元祐四年（1089）至六年出知杭州。南宋王明清《挥麈后录》记载："姚舜明庭辉知杭州，有老姥自言故娼也，及事东坡先生，云公春时每遇休暇，必约客湖上，早食于山水佳处。饭毕，每客一舟，令队长一人，各领数妓任其所适。晡后鸣锣以集，复会圣湖楼，或竹阁之类，极欢而罢。至一二鼓夜市犹未散，列烛以归，城中士女云集，夹道以观千骑骑过，实一时盛事也。"

〔一三〕有美堂：借指杭州府衙署。北宋庆历元年（1041），梅挚出任杭州知州，宋仁宗赐诗曰："地有湖山美，东南第一州。"梅挚因建"有美堂"于杭州吴山。嘉祐四年（1059）欧阳修撰《有美堂记》。

〔一四〕笑笑：开玩笑之意。

〔一五〕年友：同年考中举人、进士者的称呼。孝廉：原指汉代选举官吏的科目，或称由各郡推举的人才。明清时多用于对举人的称呼。陶孝若：陶若曾，字孝若，万历十六年（1588）举人，官祁门教谕。六桥：杭州西湖外湖苏堤上的六桥。苏轼《轼在颍州与赵德麟同治西湖湖成德麟有诗见怀次韵》云："六桥横绝天汉上，北山始与南屏通。"

〔一六〕附字奉讯：附上信件，向对方问好。

〔一七〕经始：开端，指开始东南之旅。

〔一八〕干:干谒,为某种目的而求见。东诸侯:《左传·成公十六年》:"且为公族大夫以主东诸侯。"原指东方的诸侯,唐代时誉称封疆大员。这里是戏称李文奎,因为杭州在公安以东。

点评

这篇尺牍作于万历三十四年(1606),袁宏道当时正闲居公安。

整篇文章实际上是一封推荐信,为好友陶若曾游杭州而向进士同年、杭州太守李文奎请求照顾,这样的请托尺牍不好写,一旦作成寒暄问候便落入俗套。袁宏道却抓住名郡杭州与文章太守之间的联系,运用历史掌故,从五马专城到白太傅,从苏和仲到有美堂,最后落在东诸侯,全篇没有一句请托之语,却句句不离请托之意,写得才情摇荡,文采斐然。

尺牍的最后,"非有干"三字值得玩味。晚明时盛行一种"干谒"之风,这种行为常见于被称为"山人"的群体之中。所谓的"干谒",就是以文学或书画四处打秋风、结交权贵为生。山人隐士,自古以来彰显的是独立于政治之外的文人傲气,唐代李泌虽致身宰辅,却以"山人"之名自重,可见山人名高。然而,时至晚明,无位游士动辄自称"山人",俨然发展成为一个声势壮大的群体。当时很多文人就认为这种行为风气败坏了文人群体的道德传统,因而在谈论山人时充满鄙夷与批评。李文奎或许对这些比较敏感,因此袁宏道特意跟他说陶若曾不是为了打秋风而到杭州的。

与王百谷〔一〕

王路僧来〔二〕，珠玉几满案头〔三〕。甫开函，而诸弟及里中少年各持一纸去，不肖如暴富儿被掠，真可一笑也。

闻王先生益健饭，犹能与青娥生子，老勇可想。不肖未四十已衰，闻此甚羡，恐足下自有秘戏术，不则诳我也。

江令遂不禄〔四〕，惜哉！世岂复有斯人？致声袁无涯〔五〕，沟中之断，岂足复收而横被之绣也〔六〕。敝同年陶孝若〔七〕，关令同社友也〔八〕。慕王先生名且久，其人清修士〔九〕，足下见自识之。

（《袁中郎全集》卷二五）

注释

〔一〕王百谷：王稚登，见前《王百谷（其一）》注释〔一〕。

〔二〕王路僧：王路庵的僧人。王路庵，苏州僧寺，据说为心光和尚所创立。《潇碧堂集》卷一六有《题王路庵疏》，卷一七有《纪梦为心光书册》，记载万历三十年（1602）宏道梦中见王路庵，碑上载祝允明为此庵护法伽蓝。

〔三〕珠玉：比喻华美的文章。指王稚登寄来的文字。

〔四〕江令：江盈科，见前《江进之（其一）》注释〔一〕。不禄：死。

〔五〕袁无涯：见前《袁无涯》注释〔一〕。

〔六〕"沟中"句：断于山沟中的木料，怎能收回来再披上锦绣呢？这里用来比喻弃置不用的文章不应收入文集。

〔七〕陶孝若：陶若曾，为宏道乡试同年。详见《与李杭州》注释〔一五〕。

〔八〕关令：关政善，字心谷，渑池（今属河南）人，万历三十二年（1604）进士。时任长洲知县。

〔九〕清修士：佛教指在家中修行的居士。

点评

这篇尺牍作于万历三十四年（1606），写给老友王稚登，尺牍用语新奇，风趣幽默，亲切自然。

王稚登书法师承文徵明，"妙于书及篆、隶"，又有诗名，自文徵明之后，在吴中"擅词翰之席者三十余年"。他的字与诗深受时人喜爱，以至于"闽、粤之人过吴门者，虽贾胡穷子，必踏门求一见，乞其片缣尺素然后去"（钱谦益《列朝诗集小传·丁集》）。王稚登名著艺苑，声望甚高，其真迹墨宝在当时也很有收藏价值，袁宏道所说"甫开函，而诸弟及里中少年，各持一纸去"的情景，想必不只是夸张的诙词。

王稚登作为一介布衣，出入于雅俗之间，卓然而成大家，不仅才华绝代，而且行迹风流。王稚登七十大寿时，李维桢曾作《才难篇》贺寿，文中提到其老而不衰，精力充沛："先生历三朝，享大名，取精多，用物弘矣。丧一姬，复一姬进，姬笄而侍，先生恒言不称老，为之生女，曰行且得雄。贱子按方书，切人脉何可数，如先生健者殊鲜。岂其有天老轩皇之图，彭祖少君之术乎！"袁宏道听说王稚登七十高龄，仍能"与青娥生子"，煞是羡慕，竟不顾体面地讨要起"秘戏术"来。宏道曾坦言"生平浓习，无过粉黛，亦稍清减"(《顾升伯修撰》)，也曾悔悟"往时亦有青娥之癖，近年以来，稍稍勘破此机，畅快无量"(《李湘洲编修》)。可如今听说王稚登生子事，还是难掩艳羡之意，想入非非。可见袁宏道之戒欲，与他"未四十已衰"的健康状况有关，未必是真的"勘破此机"。

苏潜夫〔一〕

近日刻《瓶花》《潇碧》二集，几卖却柳湖庄〔二〕。计月内可成帙，然不能寄远，以大费楮墨也。寒灰竟可矣〔三〕，住柳浪甚好与谈，兄话头有着落不〔四〕？

富贵场中，易泊没人〔五〕，眼前任运自在的，是乌纱，是下人取奉，是生死未到眼前，信口大话，似有滋味。终日洒洒落落，都是借他光景，莫错认作学问也。吾乡有饕儿〔六〕，偶过邻家，主人方出，遽呼婢曰："为我净却酒注子〔七〕！"饕儿举止飞扬，精神通体。顷之，主人复呼婢曰："注子洗却，可急为某家送去。"饕儿神色顿觉沮丧，始知误认以为有宴喜也。此语最切，莫道是戏谈，若作戏谈会，保管是门外汉也。王则之不及作书〔八〕，幸便以此字示之。

八月初间，弟当北发。往彭丹阳曾谓小修云〔九〕："若过限〔一〇〕，当乞一病状。"不知在本县为途中也。弟此一条懒筋真难拔，大人频以为言。自思入仕十五年，丝毫无益于白发〔一一〕，而又重其怒，真不成人也。夫弟岂以静退为高者哉？一亭一沼，讨些子便宜，是弟极不成才处。若谓弟以是为高，则弟之眼，如双黑豆而已。

注释

〔一〕苏潜夫：苏惟霖，见前《与友人》注释〔一〕。

〔二〕柳湖庄：指袁宏道在公安柳浪湖隐居之所。

〔三〕寒灰：如奇（？—1620），字喝石，号寒灰，从紫柏大师出家为僧。时与宏道同住公安柳浪湖。

〔四〕话头：佛教禅宗用来启发问题的语句，也泛指秘诀要领。

〔五〕汩（gǔ）没：使人沉沦。

〔六〕饕儿：贪吃的孩子。

〔七〕酒注子：即带嘴酒壶，唐元和年间已出现。据明李日华《紫桃轩又缀》记载："吴俗呼酒壶为注子，按《周礼》'以注鸣者'，注，注味也，鸟喙也，音咒。古人用壶以大口泻，而今人加以长喙如鸟咮然，故名注子。"

〔八〕王则之：王图，见前《伯修》注释〔二二〕。

〔九〕彭丹阳：人名，不详，似曾在丹阳为官。小修：袁中道，见前《家报（其一）》注释〔六〕。

〔一〇〕过限：即"赴任过限"。按明代律法，已授予职位的官员，须依规定程限赴任，未按时到任就是过限。过限者按照过限天数接受不同程度的处罚。

〔一一〕白发：指家中年老的父母。

这篇尺牍作于万历三十四年（1606），是北上之前写给亲家苏惟霖的信。

山居六年，袁宏道对官场与山林都有了更深刻的看法，他不再是那个一心想要逃出樊笼的猢狲，也不再以林泉之乐为至高理想，而是呈现出清澈而从容的生命状态。"富贵场中，易汩没人"，这是宏道"入仕十五年"来领悟的道理。富贵的本质是金钱与权位，金钱能够帮助人穷尽物质享受，权位能够让人体验凌驾于他人之上的快感，它们相得益彰，给人带来极乐世界的幻觉。然而，这幻觉终将随着死亡的临近而破灭，或者随着一场疾病、一次波折而化为乌有。金钱和权位让人羡慕，让人畏惧，因此也容易让人沉沦，迷失自我，忘记本心，殊不知那些奉承与恭敬的人，不是膜拜你，而是膜拜你的财富和地位，想要永享膜拜，就要永远保有财富和地位，但这怎么可能呢？妄想罢了。就像那个"饕儿"，总以为等待自己的是饕餮盛宴，因此"举止飞扬，精神通体"，等到得知盛宴与他无关，便"顿觉沮丧"。人生何尝不是如此呢？乐此不疲地追逐高官厚禄，不知不觉地陷入心为物役的圈套，汲汲皇皇一辈子，直到死神敲响警钟才猛回头，蓦然发现所追求的富贵不过是别人的宴席，"顿觉沮丧"为时已晚。

而今，袁宏道选择复出，并不是垂涎于别人的宴席，同样，他之所以隐居六年，也不是想"以静退求高"。仕与隐对于宏道来说，已经没有本质区别，都是世间的经历而已，隐居不比仕进高明，仕进也不比隐居优越。这种顺其自然的生命态度，坦然面对一切的勇气，尤为难能可贵。

陶周望祭酒〔一〕

入春见邸报〔二〕，喜甚，谓今秋北发，可得合并，不意仁兄竟以疾辞〔三〕。黄平倩久未得耗〔四〕，数日有传其病者，然亦不确。昨遣人于通途往访，尚未回复。果尔，是天之厄道人甚也。公望兄今冬定得晤语〔五〕。山居久不见异人〔六〕，思旧游如岁。青山白石，幽花美箭〔七〕，能供人目，不能解人语；雪齿娟眉，能为人语，而不能解人意。盘桓未久，厌离已生。唯良友朋，愈久愈密。李龙湖以友为性命〔八〕，真不虚也。数拟入越，又以道远，不能发此高兴，不知何时得请益，兄念之。贵邑孝廉周观国〔九〕，以省亲至敝地，抵掌柳浪〔一〇〕，为诗送之，并及两兄，有便复我。

（《袁中郎全集》卷二五）

注释

〔一〕陶周望：陶望龄，生平详见前《伯修（其二）》注释〔一〕。祭酒：国子监祭酒。万历三十三年（1605），朝廷起望龄为国子监祭酒，望龄以母老固辞不就。

〔二〕邸报：见前《冯琢庵师》注释〔二〕。

〔三〕"不意"句：指万历三十三年（1605）诏起国子监祭酒，望龄以母老、疾病固辞不就。

〔四〕黄平倩：黄辉，见前《伯修（其一）》注释〔一四〕。耗：消息。

〔五〕公望：陶奭龄，见前《伯修（其三）》注释〔一〇〕。

〔六〕异人：奇人，怪人，有异才之人。

〔七〕箭：箭竹。

〔八〕李龙湖：李贽，见前《梅客生（其二）》注释〔一〇〕。以友为性命：李贽《焚书》卷一《答周友山》明确说："第各人各自有过活物件。……独余不知何说，专以良友为生。"袁中道《代湖上疏》评价李贽说："少而有朋友之癖……生平不以妻子为家，而以朋友为家；不以故乡为乡，而以朋友之故乡为乡；不以命为命，而以朋友之命为命；穷而遇朋友而忘穷，老而遇朋友而忘老。"

〔九〕周观国：周用宾，字观国，绍兴府会稽（今浙江绍兴）人，万历二十二年（1594）举人，三十八年进士，官至御史。见《（康熙）会稽县志》卷二〇。

〔一〇〕抵掌：击掌，表示高兴。

点评

这篇尺牍作于万历三十四年（1606），时袁宏道已决意北上。这年春天，袁宏道读到邸报中起复陶望龄为国子监祭酒的任命，本满心欢喜地盼望与知己相会于北京，畅谈别后故事，没想到又收到陶望龄固辞不就的消息，不禁失望。六年前，他曾苦口婆心地劝说陶望龄退隐，如今，他又为望龄不肯出山而感到遗憾，为什么呢？性格、时势使然。山居六年，置身于风云变幻之外，袁宏道面对的无非"青山白石，幽花美箭""雪齿娟眉"，久而厌离，因生孤独寂寞之怀；六年过去，政局有所缓和，袁宏道也该出来看一看世界，见一见"异人"，找朋友聊一聊积攒于胸中的话头，排遣内心的孤寂了。他曾与潘榛说："山居既久，与云岚熟，亦复可憎。人情遇时蔬鲜果，取之唯恐不及，迨其久，未有不厌者，此亦恒态也。"（《潘茂硕》）山居和做官，都像不同时期的"时蔬鲜果"一样，山居腻了，就出来做官，做官腻了，就逃到山中去，没有过多的纠结与缠绕，唯求自适而已，可见袁宏道的率真与任性。

陶望龄得知宏道有意复出，曾写信道："闻足下田居甚乐，有大心肠以玩世，有硬心肠以应世，有穷心肠以忍饥，真非吾中郎不办。此昭素有宽肠，弟有穷肠，总输兄一硬字耳。"（袁中道《中郎行状》）正是这样的"硬心肠"，使袁宏道能够坦然地隐居，坦然地出山，坦然地好色，坦然地寻找最适意的生活方式，而内心深处总有一种坚硬不变的品质，那就是"真"。

其实，陶望龄有一封没来得及寄出的信，宏道至死没有看到，信中说："弟平生窠臼，全在退让明哲四字，而归根全在身名，谓可远害避谤而已。由有道者视之，当鄙笑不暇而已。且居之不疑，一丘一壑中，冷眼观世人之纷争，傲然以为得计矣，而谤害忽亦随之。"（陶奭龄《小柴桑喃喃录》卷下）可见，陶望龄也曾有出山之志，无奈被政敌攻讦，终于赍志而殁。

汪观察〔一〕

往附即墨令致书左右〔二〕，是人见皆剧语狂草也〔三〕，不敢投。上官之威重，乃如此耶？今兄声华日整，德位俱高，东林莲漏之约〔四〕，犹记持否？然世间真菩萨，乃能济世，踽踽空山〔五〕，闭眼塞耳，此是小夫行径，兄勿闻弟言便生惭愧也。

彭山人长卿〔六〕，巴客而寓荆者，走清源〔七〕，访故人，弟谓道上若值汪使君，便可作邮，并以近刻二种附上。山人得礼貌，甚于得金，于兄声名无损，而可以止一家之哭〔八〕，亦菩萨行也。方便波罗蜜，即檀波罗蜜〔九〕。笑笑。

（《袁中郎全集》卷二五）

注释

〔一〕汪观察：汪可受，见前《与陈正甫提学》注释〔一六〕。可受时任山东按察使，明代人雅称按察使为"观察"。

〔二〕即墨令：莱州府即墨县（今属山东）知县，据《（同治）即墨县志》可知，时任即墨令者为李一敬。

〔三〕剧语：戏谑之语。

〔四〕东林莲漏之约：东晋末，庐山虎溪东林寺慧远法师，集合慧永、慧持、道生等和尚，刘遗民、宗炳、雷次宗等名士共一百二十三人，于无量寿佛像前主誓修西方净业，结白莲社。《释氏要览》记载："彼院多植白莲，又弥陀国以莲华分九品次第接之，故称莲社。有云：'嘉此社人，不为名利淤泥所污。'"慧远曾为寺中制莲花漏，用来记时刻。此处是提醒汪可受不要忘记"不为名利淤泥所污"的初衷。

〔五〕跼（jú）蹐（jí）：恐惧畏缩的样子。跼，腰背弯曲。蹐，小步走。

〔六〕彭山人长卿：四川长寿（今属重庆）人，流寓荆州，是落魄文士，依附袁氏兄弟。

〔七〕清源：即清原，古地名，在今山西太原清徐县。

〔八〕止一家之哭：即帮助接济彭长卿，使其免于冻馁。

〔九〕方便波罗蜜，即檀波罗蜜：方便，给予帮助。波罗蜜，梵文 pāramitā 音译，又作波罗蜜多，意为到彼岸。檀波罗蜜，梵文 dāna-pāramitā 音译，意为布施波罗蜜，为六波罗蜜之一。在这里是请求汪可受帮助彭长卿的意思。

点评

这篇尺牍作于万历三十四年（1606），是袁宏道受山人彭长卿所托，写给老友汪可受的引荐信。

汪可受年长于宏道十岁，曾是其兄宗道的进士同年、同僚好友，同是湖北人，又志同道合。据袁中道《石浦先生传》记载："先生官翰林，求道愈切。时同年汪仪部可受、同馆王公图、萧公云举、吴公用宾，皆有志于养生之学，得三教林君艮背行庭之旨，先生勤而行焉。"可知汪可受年轻时就曾与宗道等人参究长生之道，后来，在李贽的启发下，始究心性命之学。如此，袁宏道与汪可受的相识、相交，便成为自然而然的事了。二人时常交流学佛心得。

这封信虽然主要目的是引荐彭山人，袁宏道却不忘借此机会调侃汪可受一番。先借往时即墨令不敢为中郎投书一事，调侃老友官威之大——"声华日整，德位日高"，恐怕忘记了当年一同谈禅时的初心，忘记了我这个山野村夫吧？接着话锋一转——像您老这样兼济天下的能臣才是真菩萨，而像我这样曳尾泥涂、独善其身的只能算是没出息的小老百姓，您可不要因为忘了"东林莲漏之约"就自惭形秽，毕竟您是做大事的人啊。好话、坏话，都让伶牙俐齿的袁中郎说了，想必汪可受捧信而读，也会笑逐颜开。

既然"声华日整，德位俱高"，帮衬个山人总不是问题吧？尺牍这才进入正题，这位彭山人，本是巴蜀人，长期寄篱于荆楚，也算是汪可受的半个同乡。如今，彭山人为访故人将远走清源，宏道便托他给汪可受带去书信和近作，同时，也希望汪可受以礼相待，资助旅费之类。

实际上，彭山人近年来一直住在公安，由宏道、中道接济其生活，如今宏道兄弟即将北上做官，彭山人也不得不另谋生计。中道曾有诗《送彭长卿北游》云："何处无游子，君行太可怜。老人年七十，北地路三千。"已值古稀之年的彭长卿仍四处漂泊，其凄凉景况可知。

与谢在杭〔一〕

今春阿胖来〔二〕，念仁兄不置〔三〕。胖落莫甚，而酒肉量不减。持数刺谒贵人〔四〕，皆不纳，此时想已南。

仁兄近况何似？《金瓶梅》料已成诵，何久不见还也？

弟山中差乐，今不得已，亦当出，不知佳晤何时。葡萄社光景〔五〕，便已八年，欢场数人如云逐海风，倏尔天末〔六〕，亦有化为异物者〔七〕，可感也！

（《袁中郎未刻遗稿》卷下）

注释

〔一〕谢在杭：谢肇淛，见前《与江进之廷尉》注释〔五〕。

〔二〕阿胖：袁中道的小名。原刻作"谢胖"，今改。中道生平见前《家报（其一）》注释〔六〕。

〔三〕不置：不停，不止。

〔四〕刺：名帖。古代举子在考试前先向一些权贵显要"投刺"，请求他们向主司推荐，延揽声誉。投刺，即投递名帖，通报姓名以求相见。

〔五〕葡萄社：万历二十六年（1598），由袁宏道倡议，在京西崇国寺成立，又作"蒲桃社"，主要活动是论学谈禅。

〔六〕天末：天的尽头，指极远之处。

〔七〕化为异物：指死亡。

点评

这篇尺牍作于万历三十四年（1606），写给同年谢肇淛，时肇淛任南京刑部主事。因提及关于《金瓶梅》的重要信息，这篇尺牍历来受到学者的瞩目。

此牍虽短，可分为三段看。首段介绍弟中道近况，因为中道与谢肇淛结识较早，且对肇淛为人深为赞赏，八年前就曾称其"胸怀如月，诗思如水，酒态如春"（《答谢在杭司理》）。如今，仍不停地念及谢肇淛。尺牍提到中道"落寞甚"，实因会试屡屡落榜，想投送名刺行卷，干谒贵人，也苦于没有门路。宗道已逝，宏道退隐，袁家在科场、官场都没有话语权，其艰难可想而知。从万历三十二年（1604）到万历四十四年（1616），考了十三年，中道终于得中一第，也可见其功名心切。

尺牍第二段是催促谢肇淛归还《金瓶梅》。不过，这并非全本。多年后，谢肇淛在《金瓶梅跋》中谈及他借抄《金瓶梅》一事："余于袁中郎得其十三，于丘诸城得其十五，稍为厘正，而阙所未备。"可见袁宏道的手中仅有《金瓶梅》的一部分，他这一部分还是从董其昌处抄来的。万历二十四年（1596），宏道曾问董其昌《金瓶梅》"从何得来""后段在何处""抄竟当于何处倒换"（《董思白》），十年过去了，他或许一直未看到全本《金瓶梅》。

尺牍的第三段，表露出山之意。一想到京师，就不禁回忆起当年葡萄社聚首畅谈的盛况，空前绝后。八年过去，弹指一挥间，知己故旧，走的走，散的散，亡的亡，虽鸿音未断，却也不知何日才能重逢了。

与潘景升〔一〕

往袁无涯寄《解脱集》〔二〕，读佳序〔三〕，大有韵，然残沟断木〔四〕，何足文绣也？客自吴中来，道景升高兴如昨。弟谓世人但有殊癖，终身不易，便是名士。如和靖之梅、元章之石〔五〕，使有一物易其所好，便不成家。纵使易之，亦未必有补于品格也。

闻长孺近在燕〔六〕，以大赌得钱，买小青娥。然以弟度之，恐亦未稳。何故？长孺以荡子名家者，宜负不宜胜也。

近作想益佳，去岁读扇头诸作奇进，在七子中〔七〕，遂为破律人矣〔八〕。《觞政》一册寄览〔九〕。近刻二种稍多，不及印来，来客箧中有之，间时取阅一过。

（《袁中郎未刻遗稿》卷下）

注释

〔一〕潘景升：潘之恒，字景升，见前《伯修（其四）》注释〔一四〕。

〔二〕袁无涯：见前《袁无涯》注释〔一〕。《解脱集》：

见前《钱象先》注释〔一四〕。

〔三〕佳序：指潘之恒为宏道《解脱集》所作之序，载《鸾啸小品》卷一。

〔四〕残沟断木：谦称自己诗文不足道。语出《庄子·天地》："百年之木，破为牺尊，青黄而文之，其断在沟中。比牺尊于沟中之断，则美恶有间矣，其于失性一也。"

〔五〕和靖：林逋（968—1028），谥号和靖，平生酷爱梅花白鹤，有"梅妻鹤子"之称。元章：米芾（1051—1107），字元章，行为狂放怪诞，有石癖，曾拜奇石为兄，人称"米颠"。

〔六〕长孺：丘坦，字长孺，见前《丘长孺》注释〔一〕。

〔七〕七子：指"后七子"，王世贞、李攀龙等人。

〔八〕破律：打破戒律。

〔九〕《觞政》：作于万历三十三年（1605）前后，是袁宏道为了设"醉乡之甲令"所撰的"趣高之作"，目的在于使饮酒者遵守酒法、酒礼。属于游戏之作。

点评

这篇尺牍作于万历三十四年（1606），潘之恒时寓居苏州。

尺牍首先对潘之恒为《解脱集》作序表达感谢，实际上，袁宏道未曾向潘之恒索序，根据潘序"吴人思君，刻其集行，余为其题《广》《脱》者，犹吴思也"云云，为当时刊刻者袁无涯所邀。其时，袁宏道对早年诗文颇有自悔，因此比之为"残沟断木"，不完全是自谦之说。

接着谈起潘之恒近况，听吴中来客说"景升高兴如昨"，大概指的是潘之恒对戏曲的爱好与研究兴致不减，他与张凤翼、梁辰鱼、臧懋循、汤显祖、屠隆等交谊甚深，曾编校《盛明杂剧》，撰有《叙曲》《吴剧》《曲派》等剧评，收入《亘史》《鸾啸小品》中。时人视其为"赏音"，誉其为"独鉴"。他还和演员关系极为密切，曾为许多歌儿戏子撰写传记，有"姬之董狐"之称。仅这些事迹，足以当得起"戏癖"了。袁宏道正是在这个意义上称其为"名士"，如林逋的梅妻鹤子，米芾的拜石为兄。

尺牍还谈到他们的共同好友丘坦，听说丘坦在京师豪赌、买妾之事，袁宏道不以为然，评论道："长孺以荡子名家者，宜负不宜胜也。"实为恳切直言。后来陈继儒评此句之妙云："游戏则可，一求胜便落恶道。"

与黄平倩〔一〕

客岁裴令使来〔二〕，附至一函，不知曾达不。有七言律二首〔三〕，甚得意。书与诗俱在今刻中〔四〕。

春初传仁兄病甚，与小修惊叹者数日〔五〕。然弟谓邑中人，平倩决不死。及石篑书到云〔六〕："平倩已渐平复。"意少安。至七月后，始得玉泉的音〔七〕，小修呼酒痛饮达曙，各有诗志喜〔八〕，今亦在集中也。

寄去集二种：《瓶花》是京师作，诗文俱有痕迹；《潇碧》乃山中数年所得，似觉胜之。仁兄不可不一叙也。海内风雅雕落〔九〕，天下英雄，使君与操耳〔一〇〕。近造想益卓，参禅到平实，便是最上乘。弟自入德山后〔一一〕，学问乃稳妥，不复往来胸臆间也。此境甚平易，亦不是造到的，恨不缩地与仁兄商证〔一二〕。既已起春坊庶子〔一三〕，便好登途，世间事总计较不尽，水到渠成而已。四哥官声大起〔一四〕，诗亦长进。老伯想益健饭〔一五〕，《觞政》〔一六〕一册附上，大可为酒场欢具也。

（《袁中郎未刻遗稿》卷下）

〔一〕黄平倩：黄辉，见前《伯修（其一）》注释〔一四〕。

〔二〕客岁：去年。

〔三〕七言律二首：即《潇碧堂集》中所收《寄黄平倩庶子》二首。其一曰："任他吹雾唾青天，割水求脂也可怜。谤箧只堪助道品，羞囊休问买山钱。金华直冷披霜入，瑞草谈深枕曲眠。一静一忙闲比较，试思谁是地行仙。"其二曰："百年身世付疏顽，只在溪花浪柳间。已分发毛捐白足，但凭牙颊侼青山。梦回巴国云千里，书到峨眉翠几湾？龙不隐鳞真可耻，汉阴瓮里省机关。"二诗为黄辉因谤去职家居，返璞归真、悠然自得而兴叹。

〔四〕今刻：指《潇碧堂集》，收录了宏道从万历二十八年（1600）请告归里，到万历三十四年（1606）入京补仪曹主事这六年间所创作的诗文。此间，宏道深居乡野，潜心道妙，日与亲友游处，以诗酒为娱，是诗文创作的新高峰。

〔五〕小修：袁中道。见前《家报（其一）》注释〔六〕。

〔六〕石篑：陶望龄，见前《伯修（其二）》注释〔一〕。

〔七〕玉泉：当阳玉泉山有玉泉寺。黄辉万历二十八年（1600）会葬袁宗道，告假归蜀，都途经玉泉。玉泉寺僧人常来往蜀、鄂之间，兼为黄辉、袁宏道等传递消息和信件。玉泉的（dí）音，即指黄辉康复的确切消息。

〔八〕有诗志喜：袁宏道作诗二首，收入《潇碧堂集》中，其一题为《黄平倩久无书，有僧自蜀来传其厌世，余不信。

数日后，陶周望书来云，闻平倩有疾，且求消息于余。余谓小修曰必无他。诗以志之》。另一首为《西来僧云，平倩初病痹，今已痊复。志喜》。

〔九〕雕落：凋谢，衰败，指去世。

〔一〇〕天下英雄，使君与操耳：语出《三国志》曹操与刘备语。此处既是推许黄辉，也是表达在文章和佛学上的自信。

〔一一〕德山：在常德府武陵县（今湖南常德），万历三十二年（1604），宏道曾游览德山和桃花源。

〔一二〕缩地：传说中化远为近的神仙之术，见晋葛洪《神仙传·壶公》。这里表达因两地相距遥远，不能迅速会晤而感到遗憾。

〔一三〕起春坊庶子：此或为传言，事实上此时黄辉尚未起复。其复官右春坊右庶子、擢少詹事兼侍读学士是在万历三十九年（1611），事见《国榷》卷八一、《明史》卷二八八。

〔一四〕四哥：指黄辉四弟黄煜，见前《黄平倩（其二）》注释〔二〕。官至山东按察使。

〔一五〕老伯：指黄辉的父亲黄希正，字子元，号春亭，嘉靖十九年（1540）举四川乡试第一，曾官湖广御史。见陶望龄《黄母范太夫人墓志铭》。

〔一六〕《觞政》：此为宏道所著饮酒行令之书，因此说"大可为酒场欢具"。

　　这篇尺牍作于万历三十四年（1606），写给好友黄辉，为其身体无恙感到欣喜，拳拳之情跃然纸上。

　　万历三十年（1602）秋，黄辉曾到公安，为袁宗道主葬。冬天返蜀，宏道、中道送别至西陵，黄辉作《西陵别袁小修用韵》诗，中有"山阳残泪满荷衣，此别深怜法侣稀"句，此后八年，没再与袁氏兄弟见面。三十三年，黄辉突患痹症，有传言说其病重几死，消息传到沙市，宏道与中道甚为牵挂。三十五年七月，有玉泉寺僧捎来黄辉康复的确切消息，宏道与中道欢呼雀跃，欢饮达旦，还作诗志喜。中郎诗曰："子瞻定不死，吾已料天公。"（《黄平倩久无书，有僧自蜀来传其厌世，余不信。数日后，陶周望书来云，闻平倩有疾，且求消息于余，余谓小修曰必无他。诗以志之》）小修诗曰："西来传好事，起舞发狂颠。"（《得慎轩居士无病消息志喜》）可见袁兄弟与黄辉的感情之深。

　　黄辉与袁宗道最早结识，志向最合，交情最契，这种情谊也推及宏道与中道。黄辉曾对宗道说："丁酉入都，得遇君家兄弟，力为我拔去贪着浊命之根，始以清泰之乐引我。既又得闻向上大事，从知解稠林中出，如扫叶，如剥笋，今始坦然知归。……今归山中，去忙就闲，亦差快矣；而舍雾露之润，入枯寂之乡。是回也，望我以世情者如毛，望我以道情者如角，哀哉！予未知所归矣。"（袁中道《自柞林至西林记》）袁氏兄弟在黄辉的生命中产生了深刻影响，尤其是宏道的思想明显改变了黄辉的佛学观点与诗文创作的轨迹。以至于辞官回乡后的黄辉茫然若失，不知所归。难以想象，漫长的别后时光，他如何依靠鱼雁传书弥补心灵上的缺洞。

据袁中道记录，万历三十八年（1610）正月二十六日，袁宏道、中道兄弟曾收到黄辉寄来的尺牍，相约同游：

"闲居岁久，赤贫自怜，即欲买舟下峡，以赴兄约，亦未易，然且贱体亦未堪远涉耳。世事悠悠，四顾增叹，惟当精勤大事，于明岁内乃可远游耳。倘缘数如意，得奉二兄教有所省发，当结庐于无喧处，或禅或净，必有所就，免得腊月三十日又载一肚獐狸去也。三兄高捷后，能图一便差就我荒落乎？"

根据收信日期来看，黄辉的信应该是万历三十七年（1609）底从四川寄出的，当时，黄辉的痹症刚有所好转，便计划着买舟沿长江东下，与宏道兄弟远游。不久后，黄辉又寄来一通尺牍，大意是叮嘱宏道"秋冬之间必来相晤，千万勿他出也"。可袁宏道于是年秋天病逝，而写完此信之后没过多久，黄辉也去世了。生死两茫茫，这两个知音好友在生命的最后几年终究没有再见，遑论把臂同游了。

与死心〔一〕

往在柳浪时〔二〕,兄极口劝弟吃肉作官,弟亦劝兄归家山〔三〕,料理一庵,作长行粥饭人〔四〕。当时各执所见,不意三四年中,兄竟入山,而弟亦破律〔五〕。则弟与兄,安可谓非昔迷而今悟也邪?今弟又欲劝兄,尚好向京师走一遭。各老矣,发几白,面几皱矣。他无可嘱者,惟求此生再得聚首为快而已。

（《袁中郎未刻遗稿》卷下）

注释

〔一〕死心:袁文炜,字中夫。李贽弟子。原为诸生,后出家,法名死心。李贽极为赞赏其人,与焦竑信中说:"中夫聪明异甚,真是我辈中人。凡百可谈,不但佛法一事而已。"（《续焚书》卷一《与焦弱侯》）

〔二〕柳浪:指宏道在公安隐居的柳浪湖。

〔三〕家山:故乡。

〔四〕粥饭人:即粥饭僧,指无所任事,只能吃饭的闲散僧人。

〔五〕破律:打破戒律。宏道隐居时曾茹素数年,今又破戒做官吃肉。

这篇尺牍作于万历三十五年（1607）。

袁宏道这一时期的尺牍，时常萦绕着"老"与"死"的焦虑，为老友难以再会感到惆怅。如《与谢在杭》："葡萄社光景，便已八年，欢场数人如云逐海风，倏尔天末，亦有化为异物者，可感也！"如《与夏徐州》："初谓东华道上，得一叙阔悰；而幼度云仁兄辕不北矣，闻之怅然。"又如《答臧参知》说"弟老且颓，斑发垂领"，又感慨"何、岳二兄，幸尔同舍，聚首无几，而之律遂以本生艰去"等等。这封写给死心和尚的信，更体现出时不我待的紧迫感——"各老矣，发几白，面几皱矣""惟求此生再得聚首为快而已"。

袁宏道时常感到死亡的迫近，在伯修生前，宏道就对他说："今日吊同乡，明日吊同年，又明日吊某大老，鬼多于人，哭倍于贺，又安知不到我等也？"（《答黄无净祠部》）从万历二十八年（1600）开始，至亲挚友纷纷离他而去，先是幼女禅那夭亡，接着长兄宗道去世，潘士藻卒，祖母余氏卒；万历三十年（1602），李贽被逮自杀，舅龚仲敏、仲庆卒；次年，紫柏大师瘐死狱中，叔父袁士玉卒；三十二年，嫂廖氏卒；三十三年，江盈科卒；三十五年，妻李氏卒……短短六年间，袁宏道相继失去了手足兄弟、精神偶像、知己好友、结发妻子，再回头看他写给死心的这首尺牍，就更能理解文字背后的心情了。

袁宏道曾断荤血三年，也曾誓不出山，但在衰老和死亡面前，他打破了戒律。生死事就在眼前，袁宏道唯求任运随缘，他不偏执地认为今是而昨非，反而坦然地承认，这些都是他自己。彼时，他归隐，茹素，又出山，吃肉；而此刻，他只想与老朋友再见一面。

黄平倩（其三）〔一〕

五月二十四日，某顿首平倩大居士。近日燕中谈学者绝少，弟以此益闲。尘车粪马，弟既不爱追逐，则随一行雅客，莳花种竹，赋诗听曲，评古董真赝，论山水佳恶，亦自快活度日。但每日一见邸报，必令人愤发裂眦，时事如此，将何底止？因念山中殊乐，不见此光景也。然世有陶唐〔二〕，方有巢、许〔三〕，万一世界扰扰，山中人岂得高枕？此亦静退者之忧也。京师友朋虽少，强似家山万倍〔四〕，清流胜士，时复一遇；若得仁兄与陶周望、苏潜夫俱集〔五〕，其乐又不待言。往年旧识，亦有道侣，但一分官高，一分尊严，因鬼见帝〔六〕，弟亦何乐？然此决非真正学道人。使平倩与周望，虽位极品，当不作此面孔，弟辈自欲相远，则有之耳。夫热焰燎空，水雪所避，凿垣伐闺〔七〕，尚欲去之，况可以俗套相待邪？此亦常情，要无足道，笔势不能遏，漫一及之，以助山中一笑耳。

小修近住少保衙斋〔八〕，自云得大受用。小修平生不轻言语，语当不妄。若弟并受用亦失却，不知为进为退，望仁兄一定之。小修学问，以自在为主；弟之学问，以暗然日章为主〔九〕。盖惟暗然则自在，故曰君子之所不可及，唯人之所不见。但本体实一见，则此等葛藤〔一〇〕，俱用不着矣。愚庵病甚〔一一〕，可惜忙了一生。发僧去，便致问讯。寂光寺此后再不必求胜〔一二〕，所谓胜者，凡涉夸张表扬皆是，此亦何关佛法？物必忌盈，自然之理。如吾辈往时，的然日亡〔一三〕，安可谓非自取邪？此事可与知者道也。纸尽，不他及。

（《袁中郎未刻遗稿》卷下）

注释

〔一〕黄平倩：黄辉，见前《伯修（其一）》注释〔一四〕。

〔二〕陶唐：即尧，上古部落首领，司马迁《史记》称"其仁如天，其知如神。就之如日，望之如云"。后以陶唐指称贤明的帝王。

〔三〕巢、许：巢父、许由，尧时隐士。

〔四〕家山：家乡的山，代指家乡。

〔五〕陶周望、苏潜夫：陶望龄、苏惟霖，分别见前《伯修（其二）》注释〔一〕、《与友人》注释〔一〕。

〔六〕因鬼见帝：通过小鬼去拜见天帝，比喻不可行的事。这里借指在官场仰人鼻息、生存不易。语出《战国策·楚策三》苏秦语："楚国之食贵于玉，薪贵于桂，谒者难得见如鬼，王难得见如天帝。今臣食玉炊桂，因鬼见帝，其可得乎？"

〔七〕凿垣伐闉：凿开墙壁，砍开屋门。

〔八〕少保：蹇达（1542—1608），字子上，号理庵，重庆府巴县（今属重庆）人，嘉靖四十一年（1562）进士，授颍上知县，移祥符知县，累官至蓟辽总督。有《凤山草堂集》。事见李维桢《大泌山房集》卷一一三《太子太保兵部尚书蹇公行状》。

〔九〕暗然日章：章，通"彰"，彰显。语出《礼记·中庸》："君子之道，暗然而日彰；小人之道，的然而日亡。"意思是，君子所持之道，深藏不露而日益彰明；小人所持之道，光鲜亮丽却日渐黯淡。

〔一〇〕葛藤：比喻纠缠、牵连。

〔一一〕愚庵：蜀僧真贵，与黄辉同乡，曾于北京创建慈慧寺。陶望龄《歇庵集》卷六《慈慧寺碑记》："慈慧，创而成之者曰愚庵法师。法师蜀之某县人，幼从父出家，剃染受法于某山某师，慧业该洽，尸罗精整……平倩与愚庵法师为乡人，特善。"袁中道《游居柿录》卷四："僧真贵，号愚庵，蜀人，与黄慎轩为法契。"蒋一葵《长安客话》卷三《慈慧寺》："近平则门仅二里，为慈慧寺。万历间，蜀僧愚庵所创。寺中栴檀金像，乃黄太史辉手自拔蜡，精工特甚。寺碑，陶太史望龄撰文，黄太史书丹。"愚庵创立慈慧寺，建舍置田，主持接待四方来京的游僧工作，费尽半世心力。信中说愚庵"忙了一生"，即指此。

〔一二〕寂光寺：蜀中佛寺，曾被毁，于明万历年间由蜀僧真权重修。据《四川通志》卷二八记载，寂光寺在成都府彭县（今四川彭州）北二里。今存万历三十三年（1605）黄辉《复寂光寺碑》（朵云轩藏）、袁中道《重修寂光寺碑记》（《珂雪斋集》卷一七）等。

〔一三〕的然日亡：见前注释〔九〕。

点评

这篇尺牍作于万历三十五年（1607），此时，袁宏道在京担任礼部主事，黄辉在南充家居，尺牍诉说近况，发表了对时局的看法。

京师是名利场，但袁宏道对名利兴趣阑珊。他的在京生活不能说完全适意，却也乐得清闲。虽然不再有十年前与同道相与剧谈的景象，所幸随雅客清谈也可打发时日。只是时事纷纭，不能不令他介怀。其时朝廷内外宦官横行，朝臣结党，相互攻讦，利用吏部大计打压异己；上年，蒙古朵颜部再次犯边，拥兵山海关前；本年，建州卫努尔哈赤久不进贡，朝廷遣使诘责，边患危机已逐渐显露……种种迹象都预兆着末世的来临。

尺牍表现出对时事的关心和忧虑，同时流露出人微言轻、无力回天的绝望。面对内忧外患的衰世，袁宏道自有一番热肠，他曾劝慰宦情灰冷的陶望龄说："吾儒说立达，禅宗说度一切，皆赖些子暖气流行宇宙间，若直恁冷将去，恐释氏亦无此公案。"（《与刘云峤祭酒》）这与此前那种要做"最天下不紧要人"的姿态判若两人。经历了宦海沉浮的锤炼，遭逢了种种际遇和人情冷暖，他的思想更加理性、沉稳，文字也渐趋凝练、老成。袁宏道本想出山"整顿一番"，却发现世事如一无孔铁锤，毫无着手之处。

六年前，游山途中的袁宏道曾致书黄辉，劝其退隐："既持释子戒，口断荤血，身断冶淫，心中断了子孙田宅之想，诸皆可断，而官独不断，何以自解于天下也？当事者此举，未可谓非一番大炉冶也。"(《黄平倩》)如今，黄辉已退隐多年，做起"居士"，当初的"当事者"也已经罢相还乡。时移世易，袁宏道以为他的时间到了，可以登上舞台了，可是一只脚踏上舞台时才发现，别人的节目还没演完呢。面对如此局面，袁宏道也不知该不该劝说黄辉出山，和他一起做一番胜算很小的"整顿"，这时，他或许也只能尴尬地说一句："以助山中一笑耳。"

答小修〔一〕

学问只要打成一片耳。今人掷骰子，虽圣智无取必遇；弈棋，则童愚亦沉思静虑。何则？能行与不能行之异也。《心律》自是家常〔二〕，但不可令未悟人看。本是活机〔三〕，而看者必执定死本〔四〕。若悟后人，自不作放逸想。若说一切处，何者不是，便怎么何妨，此何异外道，悟不如此也。若恐悟后复作此见，欲以此防之，恐只添一重识浪耳〔五〕。昨见曾退如壁上有“不滥受用以惜福”之语〔六〕，余笑曰：“此是石崇、何曾壁上语〔七〕。”闻者皆笑，然要之亦不可少。盘盂箴铭，触目可警，省用心，少作业，自是度日良药石也。

近部中有存问蒲坼谢中丞差〔八〕，已拟定我去，只在八月初行。此差有二年，此间真难度日；若二年后，我俸已及，不须携家也。此去从舟，以内人尚病。想贤弟明春亦欲南游，登山临水，终是我辈行径，红尘真不堪也。

（《袁中郎未刻遗稿》卷下）

〔一〕小修：袁中道，见前《家报（其一）》注释〔六〕。

〔二〕心律：佛教指内心的自我调节和制约。中道曾作《心律》一篇，记录自己学道的心路历程与所犯戒律，用以"宣露忏悔""检察持犯，以自警焉"。

〔三〕活机：活泼的精义。

〔四〕死本：死板的教条。

〔五〕识浪：佛教以海比喻心体的真如，以波浪比喻诸识的缘动。《楞伽经》："水流处，藏识、转识浪生。"

〔六〕曾退如：曾可前，字退如，见前《曾退如编修》注释〔一〕。

〔七〕石崇、何曾：均为西晋豪富。石崇于洛阳筑金谷园，与贵戚斗富。《世说新语》多记其事。何曾"日食万钱，犹曰无下箸处"，见《晋书》卷三三《何曾传》。

〔八〕蒲圻谢中丞：谢鹏举，字仲南，号松屏，武昌府蒲圻（今属湖北）人，嘉靖三十二年（1553）进士，历右副都御使，巡抚浙江。见《（万历）绍兴府志》卷二五。中丞，明代对巡抚的别称。鹏举曾因与张居正不协，投劾归里。此时礼部派遣袁宏道至蒲圻慰问，时鹏举已九十二岁。据《蒲圻县志》载："至十二月二十三日，该钦差礼部主事袁宏道捧诏书到。"

这篇尺牍作于万历三十五年（1607），是袁宏道就学佛事给弟中道的回信。

在袁中道《珂雪斋集》中，收有一篇题为"报二兄"的尺牍，观其文意，当是中道的来信，其牍曰：

"弟近来读书静坐，依然是向时人也。偶拈笔作得《心律》一篇，缘吾辈资质软弱，悟力轻微，欲借少戒力熏之。如吾兄本质带得干净，悟处又无朕迹，入佛入魔，无所不可，真得大自在，然不可以概吾辈也。思向来贪淫嗔怒，与凡俗之人无异。在世上尚立不起，况世外法乎？因草此以自盟。偶张居士来讨，付之。然亦不知能有恒否，尚不能不以羽翼护持之力望之兄也。何也？以吾辈信兄，甚于自信也。"

在回信中，袁宏道开门见山地提出"学问只要打成一片"，实际上是委婉地批评了中道作《心律》以自我约束的做法。在宏道看来，清规戒律对于禅悟者是没有必要的，本就如此，何必着重提醒呢？说明内心没有真正领悟透彻。他尤其提醒中道，《心律》一文"不可令未悟人看"，"未悟人"指的就是"张居士"，此人名五教，江陵秀才，从寒灰学佛，年纪比中道小许多。对弟弟将《心律》这种箴铭忏悔性质的东西给尚未悟道的人看，宏道不以为然，恐怕"活机"变成"死本"，徒增"识浪"而已。但毕竟不是人人都像袁宏道一样具足慧根，直抵佛位，小修的做法大概更适合资质一般的学佛者。晚明清初盛行起来的"功过格"，从这里也能看到影子。

尺牍最后，袁宏道再次流露了退隐之意："登山临水，终是我辈行径，红尘真不堪也。"前面已经说过，宏道复出与沈一贯罢相几乎发生在同时，这不是巧合，而是宏道审时度势的结果。其间，他频繁联络陶望龄和黄辉，希望他们出山，既是友情使然，也是出于共克时艰、权力制衡的考虑，因为沈一贯虽去，其党羽仍在，袁宏道一旦回京，政局能否有利，陶、黄等故人是关键因素。可事实是，重新组阁后，内阁仍遍布沈党，"红尘"依然"不堪"。袁宏道曾有诗句曰："悔逐缁尘帝里游，除君何处可消愁。"（《七夕同方子公、蒋子厚、弟小修避水长孺楼居》）可见其自悔出山之意。

答段学使徽之〔一〕

坡公曰："河豚消得一死。"〔二〕若落雁峰〔三〕，可直百死也。世上希有事，未有不以死得者，学道亦然。不拼一回死，不得彻底甜也。奇石幽峦，古藤红树，山中大不值钱，不足举似。小诗一纸求教。佳稿一往作数语，恐不堪冠首，沙石攻玉，唯恕其狂。

（《袁中郎未刻遗稿》卷下）

注释

〔一〕段学使徽之：段猷显，字徽之，号青园，又号二室，汝宁府商城（今属河南）人，万历二十年（1592）进士，授广德知州。时任陕西提学副使。后官至按察使。见《（嘉庆）商城县志》卷八。

〔二〕坡公：苏轼，号东坡居士。河豚消得一死：苏轼语，见于宋张耒《明道杂志》："苏子瞻在资善堂与数人谈河豚之美，诸人极口譬喻称赞。子瞻但云：'据其味，真是消得一死。'人服以为精要。"

〔三〕落雁峰：华山主峰南峰的组成部分，华山位于今陕西华阴市南，有一峰二顶，东松桧峰，西落雁峰。传说大雁常在这里落下歇息，故名。宏道在《华山记》中描述南峰"如人危坐而引双膝"。

点评

这篇尺牍作于万历三十七年（1609），本年夏秋之际，袁宏道奉命赴陕西典试，顺道游华山、嵩山，所作诗文结为《华嵩游草》。

段猷显是袁宏道的进士同年，曾与三袁兄弟结社于京西崇国寺葡萄棚下，探讨无生，共谈玄旨。这次宏道典试陕西，段猷显正任提学副使，备地主之谊。这首短小精悍的尺牍，是离陕回京的途中写下的。尺牍以一"死"字，串起三件"世上希有事"：先以苏轼名言"河豚消得一死"作引，后用"可直百死"极言华山落雁峰之绝美，再以"死"类比学道之难得，倡言"拼一回死"，方能"得彻底甜"。三个"死"字，三种意蕴，层层递进，妙趣横生，巧夺天工。江盈科曾评中郎尺牍"一言一字，皆以所欲言信笔直尽，种种入妙"（《解脱集序》），这种巧妙与趣味，是中郎尺牍给人最直观的感受，也是中郎所着力追求的审美标准。他曾这样论"趣"："世人所难得者唯趣。趣如山上之色、水中之味、花中之光、女中之态，虽善说者不能下一语，唯会心者知之。"（《叙陈正甫会心集》）这种论说本身就逸趣横生，让人不得不钦佩中郎有"趣"到了骨子里。

回头来看这封短信，每一句都把描写的对象把握得精准无比，"死"本是一个不怎么好的字眼，用在这里，反而让一切"活"了起来，把那种难以言传的极致之态用一个"死"字点出来，甚至连那"奇石幽峦，古藤红树"都相形见绌。

与梅长公〔一〕

归途五十余日，始抵山庄，如炎天重负儿，忽然息影意地〔二〕，乍得清凉。

敝村去县六十里，村人为言，正月十七日，有居民许氏，一猪生七子，末一子，人面猴身，五官无所不具，其声甚恶，村民聚而杀之。山中无所可言者，怪事只此而已。

因龙君御之便〔三〕，附字问讯。君御极练西事〔四〕，弟因致一字。徐景老记见时当一问之〔五〕，此亦山中人所效于友朋者也。长孺不另寄字〔六〕，见时以此字示之。

（《袁中郎未刻遗稿》卷下）

注释

〔一〕梅长公：梅之焕（1575—1641），字彬父，号长公，黄州府麻城（今属湖北）人，梅国桢之侄。万历三十二年（1604）进士，改翰林院庶吉士，后官至都察院右佥都御史，巡抚南赣、甘肃。著有《梅中丞遗稿》。生平见万延《右副都御使梅公行状》。

〔二〕息影：退隐闲居。意地：内心，心地。佛教谓心如大地，能产生世间、出世间和善恶等法。

〔三〕龙君御：龙膺（1560—约1622），字君御，号朱陵、纶澨先生，晚称渔仙长。常德府武陵（今湖南常德）人。万历八年（1580）进士，除徽州府推官，历礼部主事、巩昌府同知、南京户部郎中、陕西按察司佥事、山西参政等官。为人放达自任，论诗文主张"性灵"，与"公安派"相近。晚年与袁宏道交善。著有《纶澨集》等。生平见《（雍正）湖广通志》卷五〇。

〔四〕极练西事：时龙膺任陕西按察司佥事，备兵甘州，熟谙边防事务。

〔五〕徐景老：徐元正（1551—1618？），字景文，初号桂岑，别号振雅，苏州府长洲（今江苏苏州）人。万历十四年（1586）进士，授九江府推官。历官贵州道监察御史、长芦巡盐御史、福建道监察御史、尚宝司少卿、太仆寺少卿，万历三十九年（1611）被劾外任，致仕。归乡增葺东雅堂紫芝园，曾请王稚登为作《紫芝园记》。能诗文，书工楷、篆。生平见陈仁锡《无梦园初集》卷二五《太仆寺卿振雅徐公墓志铭》。

〔六〕长孺：丘坦，字长孺，与梅之焕同为麻城人。见前《丘长孺》注释〔一〕。

点评

　　这篇尺牍作于万历三十八年（1610），也是袁宏道生命中的最后一年。年初，宏道从吏部考功司员外郎升任验封司郎中，申请在官休假，于二月二十四日动身还楚（袁中道《南归日记》）。辗转五十余日后返回故乡。

　　在写给梅之焕的信中，袁宏道书写了自己的疲惫之态——当劳顿的旅途终于结束，仿佛炎暑烈日下负重而行的人，忽然卸下百斤重担，"息影意地，乍得清凉"。回到熟悉的家中，他身心放松，脱下官帽、官袍，率真任性的中郎又回来了。不过，他没有和朋友讲述沿路的风光和家乡的变化，却迫不及待地分享了一个荒诞不经的奇谈。故事来自村野中的道听途说，可以想象袁宏道绘声绘色地讲故事时，眉宇之间流露的惊奇与狡黠，显示出孩童般纯真的好奇心。

　　联想这封信写在袁宏道生命的最后时光，不免带上了些寓言般的色彩。袁宏道曾不止一次地将自己比作猴子，他心目中的猴子是山野的精灵，自由自在，不受约束，世俗的名利则像笼子一样束缚手脚，无论是"树上果"还是"树下饭"，都曾让猴子抓耳挠腮。故事里"人面猴身"的家伙或许就是一种自喻，衣冠之下，有谁不是人面猴身呢？只不过，有些人的衣冠穿着穿着就长到了身上，脱不掉了；而也有像袁宏道一样的人，他们脱去衣冠还是猴身，保有猴子的野性，还没忘记林莽中的自由，甚至还时常发表一些不合时宜的奇谈怪论，"其声甚恶"，招人厌弃，其结局只能是被"聚而杀之"。

与沈冰壶〔一〕

居长安二年，无他乐，独司功聚首〔二〕，日夜剧谈为佳耳。

弟归来便杜门，如逃学小儿，见人便缩。所居去江无百步，新构一小楼，当其胜处。江水日夜鸣，云奔海立，雪色天际，松滋诸山〔三〕，如在几案。老杜诗云："窗含西岭千秋雪，门泊东吴万里船。"此语似为弟设也。

许时不见邸报，不能作朝事一语。读东林书〔四〕，如见宣法师语天宫事〔五〕，唯有惊叹而已。

舍弟近买得地一区，背负套水〔六〕，前倚浮图〔七〕，去水部不远〔八〕，竹树粗具，亦足自乐。

上愚丈东山之志甚坚〔九〕，不知能得之于堂翁否〔一〇〕。范昇羽近况何似〔一一〕？处勋司差乐〔一二〕，不大劳碌也。署中兄弟烦为致声〔一三〕。暑中耽凉太过，一臂遂痛，不能一二具裁。南鸿倘便，时惠好音。

（《袁中郎未刻遗稿》卷下）

〔一〕沈冰壶：沈朝焕，见前《与沈伯函水部》注释〔一〕。

〔二〕司功：袁宏道在京二年任吏部考功司员外郎，主持郎署事。其间，沈朝焕曾在吏部任职，与宏道共事。

〔三〕松滋：县名，与公安相邻，县中有大小山峰一百余座。

〔四〕东林：顾宪成（1550—1612），字叔时，号泾阳，常州府无锡（今属江苏）人，万历八年（1580）进士，除户部主事，累官至吏部郎中。万历二十二年（1594）罢官归，主讲无锡东林书院，世称"东林先生"。宏道称其为"吴中大贤"。著有《泾皋藏稿》。生平见高攀龙《顾先生行状》。

〔五〕宣法师：道宣（596—667），唐代高僧，南山律宗创始者，俗姓钱，润州丹徒（今属江苏）人。著有《续高僧传》《广弘明集》等。《宋高僧传》卷一四有传。

〔六〕套水：回旋环绕的湖泊水域。《（万历）应天府志》卷一五《山川志》云："萦回者曰套。"据袁中道《金粟园记》，其所购之园"后有藕花塘，可百亩，水气晶晶"。

〔七〕浮屠：亦作"浮图"，梵文 buddha 的音译，可指佛陀、佛教、佛塔等。这里指佛塔，袁中道《金粟园记》自言所购之园在"大士塔下"。

〔八〕上愚丈：朱光祚，字上愚。荆州府江陵（今属湖北）人。万历二十三年（1595）进士，历钱塘、邯郸知县，擢吏部主事，晋太常卿、左都御史，进工部尚书，总督河道，以劳卒于官。《（光绪）江陵县志》卷二七有传。东山之志：指隐居的念头，用东晋谢安隐居东山故事，《晋书·谢安传》载："安虽受朝寄，然东山之志始末不渝，每形于言色。"

〔九〕堂翁：这里指朱光祚的上司，当时的吏部尚书孙丕扬。朱光祚以吏部主事官职居家，孙丕扬为其上司。

〔一〇〕范异羽：范凤翼（1575—1655），字异羽，号太蒙，又号真隐，扬州府通州（今江苏南通）人。万历二十六年（1598）进士，除滦州知州，改顺天府学教授，二十九年升国子监助教，三十六年升户部云南司主事，历吏部验封、考功、文选三司主事，进稽勋员外郎，谪长芦运司判官。天启间官至尚宝司少卿，以东林党削籍。崇祯初复官，不就。福王诏授光禄少卿，不赴。著有《范勋卿集》。生平见方震孺《范玺卿叙事》。

〔一一〕勋司：吏部司勋司。时范凤翼在此任职。

〔一三〕署中：指吏部官署。

点评

这篇尺牍作于万历三十八年（1610）的沙市，是《未编稿》的最后一篇。写下这封信后不久，袁宏道就突发疾病去世了。

收信人沈朝焕与袁宏道缘分很深，他和中郎同年考中进士，做过中郎家乡的税官，仕途辗转十余年，又成了中郎在吏部的同僚。如今，在沈朝焕当年宦居过的江陵沙市，中郎倾尽积蓄，邻江建起了两座小楼，一曰"砚北"，一曰"卷雪"。"卷雪"位于"砚北"与长江之间，"去江无百步"，取杜诗"窗含西岭千秋雪，门泊东吴万里船"之意。卷雪楼"凡三层，可望江"（袁中道《中郎行状》），

袁中郎尺牍 三四二

"登此楼,则大江如积雪晃耀,冷人心脾"（袁中道《卷雪楼记》）。"砚北"取段成式"杯宴之余,常居砚北"（宋张邦基《墨庄漫录》卷十引）之意,并发愿说："今而后将聚万卷于此楼,作老蠹鱼,游戏题蹙。"（袁中道《砚北楼记》）然而,藏书、读书的愿望还未实现,袁宏道就撒手尘寰了。

这是袁宏道一生中第三次请归,也是最后一次。就在"冷人心脾"的卷雪楼上,袁宏道决定长期退隐,终老于此,他说："生死事大,四十年以前作今生事,四十年以后,作来生事可也。"（袁中道《游居柿录》）如今看来,字字令人唏嘘。关于他隐退的原因,可以从同时期的尺牍中看出端倪。他曾在给黄辉的信中说："每日一见邸报,必令人愤发裂眦,时事如此,将何底止?因念山中殊乐,不见此光景也。"（《与黄平倩》）出山是因"愤发眦裂"的热血,而归隐是因回天乏术的无奈。上天给了他济世之心,却没有给他济世之力。何况此时的他,早已感到精力衰退,老气横秋。在《答臧参知》一牍中,他写道："弟老且颓,斑发垂领,犹卷屈腰支以事大人。辟如迟暮姬媪,学作新妇,供事井臼,犹可支持;涂抹螺粉,面纹可掬,过水尚唾,况令人见乎?"

在生命的最后一年里,袁宏道频频收到身体的预警,先是"耽凉太过,一臂遂痛",后是"病泻,不得动匕箸",他以为会像以往无数次小恙一样,慢慢康复,但没想到迎接他的是"病不见瘥,饮食渐少""大小便皆血"（袁中道《游居柿录》卷四）。从病泻到去世,想必是袁宏道一生中最痛苦的时光,不知他有没有想起二十九岁那年为了辞官而装病的过往,也不知他怎样回顾自己三进三出、如病疟一般乍冷乍热的仕隐生涯。或许，他还没有准备好，和这个给他希望又辜负他的世界告别。或许，他已经时刻做好准备，迎接这一天的到来。他眼前看到的是"江水日夜鸣，云奔海立，雪色天际，松滋诸山，如在几案"，一切本来如此，亘古如常。

值得回味的是，袁宏道在归乡前，曾作《上孙立亭太宰书》，长篇大论地针砭时弊，提出"补大僚""重边事""辨奸贤"三条救世良谋，剀切之至。但终究人微言轻，于事无补。鲁迅先生也曾援引过一段袁宏道为顾宪成鸣不平的史事，以抉发袁宏道深沉的济世情怀：

万历三十七年，顾宪成辞官，时中郎"主陕西乡试，发策，有'过劣巢由'之话。监临者问：'意云何？'袁曰：'今吴中大贤亦不出，将令世道何所倚赖，故发此感尔。'"中郎正是一个关心世道，佩服"方巾气"人物的人，赞《金瓶梅》，作小品文，并不是他的全部。中郎之不能被骂倒，正如他之不能被画歪。(《且介亭杂文二集·"招贴即扯"》)

或许，对这个世界，袁宏道还有不甘心、不放心："世有陶唐，方有巢、许，万一世界扰扰，山中人岂得高枕？此亦静退者之忧也。"(《与黄平倩》)只是袁宏道老了，也累了，即使"世界扰扰"依旧，也并无"陶唐"出来重整乾坤，他终究只能效法"巢、许"，洗耳饮牛，终日杜门，"如逃学小儿，见人便缩"。

累了，就该休息了。也许只有在一望无垠的死亡之夜中，中郎才能真正"解脱"，获得大自在吧！